임진나루에서 허드슨강까지

임진나루에서 허드슨강까지

1판 1쇄 발행 | 2019년 10월 7일
지은이 | 권응구
발행인 | 이선우
펴낸곳 | 도서출판 선우미디어
등록 | 1997. 8. 7 제305-2014-000020
02643 서울시 동대문구 장한로 12길 40, 101동 203호
☎ 2272-3351, 3352 팩스: 2272-5540
sunwoome@hanmail.net

값 13,000원

※ 이 도서의 국립중앙도서관 출판예정도서목록(CIP)은 서지정보유통지원시스템 홈페이지(http://seoji.nl.go.kr)와 국가자료공동목록시스템(http://www.nl.go.kr/kolisnet)에서 이용하실 수 있습니다.(CIP제어번호: CIP2019038468)

ISBN 978-89-5658-622-9 03810

임진나루에서 허드슨강까지

권응구 자전수필

책머리에

삼십대 중반에 조국을 떠나 미국에서 살면서 은퇴 후에는 두 나라를 오가며 반반씩 살 수 있다면 얼마나 좋을까 상상하며 열심히 살았습니다. 행운이었는지 노력의 결실이었는지 아무튼 나의 소망이 무난히 이루어졌습니다.

젊어 고생은 사서도 한다지만 누가 고생을 일부러 원해서 하겠습니까? 삶의 과정에서 누구에게나 필연적으로 동반되는 것이 시련이지만 이것을 어떻게 극복하느냐는 사람마다 다를 것입니다.

콩 심은 데 콩 나고 팥 심은 데 팥 나는 자연의 이치와 다를 바 없는 것이 우리의 삶이라고 생각합니다. 고생도 훈련으로 생각하고 이겨내면 결국 삶의 무기가 된다는 걸 체험으로 알게 되었습니다.

잊을 뻔 했던 조국을 다시 찾으니 하고 싶은 일들도 많았습니다. 목요일 아침 이정림 선생의 수필반 문을 두드렸고 그 결과 둔필이 이렇게 자전 이야기까지 쓰겠다는 용기도 생겼습니다. 그동안 뒷전으로 미뤄놨던 벼루와 붓도 다시 일상 과정에 챙겨 넣었습니다. 지나친 자만심으로 경시해왔던 신앙의 자세도 고쳐 잡게 되었습니다.

나름대로 조심은 했다지만 자전에세이 특성상 혹 상처를 받는 분이 계실까 저어됩니다. 저의 부덕의 소치입니다.

지난 50년간 부부라기보다는 동업자처럼 발목을 같이 묶어 뛰어준 아내와, 뒷받침도 제대로 못해 주었지만 올곧게 자라 미국사회에서 각자 한몫을 하고 있는 자식들, 꼬꼬, 선미, 철용이가 자랑스럽고 고맙기만 합니다.

2019. 가을

일산 포운당(捕雲堂)에서

성헌(成軒) 권응구

차례

제3부 빛을 향하여

제4부 눈부신 햇살

제5부 더 넓은 세계로

제6부 도전

第7부 그리운 조국

第8부 사랑하는 나의 가족

전쟁의 격랑

전쟁의 격랑

유년시절과 6·25전쟁

내 인생의 출발점은 왠지 6·25전쟁이 일어나던 그 날부터인 것만 같다. 그 전의 기억도 어렴풋이 남아 있기는 하지만 희미한 안개 속의 형상 같을 뿐, 그러나 6·25전쟁이 터진 그 날 새벽과 그 후부터는 기억이 너무나 선명하기 때문이다.

내가 태어난 곳은 경기도 장단군 장단면 도라산리, 지금의 경의선 최북단 역 도라산역에서 걸어서 갈 수 있는 곳이다. 아버지가 돌아가시기 얼마 전 도라산역이 새로 개통되어 모시고 갔더니 북쪽 멀지 않은 야산 한 곳을 가리키며 저기 산 밑에 우리 집이 있었고 네가 태어난 곳이라고 알려 주셨다. 나는 아버지 안동권씨 36대손 직장공파 권원기와 경주이씨 이임순의 둘째아들로 해방 전해에 태어났다.

조그만 초가 적산가옥이 떠오른다. 신사(神祀) 동산이라 일컫던 산 아래 첫 번째 집, 마루를 가운데 둔 세 개의 방에서 아버지, 어머니와 큰누나 영옥, 둘째누나 영란, 형 준구, 나 그리고 동생 민구 이렇게 일곱 식구가 살았고 안마당 건너편에는 곳간 같은 광을 방으로 꾸며 봉이네가 살았다.

전쟁이 일어나기 직전 초록색이 연연하던 초여름에 엄마와 두 누나는 나물 보따리를 마루에 한 가득 부어놓았다. 순식간에 산뜻한 산나물 냄새가 집안 가득 퍼졌다. 그냥 먹을 수 있는 나물을 골라내느라 나물을 휘적거리며 이 많은 나물을 어디서 해왔냐고 물으니 덕물산에서 캐 왔다고 했다. 지금 생각해 보니 어디서 낯익은 산 이름이다. 그렇다 박완서 작가의 ≪그 많던 싱아는 누가 다 먹었을까≫에 나오는 산 이름이다. 거기서 멀지않은 곳, 널문리라 부르던 곳에 판문점이 들어섰고 그 근처에 내 고향 장단이 있다.

그 날, 1950년 6월 25일 새벽은 초등학교에 입학한 지 석 달이 채 안 된 잠꾸러기 나에게 유난히 소란스러웠다. 아직 동이 트기도 전인데 멀리서 천둥소리 같기도 한 포탄소리와 밖에서 저벅대는 발자국 소리에 뭔 일이 일어났다는 직감에 눈을 번쩍 떴다. 어리둥절한 채 대문 밖엘 나서니 마을 사람들이 줄줄이 신사 동산이라 부르는 앞산을 오르고 있었다. 행렬을 따라 얼떨결에 산마루에 오르니 멀리 북쪽으로부터 포탄 소리와 함께 듬성듬성 먼지 기둥이 남쪽을 향해 내려오고 있었다.

허겁지겁 집으로 내달려 들어오니 어느새 엄마, 아빠는 짐 보따리를 싸느라 정신이 없었다. 그러면서 급히 피란을 떠나야 한다고 했다. 처음 들어보는 피란이라는 말에 도대체 피란이 무엇이며, 어디로 가냐는 물음에 배 타고 강 건너 멀리 가야 한다고 했다. 부모님이 허둥대시는 모습이 불안하기는 했으나 배를 탄다는 말에 내심 기대감도 생겼다.

개성에서 장단까지 불과 이삼십여 리 길, 포성소리는 점점 가까워지고 길에는 보따리를 이고 진 행렬이 어느새 길을 메웠다.

그 날 아버지만 피란 행렬에 합류하고 나머지 여섯 식구는 읍내에서 약 한 시간 떨어진 외갓집 동네, 분배마을로 들어갔다. 아버지가 당시 40세여서 북한 인민군이 점령하면 현역병은 아니지만 전쟁 물자를 나르는 징용대상이 될 수 있다면서 단신으로 괴나리봇짐을 꾸려 황망히 떠나시고 우리는 외진 시골 외갓집으로 들어 간 것이다.

외갓집도 우리가 의탁할 만큼 여유롭지가 못했다. 계절이 춘궁기를 보내고 보리 수확을 할 철이었지만 경우, 승우 두 외삼촌도 피란 행렬을 따라 남쪽으로 떠난 터라 외할아버지 혼자 모든 일을 감당하기엔 벅찬 형편이었다. 가장 절박한 식량 문제는 우리 가족 스스로 해결해야 했다.

어머니가 기발한 발상을 해내셨다. 외갓집 동네는 친가인 안동권씨가 주류였고 다음으로 어머니 쪽 경주이씨로 이루어진 집성촌이었다. 마침 우리 권씨 종가인 인구 형네는 넓은 집터에 몇 계단을 올려다 지은 기와집이 동네 한 가운데 남향으로 우뚝 서 있었다. 그 집을 드나들던 어머니가 어느 날부터 싸리나무 회초리와 수수깡 집게를 만들어서 종가 마당 모퉁이에 쌓여 있는 지난해에 타작한 볏 짚단을 풀어헤치기 시작했다. 당시만 해도 발판을 밟아 돌리던 탈곡기로 털어낸 볏 짚단에 낟알이 제법 남아있었다. 어머니가 모은 낟알 한 움큼에 물 한바가지를 부은 멀건 죽이었지만 끼니만은 때울 수 있었다.

벽촌이어서 전쟁 소식은 깜깜 무소식이었지만 하늘을 날아다니는 쌕쌕이라 불리던 유엔군 전투기가 하루에도 몇 차례씩 동네 위를 지나가면 나는 그것이 신기해 구경하곤 했다. 그러던 어느 날 말로만 듣던 인민군 부대가 마을에 들어왔다. 그들은 우리 종가 댁 일부를 접수하여 부대 본부로 사용했다. 저녁이면 인민군 중에 어깨에 붉은 견장을 단 멋진 장교가 아코디언을 연주하며 동네 꼬맹이들을 마당에 모이게 하였다. 그는 아코디언의 멋진 음률로 한창 흥을 돋우고는 이어서 우리들에게 노래를 가르쳤다. 김일성 장군노래였다. "장백산 줄기줄기 피어린 골짝~~"

처음 들어보는 악기소리가 얼마나 감미로웠던지 매일같이 저녁이 되기만 기다렸다. 그리고 가르치는 노래를 힘차게 따라 불렀다.

더위가 한풀 꺾이고 햇살이 부드러워지자 어른들이 갑자기 아이들에게 낮에는 절대로 밖에 나가지 말라고 엄중하게 경고를 거듭했다. 쌕쌕이가 사람을 발견하면 즉시 불똥을 싸 마을을 불바다로 만든다는 것이었다. 이어서 마을 사람들은 폭격에 대비해서 각 집마다 방공호를 파야 한다고 법석이었다.

우리도 그때는 큰외삼촌 댁에서 나와 승우 외삼촌이 기거하던 아랫마을 빈집으로 옮겨갔을 때였다. 마침 뒤뜰은 울타리 없이 흙 언덕으로 되어있어 방공호를 파기에 안성맞춤이었다. 나와 동생은 아무런 도움이 되지 않았지만 엄마, 누나, 형이 작업하여 드디어 우리 여섯 식구가 몸을 들이밀 정도의 굴을 뚫었다. 그러나 입구가 너무 커서 불길이나 총알이 날아 들어올 거 같다면서 헌 이불을 커튼처럼 입구에 매달았다.

어느 날 아침에 일어나니 마을이 너무나 조용하였다. 들끓던 인민군들이 흔적도 없이 사라졌다. 밤새 부대 이동이 있었던 모양이었다. 그런데 마을이 그냥 조용해진 것은 아니었다. 큰외삼촌 댁 이웃집의 원봉이네의 두 형이 간밤에 내무서원에게 잡혀가 우리가 살던 신사동산 밑 어느 토굴에서 여기저기서 잡혀온 청년들과 함께 집단 총살을 당하였다는 으스스한 소식이 들리는 등 마을의 소문들이 흉흉하였다.

어머니는 여전히 종가 볏짚단을 풀어놓고 훑는 일을 계속하고 나와 형은 땔감을 준비하러 다녔다. 전쟁이 치열해졌는지 쌕쌕이 날아다니는 횟수가 점점 잦아지고 가끔씩 시커멓고 커다란 비행기가 하늘 높이 지나가면 어른들은 그것이 일본 히로시마에 원자폭탄을 떨어뜨린 B-29 폭격기라고 했다. 인민군이 주둔했던 마을이라 그랬는지 아니면 또 다른 무엇이 있었는지는 모르지만 때때로 쌕쌕이 비행기가 지붕에 닿을 정도로 낮게 훑고 지나가기도 했다.

어느 날 형과 나는 마당에 쌓아놓은 마른 토탄(土炭)을 부엌으로 옮기려고 형은 지게를 지고 나는 뒤에서 잡아주고 있었는데 갑자기 요란한 비행기소리와 함께 기관총소리가 들려왔다. 어느새 방공호로 피신한 누나들의 고함소리에 지게를 내던지고 우리도 잽싸게 안방 뒷문을 통해 방공호에 몸을 던졌다. 그 순간 우리 집에 총알이 마구 쏟아졌다. 비행기소리가 잠잠해지고 마당엘 나가니 우리가 졌던 지게는 풍비박산이 되었고 흙벽엔 벌집모양 구멍이 숭숭 뚫려 있었다.

이 날 마을에는 큰 비극이 벌어졌다. 온 마을이 폭격으로 거의 다 타버리고 쑥대밭이 된 와중에 아버지의 육촌 두 형제 내외분이 모두 돌아가셨다. 그분들의 남겨진 어린 자녀인 진구, 성구 등 나의 8촌 형들은 훗날 무사히 남으로 내려오는 피란민에 합류하여 서울과 의정부에 정착했으나 어른들의 보살핌 없이 자립하느라 학교도 제대로 못 다니고 무진 고생을 겪었다.

지금 생각해보니 그즈음이 9월 15일 인천상륙작전이었던 것 같다. 하루 종일 멀리 바닷가에서 시끄럽게 터지던 포탄, 총성 소리가 밤이 되자 화려한 불꽃놀이가 되었다. 아름답기도 하고 두렵기도 해서 외사촌 상원이 형과 나는 마루 밑에 기어들어가 시간가는 줄 모르고 멀리 인천에서 벌어지던 이 광경을 즐겼다.

그 후 얼마 안 있어 간간히 논둑길로 군인들이 줄을 지어 지나는 모습이 목격되었다. 인민군인지 국군인지 분간할 길이 없었다. 아마도 유엔군이 인천상륙작전을 성공리에 마치고 임진강을 돌파해 북진을 하고 인민군은 낙동강까지 내려갔다가 패퇴해 허둥지둥 북으로 철수할 때였을 것이다.

그 즈음 주위가 어둑어둑한 저녁이었다. 홀로 피란길에 올랐던 아버지가 돌아오셨다. 그때는 임진강 이북이 어느 쪽의 통치권에 속해 있는지 분간이 어려운 시기였다. 밤새 어른들은 수군대고 아버지는 새벽 동(洞) 너머 고모 댁 울타리 낟가리에 공간을 만들어놓고 숨어 지냈다. 얼마간의 시일이 지나자 사뭇 분위기가 달라졌다. 인민군은 완전히 퇴각하고 마을은 다시 조용해졌다. 어른들 말에 의하면 유엔군이 대동강을 넘어 압록강까지 이르렀으며 곧 인민군이 항복을 하고 나라가 통일될 거라고들 했다.

피란길 – 임진강을 건너다

날씨가 쌀쌀해지면서 또다시 마을이 술렁거렸다. 머지않아 전쟁이 끝나면 장단 집으로 돌아갈 거라는 기대가 인해전술을 펴는 중공군의 전쟁 개입으로 물거품이 돼 버렸다. 바로 중국 공산군의 참전으로 혜산진까지 올라갔던 유엔군이 후퇴하기 시작한 것이다. 모든 전투에서 꽹과리를 쳐대면서 홍수처럼 쏟아져 들어오는 중공군은 시체가 쌓이고 쌓여도 물러서는 법이 없는 군대라고 했다.

그 소문이 오래 되지도 않았는데 곧 현실로 눈앞에 나타났다. 이북에서 철수해 내려오는 국군과 피란민의 행렬이 끝없이 이어졌다. 마치 장마철에 하얀 알을 물고 이동하는 개미떼 행렬을 보는 듯했다.

결국 우리도 1951년 겨울 어느 날 피란행렬에 합류했다. 보따리를 이고 진 식구들을 따라 임진강가 나루에 도달하니 강을 건너려는 사람들로 인산인해였다. 임진강 폭은 그리 넓어 보이지 않았지만 시퍼런 강물이 무섭기만 하였다. 나룻배는 강 양쪽을 밧줄로 연결, 줄을 잡아당겨 강을 건넜다. 우리 가족이 배에서 내린 곳은 현재의 파주시 낙하리 근처, 지금의 자유로 강변이었다.

임진강을 건넌 피란민들은 군인들의 안내를 받아 파주경찰서 마당으로 모였다. 그곳엔 피란민들을 임시로 수용할 수 있는 수십 동의 천막이 있었고 깨소금을 바른 주먹밥을 나누어 주었다. 천막 하나에 두서너 가구가 함께 배정 받았다. 시간이 지나면서 대부분의 사람들은 남쪽으로 다시 떠나갔다.

그런데 임진강 건너 장단이 고향인 많은 피란민들은 전쟁이 끝나면 고향으로 돌아가겠다면서 인근 마을에 방을 얻거나 급조된 수용소 마을로 이주하였다. 수용소도 금세 포화상태가 되어 아버지는 원주민의 집에 거처할 방이라도 알아본다며 매일 인근 마을을 헤매다가 돌아오시곤 했다. 그런데 어머니는 웬일인지 천막에서 앓아누워 꼼짝을 못하셨다. 모든 피란민들은 경찰서에 도착하자마자 콜레라인지 장티푸스인지 예방주사부터 맞았다. 그러면 어른들에 한해서 군용 담요 한 장씩이 배급되었는데 어머니가 우리 일곱 식구를 위해 담요를 한 장이라도 더 타려고 다시 줄을 서서 주사를 이중으로 맞으셨고 결국 허약한 몸으로 이를 견디지 못하고 앓아누워버린 것이었다.

어머니의 이런 강인한 생활력을 닮아서 오늘의 우리가 있음에 그저 감사할 뿐이다. 거처를 구하려고 돌아다니던 아버지가 드디어 어느 원주민 집의 문간방을 얻게 되었다며 환한 얼굴로 돌아오셨다. 파주시 아동동 일명 압굴이라는 마을의 우 씨 댁으로 지금의 파주시청과 통일로 사이에 위치한 외딴 단독 주택이었다.

오래 전 그 집을 둘러봤을 때 놀라지 않을 수 없었다. 표현하기조차 민망스러울 정도로 비좁은 소 외양간 같은 작은 방, 어떻게 그 좁은 공간에서 일곱 식구가 견뎌 냈을까. 그러나 지금처럼 월세 개념이 있었던 때도 아니요, 모든 걸 안집에 의탁해 신세를 지고 살아야 했던 우리에게 우 씨 댁 어른들은 하늘에서 동아줄을 내려준 천사나 다름없었다. 우 씨 댁은 연로한 할아버지, 아버지와 비슷한 나이의 우 씨 어른 부부, 제철, 제은이 이렇게 다섯 식구였는데 제철이는 나보다 한 살 아래였지만 전쟁에도 학업을 계속해서 학년은 한 해 위였다.

기거할 처소가 마련되었다고 호구지책(糊口之策)이 해결된 것은 아니었다. 식구 각자가 알아서 역할을 했을 것이고 나와 형은 역시 땔감을 구해 오는 게 주된 역할이었다. 매일 아침 아버지는 무슨 일로 나가시고 어머니는 새우젓 행상을 시작하셨다. 함지박에 새우젓을 몇 사발을 이고는 먼 마을을 돌며 팔거나 식량과 맞바꾸는 장사였다. 저녁이면 그래도 잡곡 봉지가 올망졸망 함지박에 담겨있었다.

나와 형은 인근 야산을 헤매고 다니면서 나무 등거리를 모아 가져오는 게 일이었으나 피란민들이 수없이 훑어가는 땔감이 산에 온전히 남아있을 리가 없었다. 처음엔 주위 야산이었지만 점점 집에서 멀리 가야만 까치둥지만한 땔감이라도 구해 올 수 있었다.

그러던 어느 날 행운이 비쳤다. 멀리 등원리 야산까지 땔감 원정을 가곤 했는데 그곳에는 군 탄약 부대가 주둔해 있었다. 부대 옆을 지나는데 보초병이 우리를 불러세웠다. 마침 새장에서 때까치 한 쌍이 먹이를 달라고 아우성을 치고 있었다. 때까치는 배가 고프면 가만히 참지 못하고 울어대는 새라는 걸 군인아저씨들이 알려주면서 제안을 하였다. "너희들 산으로 나무하러 다니지 말고 새 먹이로 메뚜기를 잡아오면 기름먹인 포탄 박스를 주겠다."고 했다. 기름먹인 종이박스는 태울 때 그을음이 났지만 나무 땔감보다 훨씬 열효율이 좋았다. 그 날 이후 우리는 산으로 나무를 하러 가는 대신에 들판으로 메뚜기를 잡으러 다녔다.

때때로 통일로 변에서는 횡재를 만날 수도 있었다. 지나는 미군 트럭을 보고 손을 흔들면 때때로 통조림 깡통이나 껌, 과자, 초콜릿 같은 것을 던져 주었다. 세상에 초콜릿처럼 맛있는 것이 또 있었을까? 틈만 나면 통일로 변에 나와서 손을 흔들곤 했다. 한번은 소시지 통조림을 받아 왔는데 열어보고는 도무지 어떻게 먹어야 하는지를 몰라 결국 된장국에다 쏟아 넣어 먹은 기억이 있다. 훗날 이것이 우리 입맛에 맞게 변형되어 의정부 부대찌개가 되었을 것이다. 역시 어머니의 억척스런 새우젓 행상 덕분에 우리 식구는 굶지는 않았다.

제2의 고향, 파주 금촌

전선은 임진강을 경계로 소강상태로 접어든 듯 했다. 휴전 협정이 임박했을 때였던 듯싶다. 파주는 온통 유엔군과 국군부대로 채워졌고 경의선 기차가 통과하는 금촌은 파주에서 제일 많은 피란민이 모여들어 원주민보다도 외지인이 훨씬 많았다. 군청과 경찰서, 그리고 문산중·고등학교까지도 전쟁 전에 있었던 문산에서 금촌으로 옮겨와 자리를 잡았다.

지금의 금촌 재래시장은 넓은 논밭이었으나 수많은 판자 가건물 점포들과 노점상이 들어차고 오일장이 크게 열려 파주 최대의 유통시장이 형성 되었다.

시장의 물건은 거의 모든 것이 군용품이었다. 물감들인 군복, 초록색 군용 내복, 양말, 목을 자른 군화, 숟가락, 먹는 식품마저도 모든 게 부대에서 유출된 것들뿐이었다. 심지어 미군부대 식당 쓰레기통에서 나온 음식물 찌꺼기까지도 피란민들의 요긴한 식량이 되었다. 이른바 꿀꿀이죽도 이 시대의 산물이었다.

금촌의 중심지, 사거리를 중심으로 판자로 지은 많은 소형 점포들이 닥지닥지 문을 열었다. 중심에는 민생병원, 윤태네 포목점과 워일이네 철물점, 십자약국이 이어서 문을 열었고 흥식이네 염색소, 민진이네 구둣방, 기성이네 문방구 등 각종 점포가 계속 생겨났다. 서울역과 연결된 경의선 기차역이 접해있어 이런 상권이 형성됐을 것이다. 아동리 우 씨댁 문간방 생활은 한동안 더 계속되었다.

그러던 중 아버지가 사거리 근처에 쌀가게를 차렸다. 15평이 채 안 되는 일자형 집이었는데 도로 쪽 절반은 가게를, 중간에는 장지문으로 가운데를 구분해 방 2개를, 그리고 부엌, 맨 뒤쪽에는 조그만 헛간 그게 우리의 새 보금자리였다. 옆집과는 공동으로 막은 판자벽이 바로 경계였고 신문지로 도배를 하였다. 두 집 식구들 말소리가 한 집처럼 들리는 건 어쩔 도리가 없었다.

그래도 좋기만 했다. 우리 식구끼리 독립된 생활을 한다는 게 꿈만 같았다. 화장실을 넣을 수 없어 대부분의 집들은 멀리 논 가운데 공동화장실을 사용했다. 아침이면 줄을 서서 기다리는 건 당연한 걸로 생각하였다.

초등학생 시절

전쟁 통에 교사가 전소된 금촌초등학교는 2년이 지나도록 한 곳에 모여 수업을 못하고 여기저기 학년 별로 분산되어 공부를 하였다. 그러다가 미군 부대에서 천막을 지원받아 대민 지원하던 군부대 이른바 민사처 마당에 천막을 치고 한데 모여 수업을 받기 시작했다. 천막 교실바닥은 가마니를 겹으로 깔아 땅바닥의 습기를 막았다. 내가 학교에 다시 다니기 시작한 것은 결국 2년이 지난 그때였다. 그것도 중단했던 1학년 2학기에서 다시 시작했으니 나의 학령은 2년이 늦어지게 되었고 이른 생일을 감안하면 3년이 늦은 셈이다. 겨우 연 천막교실도 충분치 못하여 체육시간에 한 학급이 운동장으로 나오면 다른 학급이 그 교실로 들어가 공부를 해야 했다.

몇 년 후 학교는 천막생활에서 벗어나 넓은 운동장이 있는 새로운 장소로 이사를 하였다. 현재 금촌초등학교가 있는 그 자리다. 역시 미군 부대의 지원으로 수십 개의 교실이 목재로 지어졌다. 우리가 그곳으로 이전한 것은 건물이 완공되기 전이라 한 동안을 앞산 지금의 쇠꽃마을 야산에서 나무에 칠판을 걸고 수업을 받았다. 칠판은 건축용 합판을 굴뚝의 검댕으로 까맣게 칠해 만들었다. 숙제의 일환으로 등교할 때 각자 긁어온 굴뚝 검댕을 합판 위에 쏟아 붓고 선생님이 준비한 계란 흰자를 섞어 문지르면 제법 까만 칠판이 되었다. 잔디 위에서의 야외수업은 지금도 동창들이 모이면 가장 기억에 남는 추억이었다고 한다.

교실이 다 지어져 입실하게 되자 모두가 궁전에라도 들어온 양 환호성을 외치며 기뻐했다. 몇 년간의 천막교실 거적 바닥 생활과 풀밭 야외수업을 끝내게 되었으니 어찌 기쁘지 않았겠는가. 옥에 티라면 넘치는 학생 수를 다 감당할 수 없어 교실 한 가운데를 합판으로 다시 막고 한 교실에 두 학급씩 들어갔다. 각반 학생 수가 항상 60명이 넘었다.

물론 책상이 없어서 천막학교 때 각자 들고 다니던 나무 궤짝으로 만든 책상을 그대로 썼다. 단지 매일 들고 다니는 것만은 면했다. 교실 뒤쪽에 쌓아 놓았다가 다음날 찾아서 공부를 하였다. 수업이 끝나고 청소 시간이 되면 집에서 가져온 쓰다 남은 초 토막을 바닥에 문질러서 광을 내었다.

3학년이 되자 사범학교를 갓 졸업한 젊고 예쁜 여자선생님이 담임으로 오셨다. 선생님은 얼굴이 동그스름한 전형적인 한국미인 스타일인데다 의상마저 세련돼 께저분한 아이들로 가득 찬 교실에 들어오시면 마치 하늘에서 천사가 내려온 것만 같았다. 선생님의 이름은 장순정 선생님이셨다.

우리 반은 일학년부터 학급 재편성 없이 그대로 올라왔고 반장은 계속

내가 맡게 되었는데 나는 반장으로 선생님을 돕는 게 그렇게 좋을 수가 없었다. 하루 종일 선생님 곁을 떠나고 싶지 않았다. 공부도 선생님 마음에 들도록 더욱 열심히 하였다. '수우미양가'의 성적표에 '우'가 하나만 있어도 마음에 용납이 안 되는 공부 욕심쟁이가 되었다.

한 학기를 마치는 여름방학을 맞자 서울 본가로 가는 선생님이 부르시더니 서울 선생님 댁에서 며칠 보내면 어떻겠냐면서 부모님 허락을 받아오라고 하셨다. 엄마 아빠는 마다할 이유는커녕 고마움에 어쩔 줄을 몰라 하셨다.

선생님을 따라 생전 처음 기차를 탔고 고색창연한 서울역 청사 모습에 입이 벌어지기도 했다. 댕댕거리며 달리는 전차를 타고 종로 가회동에 있는 선생님 댁 기와집에 들어서니 놀라움만 점점 커졌다. 반질반질한 마루, 잘 진열된 도자기와 가구들, 거기다 처음 대하는 전깃불… 마치 딴 세상으로 날 데려온 것만 같았다. 지금까지도 기억 속에 남아 있는 것은 소반 위에 진열되었던 기름이 반지르르한 옥돌모양의 진열품이다.

머무는 동안 선생님과 극장에도 갔었다. 후에 국제극장이 들어선 아마도 광화문 네거리, 어디쯤 되었던 것 같다. 수많은 관람객, 화려한 무대, 아름다운 배우들의 의상, 진한 화장을 한 연기자들, 극장의 푹신한 의자까지도, 전쟁의 폐허 속에서 지내온 나에겐 모든 게 상상조차 못하던 광경들이었다. 그러면서도 논밭 하나 없는 서울 사람들이 쌀밥을 먹는 것이 이상하기만 하였다.

비록 한 학년의 가르침을 받았지만 선생님에 대한 기억은 평생을 가고 있다. 선생님도 그러하셨는지 그 후 소식이 단절되었는데 어떻게 아시고 대학 졸업식 때 나를 찾아주셨다. 그러고 또 단절, 글을 쓰면서 회상하니 지금도 마음이 저려온다. 정말 하해와 같은 은혜였는데 보답 한 번 못하고 어디에 살고 계신지도 모르니.

학교도 점점 피란민 학교 티를 벗어버리고 파주의 중심지 대형 학교로 면모를 바꾸어 갔다. 우리 학년은 네 학급이 됐는데도 매년 담임선생님만 바뀌었지 학생들은 학급 재편성이 없이 그대로 올라갔다. 자연히 급우들의 친밀도도 높아질 수밖에 없었다. 학우들의 나이 차이도 심했다. 나처럼 2, 3년 늦은 경우는 보통이었고 정상 나이의 아이들과 다섯 살 차이나는 경우도 있었다. 그럼에도 6학년 1반 졸업생들은 지금도 '6.1회'라는 모임으로 수십 년간 매 분기 모이고 있으며 거의 졸업 시 인원의 절반 가까이가 참석한다. 노령이 되니 여자 급우들이 훨씬 활동적이고 적극적이다.

금촌초등학교는 파주에서 학생 수가 가장 많은 학교에 걸맞게 군(郡) 내 각종 경진대회를 항상 휩쓸었다. 특히 자주 열리는 학교 대항 붓글씨 대회에서는 교감 정순철 선생님과 담임 권진만 선생님으로부터 특별지도를 받은 우리 붓글씨 반의 성적이 두드러졌다. 나는 매번 대회에 나가 입상을 하여 학교의 영예를 높이는데 한 몫을 하였고 덕분에 동네에서는 '붓글씨 잘 쓰는 아이'로 불렸다. 이때 배운 붓글씨가 군대생활과 대학생활에까지 큰 도움이 되었고 지금까지 나의 가장 보람 있는 취미 생활의 일부가 되었다.

드디어 초등학교를 졸업하게 되었다. 당시 일등에게는 경기도지사상을, 이등에게는 교육감상이 주어졌는데 도지사상이 나에게 돌아왔다. 공부보다도 매 학년 학급 반장과 전교생 조회에 맨 앞에 나가 구령을 붙이는 전체 반장도 맡아했고 붓글씨로 학교 명예도 올렸기 때문이었으리라.

그동안 우리 집 형편도 많이 나아져서 다행히 나는 문산중학교에 진학하게 되었다. 안타까웠던 것은 250명이 넘는 졸업생 중에 극히 일부만이 중학교에 진학한 일이다. 가난이 무엇인지 6년간을 한 반에서 강아지 한 배 새끼처럼 뒹굴던 친구들이 뿔뿔이 헤어져 사회로 나가야 했다.

중학생 시절

문산중학교는 남녀 공학으로 각 학년 남자반이 4학급, 여자반이 1학급이었다. 고등학교는 농업학교로 파주 유일의 고등학교이기도 했다. 위치가 금촌 시내에서 도보로 약 30분 거리, 벌판을 건너 외따로 떨어져 있어 등하교 시간에는 들판에 까만 교복을 입은 학생들의 모습이 마치 남극의 펭귄들 행진 같아 보였다.

중학생이 되어 교복을 입으니 일본 군대식으로 모든 행동을 제약했다. 상급생에 대한 경례, 존댓말, 복장도 엄격히 통제를 받았고 매일 아침 교문에서 규율부 완장을 찬 선배들이 복장, 두발(頭髮) 검사를 하면서 이발을 제때 못해 더부룩한 학생들의 머리를 바리깡으로 대충 밀어놓아 마치 쑥대밭처럼 만들었다.

나는 학급 반장으로, 붓글씨로 교무실을 비롯해 각 반 환경 정리에 상당한 기여를 하는 제법 유명한 학생이었음에도 무참히 머리를 깎인 적이 있었는데 그 수모감이 남들과는 달랐다. 그때 완장(腕章)을 차고 설치던 그 상급생의 이름을 지금도 기억하고 있으니 상처가 얼마나 깊었는가 짐작이 간다.

당시 교장선생님은 이경재 선생님으로, 교훈을 무실역행(務實力行), 흥사단 안창호 선생의 가르침을 그대로 썼다. 뜻이 어렵고 추상적이어서 중고등학교 교훈으로 적절했는지는 의문이다. 나는 지금도 "참되게 힘써 실천한다."의 무실역행(務實力行)의 의미가 아리송하다. 조금은 고지식한 교장선생님의 교육방침 때문인지 입학 후 얼마 안 되어 학년별 암송대회가 열렸다. 한 달간인가의 시간을 주고 우리나라 '독립선언문' 전문과 '공약삼장'을 포함한 민족대표 33인의 이름까지 모두 외우는 암송대회였다. 매일 열심히도 외웠다. "오등은 자에 아조선이 독립국임과 조선인이 자주민임을 선언하노라…." 어려운 한문 용어의 뜻은 절반도 모른 채 그저 앵무새처럼 외우는 시합이었다. 고등학교 3학년에 와서야 한문을 풀어가며 이해하던 독립선언문을 초등학교를 갓 졸업한 어린 아이들에게 외우라고 시키는 무모한 대회였다.

지금 생각해보니 암송대회 자체는 참으로 가치 있는 시도였던 것 같다. 다만 뜻도 모르는 '독립선언문'의 맹인식 암기가 아니라 기억력이 절정인 시기에 중학교 영어책을 통째로 외우는 암송대회였다면 얼마나 도움이 되었을까. 후에 들은 이야기였지만 실제로 인천의 명문 제물포중학교에서는 영어책을 암송하는 대회를 가졌다고 한다.

경기도 전 중학교 대항 한글 붓글씨 실기대회가 인천에서 열리는데 나에게 학교 대표로 참석하라고 했다. 교통편이 지금과 같은 세상이 아니었다. 파주 금촌에서 인천까지, 미술선생님과 하루 전 기차를 타고 서울을 거쳐 인천으로 향했다. 선생님은 대회장인 인천 신흥초등학교 근처에 여관을 정했다. 여관방에는 기다란 형광등이 옆방과 구멍을 뚫어 반씩 걸쳐 있었다. 그때 선생님이 사주신 음식은 고기와 채소를 넣어 볶은 밥에 계란말이 해서 고추장 비슷한 걸 쳐서 먹었는데 아마 오므라이스에 토마토케찹을 발라 먹었을 것이다. 그때 그것이 얼마나 맛이 있었던지 지금까지도 기억에 생생하다.

다음날 대회장에 나갔는데 도내 각 중학교에서 뽑혀온 학생 서예가(?)들이 교실 가득히 먹을 갈고 있었다. 주어진 화선지는 각자 두 장, 한 장은 예비용이었다. 오랫동안 정성들여 먹을 갈았다. 글 주제가 주어지고 붓에 먹물을 찍어 첫 자를 썼다. 그런데 세상에 이럴 수가, 먹물이 화선지에 쫙 번지는 것이 아닌가. 선생님이 새로 사주신 것이니 좋은 먹이겠지 믿고 예비용도 준비를 안 했는데 낭패였다. 인솔 선생님들은 모두 밖에서 기다리니 도움을 요청할 수도 없었다. 어찌 할 바를 몰라 발을 동동 구르다 옆자리의 과시생에게 간절히 부탁하였다. 글을 다 쓰고 나면 남은 먹물이 있는 벼루를 빌려달라고. 착하게 생긴 아이가 거부하지 않고 벼루를 건네주었다. 덕분에 무사히 작품을 제출할 수 있었다. 학교에 돌아와 얼마 후 발표가 났는데 내 작품이 대상으로 뽑혔다.

시상식은 전교생 조회 때 밴드반까지 동원되어 치러졌다. 그 후부터 나는 문산중학교에서 공식적인 유명 인사가 되었다. 교내에서 붓글씨 쓸 것은 모두 나에게 맡겨졌다. 각 학급 미화작업에서 붓글씨는 필수였다. 방과 후에는 학년 학급을 가리지 않고 불려다니며 붓글씨를 써주어야 했다. 교무실까지 진출해서 까만 표지 위에 '출석부' '학적부' '생활 기록부' 등을 하얀 페인트로 써야 했다. 덕분에 붓글씨도 일취월장 발전을 거듭하게 되었고 중 3때 일어난 4·19혁명 땐 문산중·고등학생들이 맨 앞에 들고 나갈 대형 현수막까지 내가 썼다.

중학시절의 나의 또 다른 취미는 식물채집과 곤충채집, 새 기르기 쪽이어서 자연히 생물 선생님을 많이 따랐다. 마침 대학을 막 졸업하고 부임한 이성수 선생님은 열정적으로 우리를 가르쳤고 학교에 식물채집 교본을 만들기 위해 부단히 애쓰셨다. 학교 주위는 물론 휴일에는 봉일천의 공릉을 비롯해서 지금의 통일동산 근처 장릉까지 채집하러 자주 나갔고 그때마다 나는 선생님과 동행했다. 식물 채집 뿐 아니라 나는 곤충채집 그중에서도 나비 채집을 아주 좋아했다. 포충망은 미군부대에서 나온 가루를 치는 체처럼 생긴 국방색 천을 잘라 삼각 형태로 꿰매고 포충망의 대는 기다란 왜 싸리나무를 잘라 말려서 스스로 만들었다. 너무 마르면 휘어지긴 했지만 열심히 펴서 휘두르면 날쌘 호랑나비, 제비나비도 너끈히 잡아챘다.

잡은 곤충 표본은 썩지 말라고 석유를 발라서 보관했지만 일주일을 지나기 전에 썩어 버렸고 그러면 다시 잡으러 나갔다. 여름방학이 끝나기까지 반복적인 작업이었다. 주사기에 알콜을 넣어 잡자마자 놓으면 좋은 표본이 되는 줄은 알았지만 거기까지 신경 써줄 부모님들도 아니었다. 목구멍이 포도청인 그 시절 난 아무런 불만도 할 수 없었다.

부엌 옆 조그만 광에다 토끼도 키웠고, 특히나 새를 좋아한 나는 야생조(鳥)를 잡아다 기르려고 부단히 노력했다. 어미 새가 어린 나에게 잡힐 리가 없고 학교 방과 후에는 들판으로 야산으로 새둥지를 찾으러 헤맸다. 나무 위에도 새둥지만 발견하면 내 타깃이 되었다. 먼저 알이 몇 개나 있으며 언제쯤 새끼로 부화하는지 지속적으로 관찰하다가 새끼가 독립해서 어미 새를 떠나기 전에 낚아채오는 방법으로 새끼 새를 잡아왔다. 그렇다고 새장이 준비된 것도 아니었다.

철사로 된 예쁜 새장을 친구 범조 네를 놀러 가서 보았는데 십자매란 새를 키우고 있었다. 그러나 그건 모두 그림의 떡, 그걸 사달라고 졸라댈 형편도 아니었다. 할 수 없이 사과 궤짝을 철망으로 막고 문을 달아 새를 넣었다. 푹신하게 자리도 깔아주고 물그릇도 들여놔 주고, 무엇보다도 먹이만큼은 새들이 좋아하는 메뚜기를 열심히 잡아다 주었다. 어미 새가 잡아다 주는 것보다 훨씬 많이, 그러나 거의 실패였다. 그렇게 정성으로 보살폈건만 새끼들은 거의 일주일이 안 되어 죽었다. 아무리 먹이를 주어도 먹지 않았다. 아직 바깥세상에서 스스로 먹이를 취하지 못하는 어린 새끼를 잡아 왔으니, 못된 취미 때문에 나는 많은 살생을 하고 말았다.

그럼에도 몇 번은 성공한 경우도 있었다. 꾀꼬리, 까치, 때까치는 키워서 날려 보내기까지 하였으니까. 그들 중에 때까치는 길이 잘 들어 아침에 새장에서 풀어 놓으면 야생에서 지내다가 저녁이면 집으로 날아들기까지 하였고 동산에서 '때때' '때때' 연거푸 부르면 날아와 어깨 위에 앉기도 하였다. 그러나 철새라서 겨울이 다가오자 어디론가 날아가 버리고 다시는 돌아오지 않았다. 중학 1,2학년은 그야말로 나에게 마크 트웨인의 '허클베리 핀'과 같이 틈만 나면 산과 들을 쏘다니며 곤충과 새와 더불어 지내는 소년이었다.

3학년이 되면서부터 나는 다시 긴장하지 않을 수 없었다. 각 반에서 공부 좀 잘한다는 애들은 거의가 다 서울의 고등학교를 목표로 공부를 시작했다. 그들 중에서도 이인호는 마침 서울중학교에 다니던 그의 외사촌 형이 금촌으로 이사를 와서 서울중학교의 노트와 교재를 물려주고 서울식 공부를 전수해서인지 나와 1, 2학년까지는 엎치락뒤치락 선두 경쟁을 했지만 점차 내가 밀리기 시작했다. 나는 서울고등학교 교모를 쓴 그 형이 너무 멋져 보였다. 나는 그의 걸음걸이도 따라할 정도로 그를 흠모했다. 그러나 그 형도 가난 때문에 대학진학을 포기했다. 소위 일류 고등학교 졸업장이 시원찮은 대학졸업장보다 인정을 받을 것이라고 생각하는 듯했다. 너무 쉽게 포기하지 말고 어떻게든 진학을 했어야 했는데….

나에게 수학은 가장 좋아하고 자신 있는 과목이었지만 중학교부터 처음 배우는 영어는 기초 공부부터 문제가 많았다. 2학년 때는 영어선생이 중학 2학년 교과서도 제대로 해석을 못하였다. 한 번은 수동형, 능동형 뜻도 구분을 못하여 학생들의 항의를 받는 사태도 벌어졌다. 급기야 인호와 나는 대표로 교장실을 방문하여 선생을 교체해 줄 것을 요구하기에 이르렀다. 이런 판국에 나는 제대로 된 영어 참고서도 못 구해 영어 기초가 매우 미약한 수준이었다. 내가 가진 참고서는 형이 가지고 있던 오래된 이름도 없는 참고서 한 권 뿐이었다. 당시 종로학원의 명강사였다는 안현필 선생의 저서 ≪영어 삼위일체≫라는 좋은 교재를 구하여 공부만 했어도 진학 방향이 달라졌을지도 모른다.

졸업반이어서 가을 수학여행이 충청도 부여로 정해졌다. 나는 무척이나 가고 싶었지만 인호가 진학 공부에 지장이 있다며 안 가겠다고 해서 항상 공부에 라이벌 의식이 있던 나도 덩달아 수학여행을 포기했다. 드디어 졸업성적이 발표되었다. 역시 인호가 수석 자리를 차지했다.

우리는 애초 서울로 진학하기로 결심하고 공부를 해왔기에 어느 고등학교를 선택, 입학시험을 치르느냐가 최대 관점이었다. 인호는 두말할 것도 없이 외사촌이 사용하던 서울중학교 교과서와 필기노트까지 가지고 공부를 하였으니 서울고를 택했으나 나는 인호와 같은 학교 지망은 피하고 싶었다. 최고로 치던 경기고나 아니면 경복고를 놓고 고민하다가 한 급 낮추어 경복고를 택해 입시원서를 제출했다. 당시 입시제도는 타학교 출신은 단지 한 학급 60명만 선발하고 나머지는 본교생을 자동 진학시키는 입시제도였다.

입학시험 결과는 낙방이었다. 어린 나이에 뼈아픈 인생의 좌절을 맛본 것이었다. 인호는 예상대로 합격의 영예를 안았다. 이렇게 고배를 마신 낙방생들은 후기 모집학교들 중에서 가장 좋다는 중동고등학교로 몰려들었다.

고등학교 입학과 어머니의 타계

중동고는 일제강점기에 중동야학교(夜學校)로 설립된 사립고로서 당시 불공평했던 입시 제도를 역이용, 우수한 학생들을 확보할 목적으로 일부러 후기 학교로 전환한 학교였다. 전기 입시제도와는 정반대로 본교생은 한 학급만 자동 진학시키고 나머지는 전원 시험으로 선발하는 역발상의 입시 방법을 택한 것이다.

서울의 3대 공립 명문고를 목표로 했던 일차 낙방생들은 각자 중학에서 최우수 그룹에 속했던 학생들이어서 중동고 입시도 매우 치열했다. 나는 무난히 중동고 360명 입학생에 합류하였다. 중동고는 철두철미 경쟁제도를 도입해 입학성적 순위도 공개 발표하였고 반 편성 방법도 공개하여 자기가 몇 등으로 학급에 배정되었는지를 알게 하였다.

나의 입학 성적은 전체 11등으로 다섯 학급으로 편성된 1반에 두 번째 성적으로 배정되었다. 1등은 대광중학교를 나와 수석 합격한 장지일이었다. 그 후 매학기 수시로 성적 순위도 복도에 공고문으로 써붙여 학생들에게 치열한 경쟁심을 유도하였다.

고등학교에 입학하고 경의선 기차통학이 시작되었다. 통근열차라고 불리던 첫 차는 종점인 전역 문산에서 출발, 금촌역 통과는 오전 5시 45분이었다. 금촌에서 서울역까지는 불과 30여 킬로였지만 정확한 도착시간은 그날그날 열차 사정에 따라 들쭉날쭉 하였다. 서울역에서 학교까지는 도보로 정확히 24분, 서울역 도착 시간에 따라 걷기도 하고 뛰기도 하였지만 8시 등교시간에 맞추기가 항상 빠듯하였다.

신축된 5층짜리 교사는 시골뜨기 나에게 처음 대하는 문화시설이었다. 수업 분위기가 성적 격차가 심했던 시골 중학교와는 판이하게 달랐는데 급우 전원이 우열을 가리기 어려울 정도로 우수한 학생들이었다. 10분간의 쉬는 시간에 누군가 칠판에 수학 문제를 써놓으면 먼저 푼 사람이 뛰어나가 칠판에 답을 적는 공부 게임도 즐겼다. 수학을 특히나 좋아했던 나에겐 하나의 즐거운 놀이였다.

그때까지도 금촌에는 전기가 공급되지 않았다. 이미 형을 서울로 통학시키느라 3년간이나 호롱불을 켜놓고 새벽마다 아궁이에 불을 지펴 밥을 짓던 어머니가 형이 졸업하자 잠시 편해졌나 싶었는데 다시 나로 인해 고생하셔야 했지만 줄곧 우등생이었던 나의 서울 유학을 무척이나 자랑스러워 하셨다.

입학한 지 몇 주가 지나갔다. 정확히 3월 18일(음력 이월 열이틀) 저녁 토요일이었던 것 같다. 저녁을 먹고 이웃에 사는 인호네 집에 가 있었는데 어머니가 갑자기 쓰러지셨다는 전갈이 왔다. 단숨에 달려가니 어머니는 의식이 없이 누워 계셨다. 이어서 장단 고향에서부터 동네 의원이었던 김만중 의원이 들이닥치고 혈압을 재더니 고개를 설래설래 흔들었다. 지금도 기억하지만 혈압 수치가 280을 넘었다며 자기는 어떻게 할 방법이 없으니 신촌 세브란스로 모시고 가라며 이내 왕진 가방을 챙겨 떠나버렸다. 의사가 원망스러웠지만 속수무책이었다. 하루에 몇 번 다니는 기차,

당시 금촌에 택시가 있었는지도 모르겠다. 의식 없이 누워계신 어머니를 그저 쳐다만 보고 있었으니, 아아 한스럽던 그 날이여.

자정이 지나고 얼마쯤 시간이 흘렀는데 지켜보는 식구들을 한번이라도 더 보고 싶으셨는지 잠시 의식이 돌아오셨다. 당시 형은 군에 입대해 있었고 결혼해서 금촌에 사는 큰누나와 아버지, 나, 동생이 걱정스럽게 둘러앉아 있었다. 서울로 시집간 작은누나는 연락이 되지 않았다. 어머니는 눈물을 주르르 흘리시며 내 손을 잡았다. 그리고는 더듬더듬 말씀을 이어 가셨다. "응구야, 부탁한다. 네 불구 동생 민구를." 이 말씀은 기억에 생생하다. 다음 식구들에게 어떤 말을 남기셨는지는 기억에 없지만 단 몇 분간이었던 같다.

장례식 날은 왜 그리도 추웠던지, 겨우 50평생을 사시면서 모질고도 고생스러웠던 생을 그 날의 날씨로 표현하셨는지도 모르겠다. 모실 장지(葬地)를 못 구해 이른바 면(面)산이라 불리던 경의선 철로변 국유지 산 언덕에 모시고 돌아왔다. 그럼에도 어머니가 이제는 영영 못 돌아오신다는 사실을 현실적으로 도저히 받아들일 수가 없었다. 여기서 세상이 멈춰 버릴 거라는 생각만 들었다.

경의선 통학생

어머니가 떠나셨는데도 서울로 올라가는 새벽 열차는 여전히 기적을 울렸다. 새벽 통학 뒷바라지는 아버지 몫이 되었다. 그러나 그렇게 부지련하고 헌신적이던 어머니의 빈자리를 아버지가 메우기에는 한계가 있었다. 생활의 변화는 바로 왔다. 아버지가 싸주는 도시락 반찬은 검은 콩을 졸인 콩장에 고추장이 전부였다. 때로는 점심시간에 도시락을 열면 고추장에서 구더기가 나와 남이 볼세라 황급히 처리해야만 했다.

큰누나가 금촌에서 살고 있어 밑반찬이며 기본 부엌살림을 도와주어 그나마 다행이었다. 동생 민구는 전쟁이 발발하기 전인 한 살 무렵 무슨 병이었는지는 몰라도 무면허 한의사에게 침을 맞았다는데 그 후유증으로 오른쪽 손발에 장애가 생겼다. 아마 그 당시 왼쪽 뇌에도 영향을 미쳤는지 학업이 부진했고 어머니마저 세상을 뜨셨으니 중학 진학을 접어야 했다.

새벽이면 거의 매일 똑같은 콩나물국에 밥을 말아 고춧가루를 뿌려 허겁지겁 먹으면서 멀리 문산에서 느리게 기어오는 기차소리를 들었다. 소리가 어느 정도 크기로 다가올 때 문을 나서면 기차를 놓치지 않는다는 건 오랜 경험으로 알고 있었다.

기차는 석탄으로 물을 끓여 움직이는 증기열차였다. 그나마 낡을 대로 낡아서 수시로 선로를 달리다 멈춰 서곤 했다. 경의선에는 금촌에서 서울역 사이에 터널이 세 개가 있었다. 첫 번째 것은 신촌역 바로 전 아주 짧은 굴이었고, 나머지 둘은 신촌과 서울역 사이에 있었는데 긴 터널을 통과하면 승객들은 코가 까매졌다. 창문이라도 열려 있거나 굴속에서 고장이 나서 잠시라도 멈춰 서는 날이면 모두들 굴뚝 청소부를 연상케 하였다.

연착으로 첫 교시가 시작돼 교실 뒷문으로 살그머니 들어설라치면 내 사정을 모르는 선생님은 큰 소리로 지각생을 불러세웠다. 그러면 내가 변명하기도 전에 누군가 '빽 화통입니다' 하면서 대신 기차 통학생임을 대변해 주곤 했다. 덕분에 고등학교에서 내 별명은 화통이 되었다.

처음 시골에서 서울로 올라왔을 때 혼자 걱정되던 것이 하나 있었다. 물론 전화 걸 데도 없었지만 만약 전화를 걸게 되면 어느 쪽에다 입을 대야 하는지 그게 궁금했다. 그렇다고 창피하게 누구에게 물어 볼 수도 없어 혼자만의 고민이었다. 또 한 가지 시골 촌놈의 극치는 단체 영화관람이 있어 퇴계로에 있는 대한극장에 갔을 때였다. 히틀러의 ≪Mein Camp(나의 투쟁)≫ 기록영화였는데 들어가기 전 먼저 화장실을 찾았다. 둘러보다가 분명히 화장실로 알고 들어갔는데 처음 보는 소변기인데다 냄새도 나지 않고 너무나 깨끗했다. 아차차 잘못 들어왔구나 싶어 재빨리 다시 나왔다. 다시 두리번거려봤으나 찾을 수가 없었고 뒤늦게야 뛰쳐나온 곳이 정말 화장실이었음을 알고는 혼자 얼굴이 뜨거웠다.

그때 에스컬레이터와 엘리베이터가 서울에 처음 등장했다. 에스컬레이터는 광교에 있던 조흥은행 본점에, 엘리베이터는 시청 앞에 있던 반도호텔에, 소문을 듣고 그걸 타고 와서는 서로들 자랑을 하였다. 나도 빠질세라 주말 한가한 시간에 신물이 날 정도로 타고 오르락내리락 즐겼다.

어느 날 아침 서울역에 내리니 거리에 웬 무장 군인들이 쫙 깔려있었다. 길바닥엔 계엄사령관 장도영 명의의 '혁명공약' 삐라가 도배하다시피 널렸다. 바로 5·16군사혁명이 터진 것이었다. 다행히 휴교령은 안 내려져 정상 등교를 하였다. 4·19혁명이 터진 지 일 년 만에 또다시 정국이 뒤숭숭하였다.

나는 밥 먹듯 지각을 하면서도 다행히 성적은 뒤처지지 않았다. 느려터진 기차시간을 공부시간으로 잘 활용한 덕이다. 열차를 타면 대개 3인석 자리의 가운데 자리는 끼어앉을 수 있었고 무릎 위에 얹은 가방이 필기도 할 수 있을 만큼 책상 역할을 해 주었다. 열차 안에서 하는 공부가 이상하리만치 교실에서 할 때보다 더 집중력과 속도감을 냈다.

어머니를 잃은 아픔을 안고 1학년을 무사히 마치고 2학년이 되니 대학 진학 이야기가 나오며 문과, 이과에 따라 선택 과목이 달라졌다. 수학이 1과 2로 나뉘고 제2외국어 독일어가 선택으로 바뀌었다. 장래 방향을 못 잡은 나는 갈팡질팡할 수밖에 없었다. 수학이 강점인 나는 이과를 택하는 게 정상이었고 대학에서는 좋아하는 생물학을 전공해보고 싶었다. 중학교 때 들판을 쏘다니기를 즐겼고 생물 선생님을 도와 학교에 식물, 곤충 표본실을 함께 만들었던 것이 영향을 준 것이다. 그러다가 생물학을 전공해봐야 졸업 후 중고등학교 생물선생이 되는 길밖에 더 있겠나, 그렇다면 한 단계 높여 약학과는 어떨까, 약사도 약국을 열어 자립하기는 하지만 의사에 비하면 아니다 싶었다. 차라리 의대를 목표로 해보자, 한동안 마음을 잡고 몰두했었다. 그러나 얼마 안 가 의대는 6년제인데다가 교재비며 학자금이 훨씬 비싸다는 사실을 알고는 아예 나 같은 가난뱅이는 꿈을 꿀 수도 없는 길이라고 일찍 포기했다.

어머니가 떠나신 우리 집 가세는 형편없이 기울고 있었다. 아버지 쌀가게는 곡식을 살 돈이 없어 낙하리 권씨들이 달구지에 곡식을 싣고 와 우리 가게를 찾아와도 항상 옆집 대광양복점에서 잠시 빌려다 값을 치르고 이내 되팔아 갚느라 마진도 못 챙기고 심부름 역할밖에 못하였다. 나도 휴일에는 사소한 배달도 하면서 아버지를 도왔지만 이렇게 하다가는 우리가 굶어 죽지나 않을까 염려가 되었다.

아버지는 자본 없이 시작한 장사여서 쪼달릴 수밖에 없다고 항상 핑계를 댔지만 나는 그건 말이 안 된다고 생각했다. 우리 집 형편이 이러니 학교 등록금을 제때 낼 수가 없었다. 다행히도 동창회장학금을 받아서

위기를 넘기기도 했지만 이것도 계속해서 받지는 못해 등록금 부담은 졸업할 때까지 이어졌다.

날이 지날수록 점점 더 공부에 대한 압박도 다가오고 결국 방과 후 5층 도서관에서 공부하다가 경의선 막차를 타기로 결심했다. 문제는 저녁식사였다. 점심으로 싸온 도시락은 비운 지 이미 오래고 저녁 8시 막차로 내려가면 집에는 밤 9시 반, 10시가 되는데 그때까지 배고픔을 참는 것이 고역이었다. 도서관을 나와 서울역을 향해 걸으면 덕수궁 돌담 벽엔 구루마 장사꾼이 줄을 지어 있었다. 군밤, 옥수수, 오징어장수 등등 애써 외면하고 지나가지만 멀리까지 따라오는 냄새가 원망스러웠다. 쳐다보지도 않고 지나쳤는데 왜 배고픈 사람의 코를 그토록 잡아끌었는지.

서울역 대합실, 나에겐 영원히 잊지 못할 애환의 장소다. 내려가는 열차라고 정시에 출발할 리가 없다. 도서관에 들르지 않고 시간에 맞춰 나왔는데 연발(延發) 게시가 붙거나 간발의 차이로 열차를 놓치면 대합실 벤치는 나의 도서관이 되었다. 한쪽 모퉁이에 지정석을 만들어 몇시간을 앉아 숙제며 그날의 공부를 복습했다.

기차 통학에서 가장 좋은 날은 토요일 오후였다. 한가롭게 경의선 열차를 타면 파주 금촌으로 내달리는 열차 창으로 내다보이는 경치가 한 주일간 쌓였던 피로를 풀어주고 마음까지 다독여 주었다. 수색역을 지나면 기차는 벌판길을 달리기 시작한다. 이어서 화전역을 지날 때쯤이면 멀리 행주산성이 보이고 일산역까지는 거리가 다른 데 비해서 멀기도 했지만 선로가 거의 일직선이어서 기차는 훨씬 빨리 달렸다. 그만큼 받는 바람도 훨씬 상쾌해서 내가 가장 좋아했던 구간이기도 하다.

그러다가 중간에 간이역이 들어섰는데 역사도 없이 백마역이라는 입간판만 세워져 있고 잠시 멈췄다 다시 출발하곤 했다. 멀리 논둑길을 지나면 초가지붕을 한 카페가 하나 보였다. 가보진 못했지만 이름이 '주촌'이라는 통기타 카페라고 했다. 이 카페가 지금의 화려한 일산 풍동 애니골의 효시인 셈이다.

어느새 3학년이 되었다. 내가 과연 장래에 어느 방향으로 갈 것인가 진로결정을 내려야 한다. 학교에서는 문과반, 이과반을 완전 분리해서 학급을 재편성한다. 지금까지는 이과를 택해 공부를 해 왔지만 정작 내가 선택하고 싶은 의대는 접은 지 오래되었고, 지망생들이 가장 많은 공과대학이 내 적성에 맞는지는 판단이 서지 않았다.

무엇보다도 지긋지긋한 가난을 가장 쉽게 벗어날 수 있는 전공이 무엇일까. 이것이 나의 진로를 결정하는데 최고의 기준이었다. 고등학교 등록금도 제때에 못 내고 겨우 졸업반까지 왔는데 정작 비싼 대학 학자금에 대해서는 전혀 걱정도 없이 오로지 어느 대학 무슨 과만을 생각하고 있었다는 게 지금 생각해도 이해할 수 없는 일이었다.

어느 날 대학에 진학한 선배들의 진로 안내 특강이 있었다. 내 마음을 단숨에 사로잡은 안내가 있었는데 문과계열의 경영학과였다. 몇 년 전에 상과대학에 경영학과가 신설되었는데 경제학을 기초로 기업경영에 관한 지식을 배우며 졸업 후 은행, 기업, 공인회계사 등 다양한 방향으로 진출할 수 있는 학과로 이른바 '사장과'라고도 했다. 눈에 번쩍 띄는 소식이었다. 수학과 연관된 회계학 과목을 비롯해 기업의 인사, 재무, 생산관리를 배우는 기업경영의 인재를 키우는 학과라는 소개에 나는 진로를 순간적으로 전환하였다.

졸업반의 반편성 결과는 문과반이 2학급, 이과반이 3학급이었다. 갑자기 이과 계열에서 문과 계열로 옮겨오니 제2외국어 선택과목인 독일어가 문제였다. 고1에서 일 년 배우고 덮어 두었던 과목이 다시 필수선택과목이 되어버린 것이다. 반면에 수학에서는 수학2에서 한 단계 낮은 수학1을 택하니 한결 쉬워졌다. 2반 담임선생님으로 오종근 선생님이 오셨다. 학기 초 개별면담을 하시면서 서울법대, 서울상대를 목표로 한 상위그룹에 속하니 최선을 다하라는 격려를 해 주시면서 이제 기차 통학을 접고 어디 서울에서 다닐 데가 없느냐고 물으셨다.

고3 수업이 시작되었다. 교실 분위기도 바뀌어 모두가 마치 곧 전장에 투입되는 전투병들과도 같았다. 정규수업 한 시간 전에 '대입특강'이 마련되어 오전 7시에 시작했다. 참으로 난감했다. 아침 첫 통근열차는 5시 45분에 묶여있고 정규 8시 수업에도 지각을 밥 먹듯 하는데 7시 특강은 그림의 떡이었다. 그렇다고 종로에 즐비한 입시학원은 언감생심 쳐다볼 필요도 없었다. 2학기가 되면서 모의고사도 잦아졌다. 성적 서열이 밀리기 시작했으니 자존심이 엄청 상했다. 입시 모의고사여서 특강내용이 많이 출제되었을 것이니 나에게는 공평치 못한 독초나 다름없었다.

대학입시의 실패, 재수 생활

졸업과 더불어 대학 입시철이 닥쳐왔다. 나의 목표는 서울대 상과대학이었다. 학교 측에서는 무엇보다도 서울대학교에 몇 명이 합격하느냐에 초점이 맞춰졌고 가능한 한 안전하게 합격할 수 있는 학과를 추천하는 것이 담임선생님들의 임무였다. 물론 나도 입학해서부터 졸업하기까지

대학교는 서울대학교 외에는 생각해 본 적이 없었다.

오종근 선생님은 조심스럽게 내 의향을 물었다. 물론 나는 서울대 상대를 목표로 하였고 그대로 밀고 가겠다고 했다. 선생님은 문리대 사회학과 또는 심리학과를 택하면 어떻겠냐고 설득을 거듭했다. 한 명이라도 서울대에 더 합격시키려는 담임선생님들의 고충도 이해는 되었다.

그러나 서울대 문리대는 지금의 가난에서 탈출할 수 있는 길이 아니라고 생각되었다. 기껏해야 교직자로서 만족해야 할 과(科)인 것만 같았다. 끝까지 서울대 상대에 입학원서를 써달라고 우겼다. 선생님도 어쩔 수 없었는지 원서를 내도록 해주셨다.

1964년 겨울, 홍은동에 위치한 서울대 상대 운동장에 모인 수험생들은 수험표를 받아들고 교실로 이동하고 곧이어 시험이 시작되었다. 이틀간 국어, 수학, 영어, 사회, 독일어 이렇게 5과목을 치렀다. 선생님은 매일 우리가 나오기가 무섭게 객관식형이 주로 된 시험지를 모아 점수 비교에 여념이 없었다. 끝시간에 치른 제 2외국어 독일어만 빼놓고 4과목의 가(假)채점을 마치신 선생님이 나를 제일 합격선에 놓으셨다. 나도 흥분이 되었다. 기나긴 터널이 끝을 보이는 듯했다. 체력장 시험도 있었다. 달리기, 넓이 뛰기 등은 문제가 없었으나 철봉의 턱걸이는 기준을 못 채웠던 것 같다.

드디어 합격자 발표일이 되었다. 일찌감치 서울역에 도착하니 마음이 조급해졌다. 버스를 타려다 급한 마음에 택시를 불렀다. 어차피 합격의 기쁨이 곧 닥칠 텐데, 교정에 도착하니 아직 합격자명단이 붙어 있지 않았다. 얼마 후 직원들이 두루마리와 풀통을 들고 와 명단을 벽에 붙이기 시작했다. 번호 순번대로 합격자 명단이 거의 다 붙어졌고 내 번호가 이미 지났는데 내 번호는 보이질 않았다. 땅이 기우는 것 같은 현기증도 밀려왔다. 안정을 찾기까지 꽤 시간이 걸렸다. 어떻게 금촌 집까지 내려왔는지 기억에 없다.

이렇게 되어 내 생애 다시 쓰디쓴 좌절을 맛보았다. 오종근 선생님도 믿어지지 않는다며 후에 학교에 알아본 결과를 알려 주셨다. 다른 과목은 월등히 좋았으나 독일어에서 남보다 10점정도 낮아 마지막 커트라인에 3명이 함께 걸려 있었고 정원 관계상 나이 생일 순으로 추리다 보니 나이가 많은 내가 떨어졌다는 소식이었다. 아무튼 무언가 모자라는 내 능력을 어쩌랴.

나는 한동안 집에서 두문불출 칩거에 들어갔다. 아무도 만나고 싶지 않았다. 집에 있다 보니 그동안 소홀했던 가정형편이 낱낱이 보이기 시작했다. 학교 다닐 때는 오로지 공부에만 전념하느라 아예 신경조차 써보지 않았던 집안 사정이었다. 이런 어려움 속에서 고등학교를 마친 것도 기적이다 싶었다. 두어 집 건너 다른 쌀가게 집 아들 동갑내기 오정현이는 서울공고를 나와 어느 회사에 취직을 해서 첫 월급을 타왔다고 했다. 아버지의 푸념이 상처받은 가슴을 더 아리게 하였다.

눈에 보이는 현실을 덮고 갈 수는 없었다. 고등학교까지 나와 집에서 빈둥댈 수는 없지 않은가. 남들 같으면 재수학원에 등록하여 전열 정비에 다시 몰두할 때였지만 우선 집안 경제문제부터 해결해야 했다. 일단 공부는 뒤로 미루기로 하였다.

아이들 그룹과외를 생각했다. 좁은 금촌 지역이기에 나에 대한 평판은 어느 정도 알려져 있었다. 과외지도를 하겠다고 나서자 이웃 아주머니들이 6학년생 여섯 명을 모아놓고 공부방까지 준비해 주었다. 보수는 학생당 오백 원, 한 달 3천원이면 당시 말단공무원보다 높았을 것이다. 처음 해보는 과외지도였지만 주 5일을 신명나게 가르쳤다. 종종 어떻게 지도하나 궁금해 하던 엄마들도 청강생으로 같이 둘러앉아 지켜보았고 아이들도 공부에 재미를 붙였다. 우선 생활비 해결을 하니 아버지께 덜 미안했다.

몇 달이 지났지만 낙방의 상처가 아물지 않아 입시공부 책은 아예 손을 대기도 싫었다. 어떤 때는 수학 공식이 가물가물해 책을 펴보려 하다가도 일부러 덮어버렸다. 파주 군청에서 군립도서관을 연다는 소문이 돌았다. 파주 세무서가 어딘가로 옮겨가고 대신에 그 자리에 도서관이 들어온다는 반가운 소식이었다. 서울의 남산도서관에 들어가려면 아침 일찍 가서 가방을 몇 십 미터까지 줄 세워 놓아야 겨우 들어간다는데 한적한 시골에 군립도서관이라니 나에게는 행운의 소식이었다.

도서관이 개관되고 숙명여대 도서관학과를 갓 졸업한 원 선생님이 사서로 오셨는데 마치 초등학교 3학년 때 장순정 선생님을 연상케 하는 분이었다. 개관은 했지만 도서관을 찾는 사람이 거의 없었다. 중·고등학교 학생들이 가물에 콩 나듯이 들락거리는 정도였다. 나는 가끔씩 과외반 아이들을 데리고 도서관을 찾았다. 아이들에게 도서관 이용도 유도하고 때때로 빈방에서 수업도 하였다. 이렇게 할 수 있었던 것은 나의 사정을 잘 이해해준 사서선생님의 배려 덕이었다.

어느 날 중동고등학교에 입학한 금촌의 후배 부친이 한 번 만나자고 하셨다. 그분은 나의 자라온 과정을 잘 아는 분으로 경찰공무원으로 퇴직하고 경향신문 파주지국장으로 계셨다. 그분은 사정상 신문지국을 넘겨야 하는데 내가 적임자로 생각되어 연락했다며 맡아보지 않겠느냐고 제안을 했다. 그렇지 않아도 아이들 과외비를 생활비로 쓰고 나면 저축은 꿈도 못 꾸는 처지였기에 입학금 마련을 위해 쾌히 승낙하였다.

그때는 지국장이 본사에 기사까지 송고하는 권한이 주어져 취재기능까지 가지고 있었으나 재수 준비도 못하는 나에게는 무관한 일이었다.

신문배급소 기능이나 충실히 해서 경제적으로 도움이 되는 것이 더 중요했다. 인수받은 신문 부수는 170부였다. 그러나 신문사에서는 항상 여유로 50부가 더 내려와 몇 달 후면 그 절반이 유효 부수로 계산되므로 항상 신문 구독자 확보에 심혈을 기울이지 않을 수 없었다. 과외지도는 두 시간이면 끝나지만 신문 구독자들은 산지사방에 흩어져 있어 어느 집은 몇 시간이나 늦게 배달되는 곳도 있었다.

나는 신문 구독자 확보를 위해 많은 궁리도 했다. 이미 많은 사람들은 지명도가 높은 동아, 조선, 한국일보 중에서 구독을 하고 있었고 추가 권유는 거의 받아들여지지 않았다. 생각해낸 것이 신문과의 물물교환이었다. 사람이 살아가려면 모든 생필품이 필요하다. 이것에 착안하여 나는 신문대금은 물건으로 챙겨왔다. 연탄가게는 연탄으로, 문방구는 문구류로, 책방은 책으로, 이렇게 하다 보니 자연히 부수가 250부까지 확장되었다.

이제 생활인이 되어 재수생이라는 것조차 의식하지 못한 채 훌쩍 반년을 보냈다. 그러던 7월 어느 날 등기우편이 배달되었다. 황급히 뜯어보니 육군 입영통지서였다. 그렇구나, 나이가 많다보니 고3 때 입영 신체검사를 받은 기억이 났고 갑종 합격을 받았으니 입영 통지를 받는 게 정상이었다. 날짜는 다음 해 1965년 7월 26일이었다.

그제서야 정신이 번쩍 들었다. 이제 대학입시가 겨우 6개월 남짓 남았다. 도서관 마당으로 나가 밤하늘을 보며 앞날을 헤아려봤다. 어찌해야 하나, 잠시 외도는 했지만 어느 한 순간이라도 대학진학을 포기한 적이 있었던가. 그렇다면 서둘러 다시 책을 잡아야 하는 것이다.

즉시 아버지와 의논을 하였다. 신문지국은 아버지가 전적으로 맡으시고 나는 아이들 과외와 재수에만 전념하겠노라고. 아버지도 그러마고 흔쾌히 받아들이셨다. 도서관 원 선생님도 잘된 일이라며 도와주겠다고 하셨다. 밤늦게까지 도서관 이용도 특별히 허락해 주셨다.

일 년 전, 기차통학을 하면서 남폿불을 켜놓고 가게 칸막이 윗방에서 식구들의 코고는 소리와 옆집의 잠꼬대 소리까지 들어가면서 공부한 것에 비하면 그 해엔 금촌에 전기도 들어오고 쾌적한 공간, 도서관에서 공부할 수 있었으니 내겐 일대 변혁이었다.

8월부터는 아예 담요를 싸들고 도서관에서 철야를 했다. 사당오락, 네 시간 자면 합격, 다섯 시간 자면 떨어진다는 재수생들의 좌우명을 품고 대입공부에 매진했다. 한 달쯤 이렇게 공부하니 웬만한 과목은 옛 수준을 되찾았다. 날아다닐 것만 같았다. 불합격의 스트레스도 말끔히 가시고 힘이 솟았다.

9월을 맞아 다른 재수생들은 어떻게 공부하나 알아볼 겸 처음으로 종로학원에 영어, 수학 한 달 과정을 등록하였다. 영어는 유명한 강사 김열함, 수학은 서윤찬 선생이었다. 역시 유명 강사들의 강의는 머릿속에 팍팍 들어와 박혔다. 한 달을 마치자 모의고사를 실시하였다. 결과는 약 5백 명의 수강생 중에서 영·수 종합점수 2등이었다. 예상 밖의 좋은 성적이었다. 하지만 학원 등록금이 나에겐 여전히 부담스러웠다. 사무실에 들러 사정을 했다. 그러나 일등이면 한 달 수강료가 무료이지만 규정상 2등은 봐줄 수가 없다고 했다.

그렇지 않아도 기차로 왕복하며 두 시간의 학원 수강을 하려면 하루의 반을 허비하여 얻는 것보다 잃는 것이 더 많을 듯싶어 더 이상 학원과외는 포기하고 도서관에서 혼자 공부에 매진하기로 했다. 독일어는 원래 약한 과목이라 학원 과외가 필요하였지만 역시 이 한 과목을 위해 서울로 통학한다는 것 또한 바람직하지 못해 혼자 매달렸다.

가을로 접어들면서 입시 긴장감이 엄습했다. 낙방의 공포가 다시 고개를 들었다. 마침 서울의 상록학원에서 서울대 지망생 모의고사를 실시한다는 광고를 보았다. 그냥 수험료만 내면 객관적으로 평가해주는 모의고사였다. 서울대 입시 다섯 과목을 모두 치렀다. 네 과목은 괜찮은 편이었지만 역시 독일어에 취약했다. 벌써 11월인데 독일어 보충 기간이 넉넉지 않았다.

숙고(熟考)에 들어갔다. 또다시 실패하면 이제는 군에 입대해야 한다. 제대 후에 재도전한다는 것은 어림없는 생각이고 그러면 내 학력은 영영 고졸에서 그칠 것이다. 마음을 비우자, 서울대에 대한 미련을 정리하자. 연세대 경영학과는 어떨까. 학교가 신촌에 있으니 통학하기도 쉽고 대한민국 최고의 사학(私學) 아닌가. 연세대로 방향을 바꾸면 연대의 출제 성향에 따라 공부 방향도 바꿔야 했다. 다행히 시험과목은 다섯 과목 모두 서울대와 동일했다.

연세대 경영학과로 목표를 바꾸고 이에 맞추어 준비를 하다 보니 모든 시험에 대한 불안감이 흔적도 없이 사라졌다. 오히려 욕심이 생겨나기 시작했다. 수석합격을 한다면 등록금 문제까지 해결될 텐데…. 연대의 모의고사 시험지를 놓고 몇 번이고 시간을 재며 테스트해보니 가능성이 꽤나 높아 보였다. 남은 기간 잘 준비해보자.

거리에 크리스마스캐럴이 간간히 울려 퍼지고 교회의 종소리가 마음의 평화를 전해오는 시즌이 다가오고 있었다. 곧 시험시기가 다가온다는 의미이기도 했다. 아이들 과외에도 신경을 써야 했다. 모두들 희망하는 중학교에 입학시켜야 했으므로. 시간이 금같이 귀한 시기였다. 과외를 위해 오고 가는 시간도 아까웠다. 도서관 사서선생님에게 부탁을 했다. 아이들 과외를 도서관 빈 공간에서 하고 그들과 함께 남아서 공부를 하게 해달라고. 날씨가 추워지자 도서관 이용객도 별로 없어 어렵지 않게 승낙을 받았다. 참으로 각별한 배려였다.

성탄절을 얼마 앞두고 도서관 사무실로 나를 수취인으로 한 소포 하나가 배달되었다. 사서선생님이 크리스마스 선물 같다며 건네주었다. 생전에 이런 소포를 받아본 적도 없는 나에겐 무척이나 생소한 일이었다. 무슨 책인 것 같았다. 스스럼없이 소포를 풀었다. 그것은 잠금 지퍼까지 달린 분홍색 일기장이었다. 사서선생님이 알 듯 모르는 듯 미소를 지으셨다. 일기장 속엔 간단한 사연과 함께 이영애라는 이름이 적혀 있었다. 처음 들어보는 모르는 이름이었다. 그러나 짐작은 갔다. 여름 방학 내내, 그리고 주말이면 간간히 도서관을 들락거리던 쌍갈래 머리를 한 여고생이 마음에 걸렸다. 도서관 이용자 명단을 보니 짐작이 들어맞았다.

드디어 새해를 맞았다. 나의 운명이 갈리는 소중한 해였다. 밤늦도록 도서관에서 책과 씨름하다가 밖으로 나와 하늘을 쳐다보니 별들이 쏟아질 듯 한눈에 들어왔다. 문득 '별'이라는 제목의 글감이 떠올라 돌아와 글을 썼다. 국어시험은 작문 비중이 커서 간간이 여러 제목으로 습작을 해 왔었다. 얼마 안 돼 입시 모집공고가 나오고 이미 마음 정한 대로 연세대 경영학과에 원서를 제출했다.

02

어둠을 헤치고

어둠을 헤치고

대학교 입시

지금도 입학시험에 대한 기억이 엊그제 일같이 생생하다. 우선 멍텅구리 같은 경의선 기차를 타고 파주 금촌에서 시험을 보러 다니는 건 다 된 밥에 재를 뿌릴지도 모른다는 불안감이 와락 밀려왔다. 기차가 어디쯤에서 덜컥 고장이라도 난다면? 생각만 해도 아찔한 상상이었다.

마침 아현동 굴레방다리 근처에 8촌 순훈 형님이 살고 계셨다. 고향에서 개성상고를 나와 조흥은행에 다녀 피란민 우리 집안 중에서는 제일 안정된 생활을 하는 집이었다. 시험 전날 아버지가 꽁꽁 묶어 싸준 쌀 포대를 짊어지고 문간방에 입주했다. 도보로 시험을 보러 다니기에 별 무리가 없는 거리였다. 이제 시험만 잘 보자, 등록금이니 뭐니 그건 차후 문제다. 뜻이 있는 곳에 길이 열릴 것이다.

시험 첫 시간은 국어과목이었다. 시험지가 나눠지고 바로 책상 위에 엎어 놓도록 시험관이 엄격히 감시를 했다. 전원에게 시험지 배분이 끝난 후 동시 시작 벨이 울리기까지 몇 분간을 작문시험 구상을 위해 활용하라고 담임선생님이 귀띔해준 대로 재빨리 문제지 맨 뒤에 있을 작문 제목을 들춰보았다. 아! 이럴 수가, 작문제목이 공교롭게도 며칠 전 도서관에서 썼던 '별'이었다. 기억도 생생한 습작이 시험에 그대로 나오다니. 무언가 좋은 결과를 암시하는 징조로 느껴졌다.

다음 시간은 수학시험, 가장 자신 있는 과목이라 거침없이 풀어 나갔다. 총 8문제였는데 마지막 한 문제에 걸렸다. 답은 유추를 했는데 그걸 도출해가는 과정이 매끈하지 못해 만점은 힘들 것 같았다.

밖에 나오니 어느새 가장 어려웠던 수학시험 예상 합격선이 나돌고 있었다. 일단 4문제만 풀었으면 합격권이란다. 얼굴에 미소가 번졌다. 시험을 모두 마치고 교문을 벗어나는데 벌써 모범답안이라며 신문사 호외가 뿌려지고 있었다. 얼른 챙겨 들고 이대 앞을 지나 아현동 산동네 고개를 넘는데 수학 문제의 답안이 궁금해 죽을 지경이었다. 슬그머니 모범답안을 걸으면서 펼쳐보았다.

첫 문제를 들쳐봤는데 내 답안과 판이하게 달랐다. 둘째는, 아뿔싸, 이것도 아니었다. 머리가 하얗게 변하는 것 같았다. 다음은 보기도 겁이나 줄달음쳐 형님 댁으로 돌아왔다. 계속 가슴이 뛰어 정답을 대조할 수가 없었다. 한참을 진정 했다가 모범답안을 다시 펼쳤다. 차근차근 답안을 다시 맞추어 나가니 공교롭게도 수학 1과 2가 똑같이 여덟 문제여서 답안을 바꾸어 대조하고 이런 혼란을 겪은 것이었다. 사색이 되었던 얼굴이 다시 화색으로 돌아갔다.

무사히 입학시험을 마치고 도서관으로 돌아가 그동안 읽고 싶었던 책들에 빠져 들었다. 당시 최고 인기 작품 중에 '정협지'가 경향신문 연재가 끝나고 단행본으로 발간이 되었다. 김광주 바로 김훈 작가의 부친되는 분의 작품이었다. 어찌나 재미있었는지 합격자 발표일까지 잊을 정도로 푹 빠져 있었다.

드디어 합격자 발표 날, 그러나 학교에 달려 갈 필요도 없었다. 아침 신문 호외판으로 이미 합격자 명단이 실렸기 때문이었다. 호외판을 집어 들고 먼저 굵은 활자의 제목부터 훑었다. 연세대 전체 수석합격 마산고 출신 경영학과 김정구, 수석 합격자의 점수가 500점 만점에 401점이었다. 신문의 모범답안으로 채점한 내 예상점수는 그보다 훨씬 높게 나왔는데 수석이 다른 학생이라니, 실오라기 같은 희망이었지만 등록금 불안을 덜기 위해 그래도 조마조마 기대했는데.

아쉬웠지만 그동안 입시에서 이렇게 불안 없이 합격해본 적이 있는가. 과외지도했던 초등생 6명도 셋은 문산중학교로 이종수, 최태걸, 서희용 셋은 서울로 무난히 진학을 하였다.

대학 등록의 문턱에서

예상된 일이었지만 아버지의 탄식을 들으니 등록금 마련이 절망적이었다. 그간의 과외수입, 신문지국 수입 어느 하나도 손대지 않고 아버지께 모두 드렸는데 얼마나 모자라는지 어떻게 해야 하는지 들리는 건 아버지의 한숨뿐이었다. "송충이는 솔잎을 먹어야 한다. 우리 형편에 무슨 대학이냐, 남들은 고등학교를 졸업하고도 취직해서 잘 사는 것 보이지 않느냐."

며칠을 머리를 싸매고 고민했지만 뾰족한 대안이 있을 수 없었다. 친구 인호는 서울고 2학년 때 늑막염을 앓아 일 년을 쉬고 이번에 졸업하면서 당당히 서울대 법대에 합격을 하였다. 파주 금촌에서 '서울대 법대' 합격은 정말 기록적인 일이었고 축하 받을 일이었다. 그에 비하면 나의 연대 경영학과 합격은 상대적으로 초라할 뿐이었다. 비슷한 환경에서의 초, 중학교 때 성적은 엎치락뒤치락 했는데…. 입학등록 마감일은 다가오고 등록금의 공포가 점점 파도처럼 밀려왔다.

문득 지역 국회의원에게 도움을 청해보면 어떨까 생각이 들었다. 국회의원의 지역구 사무실을 찾으니 마침 중학교 때 선생님이셨던 조관준 선생님이 청년부장으로 근무하면서 다행히 나를 알아보시고 서울 인왕산 아래 의원의 자택 주소를 알려주었다.

시간도 촉박했다. 다음 날 바로 그동안 받은 각종 상장들을 말아들고 오랜만에 새벽 기차를 탔다. 행여 내가 도착하기 전에 출근이라도 해버리시면 어쩌나 싶어서 서두른 것이었다. 주소를 들고 골목길에 들어서니 네 귀가 번쩍 들린 비슷비슷한 기와집들이 즐비했다. 이골목저골목 두리번거리다 겨우 의원 댁을 찾았다.

심호흡을 하고 대문을 두드렸다. 한참 만에 대문이 열리며 한 아주머니가 의아한 얼굴로 맞았다. 사연을 설명하자 의원님은 집에 안 계시지만 비서가 한 분 계시다며 안으로 안내했다. 이어서 비서라는 젊은 사람이 마뜩찮은 표정으로 나를 대했다. 공손히 인사를 하고 그냥 지원이 어렵다면 아이들 과외라도 해줄 테니 선불을 해주셨으면 좋겠다고 간청했다. 당시 의원은 아직 초등학교에 다니는 아이들이 있는 젊은 국회의원이었다. 비서는 대뜸 당신같이 골치 아픈 사람들이 하루에 얼마나 찾아오는지 알기나 하냐며 그냥 나가라고 했다. 의원님 보시게 상장이라도 놓고 가겠다며 마루에 상장 두루마리를 올려놓고 대문을 나오는데 어느새 발밑에 두루마리가 내동댕이쳐졌다. 그리고는 대문이 쾅 닫혔다. 순간 눈물이 왈칵 쏟아졌다. 이를 악물고 멀리 지붕 넘어 인왕산 정상을 올려봤다.

눈물을 떨구지 않으려고.

등록 마감일은 코앞까지 닥쳐오고 이대로 주저앉을 수가 없었다. 이번에는 대학입학사무실로 쫓아갔다. 행여 장학금이라도 지원 받을 수 있는 길이 있을까 해서였다. 무조건 떼를 썼다. 내 입시성적을 보자고 수석을 놓친 이유를 알 수 없다고 막무가내 고집을 부렸다. 그러자 뒷자리 선생님이 흥미롭다는 듯이 내 인적사항을 달라고 했다. 한참 만에 나오신 분의 태도가 매우 부드러웠다. 참으로 유감스럽다. 입시성적이 정법대학, 문과대학 수석을 모두 능가했지만 유감스럽게도 입학하기 전까지는 장학금 수혜대상이 될 수 없다는 설명을 해 주었다.

어쩌랴, 이제 할 일은 다해 본 듯 했다. 이대로 포기해야 하나.

아버지가 어디 좀 갔다 오시겠다며 며칠간 집을 비우셨다. 그리고 등록 마감일 전날 돌아오셔서 입학 등록을 마치고 오는 길이라고 하셨다. 놀라운 일이었다. 알고 보니 모자라는 돈을 지인들과 집안 친척집을 돌며 십시일반 모아서 무사히 등록을 마친 것이었다. 하늘은 스스로 돕는 자를 돕는다. 모두에게 그저 고마울 따름이었다.

입학과 배낭여행

1965년 봄, 그 해 봄은 유난히 찬란했다. 대학 배지를 달고 맞이하는 봄은 내 생애 최고의 봄이었다. 진달래에 이어 벚꽃이 만개하니 대학 교정은 내게는 천국과 같았다.

백양로, 청송대, 노천극장, 도서관, 학생회관 등등 아름답고 편리한 시설, 모든 것이 내게는 새롭고 꿈도 꿔보지 못한 것들이었다. 입고 등교할 변변한 옷 한 벌 구두 한 켤레 살 돈도 없었다. 그래도 고등학교 때 입던 물들인 군복 상의를 입고 다닐 수 없어 상의는 연대를 갓 졸업하신 쇠꽃마을에 사는 선배에게서 얻어 입었다. 한쪽 주머니가 난롯불에 끄슬러 온전하지 못했지만 누나가 재봉질로 수리하니 그런대로 입을 만 하였다. 바지는 염색한 군복 바지로 충분했다. 줄곧 신고 다니던 목을 자른 군화도 계속 신고 싶지는 않았는데 마침 파주경찰서에서 용역으로 일하던 분이 버려진 구두가 아직 신을 만해서 주워 왔는데 맞으면 신으라고 했다. 신어 보니 딱 맞았다. 이렇게 억지춘향으로 그렇게 바라던 대학생이 되었다.

경제원론, 경영학원론 교재를 무슨 과시용 장식이라도 되는 양 일부러 팔에 끼고 다녔다. 경영학과 수업은 설립자 언더우드 동상을 옆에서 바라보는 상암관에서 시작되었다. 일제강점기 때 지어진 구식건물이었지만 생기 넘치는 동기생들로 항상 밝고 즐거웠다. 90명이 수강을 하는 대형과(科)여서 일부 교양과목은 성별 가나다순으로 나뉘어 듣기도 하였다. 대학 교재를 쓰신 교수님들의 강의를 직접 듣는 것 자체만으로도 흥분되는 일이었다. 특히 교양 과목에서 만나는 김형석 교수, 김석득 교수, 정석화 교수, 기독교개론, 성서개론 강의에서 만나는 김득렬 교수님들은 얼굴만 대하더라도 영광이었다. 과대표는 이대, 숙대 등 여자대학 신입생들과 미팅을 주선한다고 연일 바빴다.

나는 군 입대를 앞두고 있기에 주어진 한 학기의 신입생 생활을 최대한 만끽하기로 작정하였다. 공부는 적당히, 짧게 주어진 신입생 생활은 최대한 멋지게….

기차통학도 대학생이 되니 판이하게 달라졌다. 아침 첫 차를 항상 탈 필요도 없었고 신촌역에서 내려 허둥대지 않아도 여유롭게 강의시간에 맞출 수가 있었다. 경의선을 통틀어 대학생 수가 열 손가락에 꼽을 정도였다. 모두가 친구가 되어 즐겁게 지냈다. 무엇보다 걱정이 없었던 것은 곧 입대해야 할 내게 2학기가 없다는 것이었다. 즉 등록금 부담이 없으니 마음이 편할 수밖에.

5월 캠퍼스축제가 열린다고 과 분위기가 들떴다. 말로는 거의가 여자친구들을 부를 자신이 있다고 허풍을 떨었다. 모이는 장소는 채플 시간에 대강당에서 쌍쌍이 모이면 좋겠다고 했다. 다들 파트너를 대동한다는데 나만 빠지는 게 아닌가 불안했다.

한데 누굴 초대한다? 지난 크리스마스에 일기장을 보낸 영애? 그쪽은 부모님들의 극렬한 반대로 대학에 입학한 후 한 번도 본 적이 없는데, 그렇다면 경의선 기차 안에서? 여대생이라야 동덕여대 쌍둥이 형제 그리고 몇 명이 더 있는 것 같았는데 배지를 안 달고 다녀 어느 대학인지 알 수가 없었다. 얼마 전부터 문산에서 타고 오는 한 여학생이 너무 멋져 눈길이 자주 가곤 했는데 그녀에게 동반해 줄 것을 부탁해 보자고 마음을 정했다. 그러나 막상 축제일 당일 기차 안에서는 말도 못 걸고 서울역까지 따라갔다.

서울역 건너편에 꽤 유명한 역마차 다방이 있었다. 어떻게 말을 붙였는지 무슨 말을 했는지 기억은 없지만 흔쾌히 승낙을 받아 채플시간에도 같이 참석하고 몇 시간을 즐겁게 보냈다. 그녀는 종로에 있는 발레전문학교엘 다닌다고 했다. 장래 발레리나를 꿈꾸며, 이름은 고금도라고 했다, 그날 커피 값을 내고 나니 내 주머니엔 점심은커녕 음료수 한 잔 살 여유가 없어 동반내내 전전긍긍했다. 그때를 생각하면 지금도 화끈거리고 미안한 생각이 든다. 막상 여자 친구를 동반한 사람은 몇 명 되지도 않았는데.
이렇게 봄이 가고 여름철로 들어서니 마치 파티에 참석한 신데렐라가 자정을 지켜 집으로 돌아가야 할 것을 걱정하듯 난 다가오는 입영 일을 대비해야 했다. 기차통학 동기들 중 대학에 입학한 몇 몇 친구들이 나의 입대 환송을 겸해서 배낭 무전여행을 함께 떠나 보자고 했다. 한양대 공대에 입학한 김종명, 한규영, 고려대에 입학한 고명수 이렇게 네 명은 약 보름간의 일정으로 동해안 일대로 배낭여행을 떠나기로 했다.

당시 대학생들은 배낭에 담요와 비상식량을 넣고 숙식은 가능한한 민가를 방문해서 해결하며, 이동(移動)은 걷거나 또는 버스를 최대한 할인 또는 공짜로 얻어 타는 반 무전여행이 유행이었다. 여행 코스는 포항에서 설악산까지 해안선을 따라 올라가기로 하고 야간 완행열차를 타고 아침에 포항역에 내렸다.
그곳에서 난생처음 바다를 보았다. 넘실대는 파도, 끝없는 수평선 그것은 경이로운 모습이었다. 궁금한 것은 바닷물이 짜다고 하는데 얼마나 짠지 알고 싶었다. 바닷물을 손바닥에 담아 입에 대본 후에야 그렇게 짠 줄 알았다.
포항시내 일대를 둘러보고 첫날밤 잠자리를 구해야 했는데 시내에서 민박을 구하기엔 용기가 나지 않았다. 포항역 대합실이 여름철 숙소로 안성맞춤일 것 같았다. 담요를 깔고 잠자리를 마련하려는데 마침 역전에 정차돼 있던 해병대 버스에서 군인아저씨가 차안에서 잘 수 있으니 올라오라고 하며 저녁거리로 건빵까지 건네주었다.
다음날 경주를 향하여 걸었다. 최대한 걷되 이동거리가 먼 구간은 버스를 타기로 했다. 버스를 타면 처음 듣는 진한 경상도 사투리를 쓰는 버스

차장 아가씨에게 어떤 사정을 해서라도 버스비를 안 내려고 아양을 떨었다. 안 통하면 몇 정거장을 지나 내려서 걷다가 다시 다음 버스를 타고 같은 방법으로 이동하면서 드디어 경주에 도착했다. 처음 보는 경주의 보물들, 말만 들어도 설레던 불국사, 첨성대, 석굴암들을 대하니 벌써 여행의 본전을 뽑은 듯했다.

하루 종일 걸어 다니느라 피곤이 겹쳐왔다. 몇 집에 들러 잠자리를 청했으나 여의치 않았다. 관광지였으니 그랬을 것이다. 어느 집 추녀 밑에 담요를 깔고 누우니 당시 유행하던 '추풍령 고개' 유행가가 어느 주막집에서 밤새도록 들려왔다.

때로는 걸으며 또한 버스를 타고 내리기를 반복하며 울진까지 올라왔다. 동해안 하면 관동 8경을 반드시 보아야 한다고 했다. 첫 번 명소 망양정을 둘러보고 났는데 때마침 성유굴이 처음 일반인에게 공개를 시작해 입장료를 받고 관람을 시키고 있었다. 여행경비를 계산해보니 갈 길은 멀고 여비는 빠듯했다. 의견이 갈렸지만 훗날 다시 찾기로 하고 입장을 포기했다. 중간에 감자 캐는 것도 돕고 새참도 얻어먹으니 어느덧 초저녁이 되었다.

근처에 유명한 절 불영사가 있어 꼭 들러보고 싶고 절에 가면 잠자리도 해결될 듯싶었다. 감자밭 주인에게 불영사까지 얼마나 되냐고 물으니 저쪽 산길로 십리쯤 들어가면 된다고 해서 우리는 코스를 해안에서 내륙으로 돌렸다. 긴 여름이니 해지기 전에 도착할 수 있을 것이라 생각했다.

한 시간 이상 산길 신작로를 따라 들어왔는데 아무리 보아도 절이 있을 법하지 않았다. 마침 농사일을 끝내고 내려가는 사람이 있어 불영사를 물으니 아직도 30리는 더 들어가야 한단다. 이런 난감한 일이! 농부들의 셈법을 헤아리지 못한 게 불찰이었다. 7월의 긴긴 해도 이제 노루꼬리만큼 남았는데. 오늘밤이야말로 산속에서 야영을 제대로 하게 됐다고 적당한 장소를 물색하면서 계속 산길을 걸었다. 그런데 뒤에서 멀리 차 소리가 들려왔다. 이 산골 오밤중에 웬 차가, 이윽고 멀리 차 불빛이 보이고 트럭 한 대가 사람들을 가득 태우고 달려오고 있었다.

이렇게 반가울 수가, 길 가운데로 나가 트럭을 세우니 어서 올라 타란다. 이 분들은 불영사 바로 아래 마을사람들로 울진 장날, 함께 장을 보고 마을로 돌아가는 중이었다. 마을에 도착하니 인심 좋은 이장님 댁에서 푸짐한 저녁식사와 잠자리를 마련해 주셨다. 마침 불영사에서 입시공부하는 학생들도 찾아와 밤늦도록 이야기꽃을 피웠다.

다음날 거듭 감사의 인사를 드리고 불영사를 둘러본 후 울진으로 다시 내려가겠다고 했더니 그러지 말고 불영사 뒷산 고개를 넘으면 강원탄광이 있는 태백선 분천역이 나오니 그곳에서 기차로 태백산을 넘어 다시 동해로 빠지라고 일러주었다.

기차를 기관차 두 대가 하나는 앞에서 끌고 또 하나는 뒤에서 밀어야만 한다는 가파른 태백선 기차도 타보고, 우리나라 최고의 탄광회사 강원탄광 모습도 둘러보고, 잘 됐다 싶었다. 분천에 도착하니 정말로 오지 산골의 작은 마을이었다. 강원 탄광입구에서 배낭여행하는 학생들인데 탄광구경을 하고 싶다고 하니 사무실에 연락하여 안내원까지 붙여주었다. 갱도에서 실려 나오는 시커먼 석탄, 기차통학을 한 우리들에게 더없이 익숙한 광물이 아니었나.

태백선의 열차시간을 알아보니 하루를 여기서 묵고 다음날 아침 기차를 타야 동해안에 다시 닿을 수 있었다. 사무실에 잠자리를 어떻게 구할 수 있을까 물었다. 이때 사무실 직원 한 분이 유심히 내 대학 배지를 살피더니 '오, 내 후배네.' 금년 봄 경영학과를 졸업하고 강원탄광에 입사했다며 잠자리 걱정은 말란다. 워낙 산골이어서 강원탄광은 방문객들을 위한 숙소를 별도로 마련하고 있었다. 모처럼 안락한 숙소에서 진수성찬을 대접 받았다. 첫날 포항역에서 해병대 아저씨의 호의를 받더니 가는 곳마다 여정이 잘 풀려갔다.

다음날 아침 분천역에서 기차를 타고 태백산을 넘어 강릉에 도착했다. 강릉하면 경포대 아니겠나. 오죽헌은 어쩌고, 이율곡 선생의 생가, 신사임당의 유적을 둘러보니 우리의 소원이 다 이루어진 것 같았다. 걷고 또 걸어 계획했던 대로 보름 만에 설악산 입구 해안가 강현리에 도착했다.

목적지까지 거의 다 와 헤아려보니 그동안 절약한 덕분에 경비에 여유가 있었다. 여행 떠난 후 처음으로 여관에 짐을 풀었다. 저녁을 주문하니 '감자밥'밖에 안 된다고 했다. 감자밥, 곡식에 감자를 넣어 지은 밥인 줄 알고 좋아들 했다. 주인이 밥은커녕 찐 감자를 한 소쿠리 담아들고 들어왔다. 강원도에선 감자밥이 감자 삶은 것인 줄 그때야 알았다. 강현리에서 설악산 신흥사까지는 아예 버스도 없었다. 터벅터벅 걸어서 드디어 신흥사 입구에 도착했다.

그런데 분위기가 살벌했다. 입구부터 군인들이 무장을 한 채 민간인 통행을 막고 있었다. 간밤에 공비가 출현해서 소탕작전 중이어서 절 진입이 금지됐으니 어서 돌아가라고 했다. 최종 종착지 신흥사를 눈앞에 두고 우리는 발길을 돌릴 수밖에 없었다. 곧바로 우리는 귀향길에 올랐다.

셰익스피어의 '한여름 밤의 꿈'처럼 한 학기 다이나믹했던 학창 생활을 접고 나는 열흘 후 논산훈련소로 향했다.

병영생활 그리고 작은 누나의 타계

입대 날 새벽, 미리 밀어버린 빡빡머리를 하고 집합장소인 면사무소 광장으로 향했다. 한동안 못 볼 동네를 둘레둘레 보며 걷는데 골목에서 한 여인이 갑자기 나타났다. 분홍색 일기장의 그녀, 이영애였다. 수줍은 표정으로 손에 봉투 하나를 쥐어 주면서 할 말도 제대로 못하고 얼굴만 빨개지더니 이내 총총걸음으로 되돌아갔다.

집합장소엔 어느새 징집 장정들로 북적거렸다. 육군 트럭에 태워져 용산으로, 다시 군용열차에 옮겨 탄 우리는 논산훈련소로 향했다. 열차 안에서 봉투를 열어보았다. 그동안 겪은 일을 적은 편지와 사진 그리고 얼마의 용돈이 들어 있었다. 가난이 죄인가, 가난하다는 이유로 접근조차 못하게 했던 고루한 부모들, 이유야 어찌 됐건 대학에 입학하고 영애를 한 번도 만나주지 않았던 것이 미안했다.

논산훈련소에 도착하니 수천 명은 족히 될법한 장정들을 연병장에 세워 놓고 지휘병은 손가락 하나를 굽혔다 폈다 하면서 앉아, 일어서를 시키면서 훈련병들을 통제했다. 손가락의 엄청난 위력에 놀랄 뿐이었다.

각 연대별로 입소가 끝나고 곧이어 지능 및 소양(素養) 테스트를 치르는데 앞으로 각 훈련병들의 병과를 배치하려는 과정이었던 같았다. 처음으로 인간인지 짐승인지 구분 못할 6주 훈련이 끝나고 대부분이 보병으로 분류돼 후반기 교육에 들어가는데 나는 부관학교 인사행정반에 입교 명령을 받았다.

대구 영천에는 4개의 학교가 있었다. 내가 속한 부관학교 그리고 경리

학교, 헌병학교, 정보학교가 있었고 8주간 육군 인사행정에 관한 공부를 시켰다. 마지막 졸업시험에서 5등 안에 들면 육군본부로 발령을 받으니 열심히 하라는 소대장의 격려가 있었다. 육군신병 교육생 90명과 해병대 위탁생까지 1백여 명이 인사행정반 314기 생도들이었다.

하루 종일 책상에 앉아 공부를 하다 보니 논산훈련소에서 야외훈련 받을 때보다 더 배가 고팠다. 야간점호가 끝나면 상병(수병) 계급장을 단 해병대 위탁병들이 이등병인 우리 육군들의 군기를 잡는다며 설쳐대기도 했지만 종종 인근 과수원에서 사과 서리를 해와 우리 내무반에 풀어 주어 고맙기도 하였다.

하루는 저녁식사 때 찌그러진 양재기의 밥이 유난히 적어 식당으로 향하는 다른 소대 대열에 슬쩍 끼어들어 밥을 이중으로 먹는데 성공했다. 포만감을 안고 내무반에 들어왔는데 옆자리 친구가 오늘 가족이 면회를 와서 저녁을 먹었는데 나를 위해 설렁탕 식권을 사왔으니 가서 먹으라고 주었다. 고마운 것이야 말할 것도 없었지만 유효기간이 그날 저녁까지인 것이 문제였다. 이중 식사만 안했으면 얼마나 좋았을까. 그런데도 설렁탕 욕심은 사그라지지 않았다.

먹고 보자, 그대로 영내 식당으로 달려가 설렁탕 한 그릇을 뚝딱 해치웠다. 우리 신체는 환경에 적응해 변하게 마련인가 보다. 그동안 규칙적으로 적당한 양의 식사만 하다 갑자기 포식을 하니 위가 놀랄 수밖에, 처음에는 견딜 만 했는데 차츰 숨이 차고 내무반에 도착해서는 자리에 똑바로 앉을 수가 없었다. 한동안을 버텼지만 결국 화장실에서 몽땅 토하고 나서야 속이 편해졌다.

교육이 끝날 무렵 과목별 종합시험이 끝났는데 취침점호 후에 두 사람의 기간병이 나를 불러냈다. 자초지종을 들으니 "너를 육군본부로 발령을 내줄 테니 집에 연락해 돈을 부쳐오라."는 것이었다. 참으로 짚어도 한참 잘못 짚었다. 그들은 내가 대학재학 중에 입대했으니 그 정도야 집안 형편이 되겠지 짐작했을 것이다. 그 자리에서 거부했다. 정직하게는 돈이 없었지만 내심으로 아하, 내 졸업성적이 5등 안에 들었구나, 당연히 날 발령을 가지고 장난을 치는구나 생각했다. 옆자리 친구에게 자초지종을 이야기했더니 그도 그럴 것이라고 절대 돈을 주지 말라고 했다.

수료식이 끝나고 드디어 배치 명령을 받았다. 추측대로 육군본부로 발령을 받을 줄 알았는데 예상 밖으로 의정부 보충대로 발령이 났다. 참말로 내게는 시험결과에 항상 무언가 따르는 징크스가 있나보다. 군대에 와서까지 이런 쓴맛을 보다니.

다행히 최종 배치부대는 집에서 가까운 양주 26사단 사령부 부관참모부, 상벌계(賞罰係)에 배치되었다. 상벌계에선 각종 상장, 표창장을 쓸 모필 기능자가 없어 몇 달째 찾다가 나를 보고는 경사가 났다며 대환영이었다. 우리 계는 부관참모실을 함께 쓰면서 비서실 역할도 겸하고 있었다. 다른 계는 모두 장교가 계장을 맡고 있었는데 우리 계장은 하사관인 최종학 상사였다. 키는 작달막했지만 유머 감각이 뛰어나고 필체가 탁월했다. 평양에서 김일성대학교 미술대학 재학 중 월남해서 군에 입대했다는데 참모님의 신임이 각별했다.

사단사령부 부관부는 권력이 막강한 부서였다. 장교는 물론 사병들의 인사권을 쥐고 있다 보니 예하 부대로부터 끊임없이 각종 청탁이 들어왔다. 휴가, 진급, 이동발령, 우리 상벌계가 취급하는 군 풍기 위반 처벌 의뢰까지. 그러나 부관부 생활의 가장 큰 애로점은 내무생활이었다.

거의가 부관학교 출신들이라 졸업 기수대로 서열이 매겨져 고참병들의 횡포가 견디기 어려울 정도로 심했다. 게다가 지방 색깔까지 곁들여

취침 전에는 으레 매타작을 하며 하급자들을 못 살게 굴었다. 병장을 달기까지 하루하루가 지긋지긋했다. 때로는 내 생전에 제대 만기일이 올까 하는 절망감이 들 때도 있었다. 당시 내무반장은 유별나게 하급자들을 볶아댔다. 그에게 매를 맞고 허벅지가 터졌던 나는 의무중대에 일주일이 넘게 입원까지 해야 했다. 그가 지금은 광주에 살고 있다는데 제대 전우 모임에도 미움을 받아 못 나온다는 이야기를 동기들 모임에서 들었다. 중학교 때 규율부 완장차고 이발 기계를 들이밀던 자와 동급의 인간들이었다.

어느 날 긴급 전보가 부대로 배달되었다. 서울의 영란이 둘째누나가 위독하다는 소식이었다. 영란이 누나가 죽기 전에 꼭 나를 봐야겠다고 해서 매형이 긴급전보를 보낸 것이다. '아, 아, 불쌍한 누나' 허겁지겁 서둘러 달려간 덕에 겨우 임종을 지켜볼 수 있었다. 내가 막 방문을 박차고 들어섰을 때 내 손을 꼭 잡고 무슨 말이 하고 싶었던 것 같았는데 너무 기력이 딸려 그냥 눈물만 주르르 흘리고 눈을 감았다.

서울로 시집 간 누나는 내가 방문할 때마다 그렇게 좋아했는데. 아들 둘을 낳고 척추 결핵에 걸려 무진 고생을 하더니 결국 삼십 초반 젊은 나이로 유명을 달리했다. 고등학교 기차통학 시절, 나를 못 도와줘 그렇게 애를 태우던 누나였는데 아마도 그게 부담이 되어 내게 무슨 말이라도 남기려 했는지도 모른다. 어머니 임종을 지킨데 이어 누나의 임종도 내가 지켰다.

국방부 시계는 누가 무슨 짓을 해도 간다더니 어느덧 내가 병장으로 진급하고 내무반 고참병이 되었다. 모시던 부관참모님은 육군본부 사병보직계장으로 영전하였고 이어 최종학 상사도 주한미군 카투사 요직으로 전보발령을 받았다. 후임으로 ROTC 장교 출신 변경수 소위가 새 계장으로 부임했다. 보병학교를 마치고 바로 임관한 계장은 자기 매형이 부관참모부 최고 윗선인 육군 본부의 부관감, M 준장이라는 소문이 돌았다. 막강한 배경을 가졌기에 보병장교 대신에 부관 병과를 배정 받았을 거라는 추측이 갔다.

우리 상벌계는 여전히 부관참모실 내에서 비서실 역할을 겸하다 보니 참모님 전화를 변경수 소위가 자주 받았다. "예, 부관부 변 소위입니다." 전화를 받으면 킥킥 웃지 않을 수가 없었다. 아니, 참모실이 왜 갑자기 변소가 됐냐며 상대방에서 놀리기 일쑤였기 때문이었다. 그의 군대 생활은 아주 자유분방했다. 업무는 고참병인 내게 맡기고 군대생활을 즐기는 낙천적인 장교였다. 그렇게 더디기만 하던 군대생활도 어느새 일 년 남짓 남게 되었다.

우리 집은 집안 형편은 나아지기는커녕 오히려 엉망이 돼가고 있었다. 큰누나가 틈틈이 집안 살림을 도와주긴 했지만 남자만 있는 우리 집 살림은 엉망진창 그 자체였다. 고교 3학년 언제쯤인가 첫 새어머니가 들어왔었다. 자식도 없이 남편과 사별 후 서울에 사시다가 우리 집에 오셨는데 시골 가난한 집 사정을 알고나 오셨을까 걱정이 될 정도로 깔끔하셨고 서울에서도 그렇게 궁색하게 지내지는 않았던 것 같았다. 가난한 새 살림에 적응하느라 애 쓰는 모습이 내 눈에도 보였다. 내게는 상당한 기대감을 보여 주었다. 그래서였던지 어머니 소리도 형제들 중에서 내가 제일 먼저 했다. 그러나 얼마 못 가서 우리 집을 떠나가 버렸다. 가난을 이길만한 체질이 못 되었을 것이다. 그 후 아버지는 쌀가게를 걷어치우고 다림질 기술자 한 사람을 두고 세탁소를 개업했다.

그럼에도 집안 형편은 한 뼘도 나아지지 못했다. 제대 후 내가 처할 길이 빤히 내다보였다. 제대를 하고 곧 복교할 시기가 닥치는데 무슨 돈으로 등록을 하나, 휴학하고 등록금을 벌어 복교를 한다? 가뜩이나 늦은 학령에 더 이상 늦출 수 없는 일 아닌가. 점점 잠 못 이루는 밤이 늘었다.

그 당시 사병이 군대에서 돈을 벌 수 있는 유일한 방법 그것은 월남 파병을 지원하는 길이었다. 한국군이 월남전에 파병을 한 것은 의료지원단 비둘기부대에 이어서 1965년 하반기 전투병으로 육군 맹호부대가 파견되었고 이어서 해병대 청룡부대가 참전하였다. 그 후 계속 증파되어 5만 명의 병력이 월남전에 참가하였다. 월남전 전투수당은 병장이 월 54불이었다. 당시 달러 환율이 달러당 280원 정도였으니 당시 국내의 말단 공무원 월급보다도 높은 액수였다. 이런 기회가 어디 또 올 건가. 죽고 사는 건 운명 아니겠나. 자원하기로 결심했다.

월남에 파병을 자원하다

월남 파병 초기에는 사병들이 파병을 기피하는 분위기였으나 내가 자원한 1967년에는 점차 지원병들이 늘어나던 때였다. 제대를 해봤자 변변한 일자리 찾기가 하늘의 별따기만큼이나 힘들었으니까.

육군본부에서 내려오는 충원 명령을 유심히 살폈지만 거의가 보병들이었고 행정병과는 거의 찾아보기 힘들었다. 이때 떠오른 묘안이 전에 모셨던 부관참모님이었다. 육군본부 사병보직계장으로 계신 걸로 기억이 되어 안부인사 겸 월남 파병 지원 의사를 두루마리 종이에 붓글씨로 써서 군용우편으로 부쳤다.

행운이었던가, 예정된 나의 길이었을까, 때마침 육군본부에는 맹호부대로부터 표창장을 쓸 수 있는 모필 특기병 충원요청이 들어와 이를 찾고 있는 중에 내 편지가 도달했다는 것이다.

편지를 드린 지 불과 일주일도 안 되었는데 인사과에 나를 염두에 둔 충지가 내려왔다. 참모님 이하 담당계장에게도 배경 설명을 드리고 꼭 월남에 가도록 나를 풀어달라고 간곡히 부탁드렸다. 변경수 소위는 어려움을 모르고 성장해서인지 절박한 나의 상황은 이해하려고도 않고 오로지 내가 상벌계를 떠나면 누가 표창장을 쓰며 행정업무도 마비되니 절대 보낼 수 없다고 못을 박았다. 발령을 두고 팽팽한 줄다리기가 거의 한 달을 지속했다. 그쯤이면 모처럼 생긴 모필병 충원도 다른 부대로 이전될지도 모르는 데다 나의 남은 복무기간도 채 일 년이 안돼서 지원조차도 할 수 없는 절박한 상황이 된다.

나는 최후의 수단을 결심했다.

일요일, 아무도 없는 참모실에서 혈서를 쓰기로 했다. 면도칼을 준비하고 백지를 책상 위에 펴놨다. 새끼손가락을 베어 피를 짜면서 백지 위에 한 획씩 써 내려갔다. 그러나 그게 쉬운 게 아니었다. 통증이야 각오했던 것이고 한 획을 긋기도 전에 피가 안 나와 멈추곤 했다. 손가락을 눌러 짜도 젊은 피는 금방 지혈이 되었다. 면도날로 한 쪽 손가락만 긋기를 반복하다 보니 새끼손가락에 문제가 생길 것 같았다. 왼손에서 오른손으로 번갈아 옮겨가며 여덟 글자 혈서를 겨우 마쳤다. 아마 '세계평화, 월남파병' 그랬던 것 같다. 혈서를 참모님 책상서랍 틈새로 밀어 넣었다.

다음날 부관부 사무실이 발칵 뒤집혔다. 누구 혈서냐, 사실이 밝혀지면서 변경수 계장이 그제야 백기를 들고 나의 파병을 승낙했다. 급선무는 내 대신 표창장을 쓸 모필사병을 찾는 일이었다. 전 사단에 긴급 공문이 하달되고 드디어 사령부내 병참 참모부에 국전 입선 경력이 있는 사병을 발견하였다. 바로 부관부 파견 나의 후임 근무자로 발령조치가 내려졌다. 그가 지금 한국서가협회 소속 유명한 서예가 겸와 김진익 선생이다.

곧바로 나는 맹호부대 파병 명령을 받고 강원도 화천 월남파병 훈련장으로 떠났다. '땀은 피를 대신한다.'는 훈련장의 격언 대로 한 달간의 전투 훈련은 고되고 혹독했다. 고참병장으로 부대 내 생활이 편해질 무렵에 내가 선택한 가시밭길이었다.

훈련이 끝나고 화천에서 청량리로, 청량리역에선 대대적인 파병 환송회와 가족면회가 있어 혼잡스럽기 짝이 없었다. 나에겐 아무도 찾아오지 않았다. 아버지도, 형님도, 누나도 다들 먹고살기 바쁜데, 면회는 얼어죽을 면회냐, 다소 자조(自嘲)적인 감정으로 섭섭함을 참아야 했다.

갑자기 일기장의 여인, 영애의 얼굴이 떠오르면서 허전한 가슴을 더욱 아리게 하였다.

대학입시가 있기 직전 크리스마스 선물로 도서관에서 일기장을 받은 지 얼마 안 된 어느 오후 잔뜩 찌푸린 하늘이 눈발을 보이더니 이내 함박눈으로 변해 펑펑 쏟아붓던 날이었다. 도서관의 모든 사람들이 창가로 몰려들어 함성을 지를 때 우리는 눈짓이 맞아 밖으로 뛰쳐나왔다. 도서관을 나와 황토 언덕배기를 조금 오르면 활터가 있었고 활터로부터 금능리 곡릉천 경의선 철교에 닫기까지 울창한 소나무 오솔길이 있었다. 종종 영어 단어장 하나 들고 거닐던 익숙한 숲길을 그날은 함박눈을 흠뻑 맞으며 영애와 손을 잡고 걸었다. 온 세상이 함박눈으로 뒤덮여 시야를 가리니 오직 둘만이 존재하는 듯 우리는 왔던 길을 되돌려 걷고 또 걸었다. 달콤하고도 황홀했던 첫 데이트는 이렇게 시작되었다. 만나면 만날수록 가슴은 뛰고 헤어져 돌아와서도 천상에서 무슨 소리가 들리는 듯, 온통 영애의 환상뿐이었다. 그러나 무슨 연유인지 합격자 발표가 나고 어렵사리 등록을 마칠 때까지도 우리는 다시 만날 수가 없었다. 그러던 어느 날 영애가 갑자기 다리를 절며 내 앞에 나타났다. 엄마한테 회초리로 맞아 절룩이면서. 우리 사이를 눈치 챈 영애 부모는 나에 대해 가난뱅이에 계모에 동생 장애까지 들먹이며 결사적으로 반대해 아예 집 안에 감금상태로 묶어 놨었다는 것이었다.

한참 꿈속인 양 과거를 되새기고 있는데 군용 열차가 드디어 움직이기 시작했다. 미련일랑 묻어버리자. 떠나자, 훌훌 털자, 일 년 후 돌아와 새 출발을 하자. 부산으로 향하는 경부선 기차선로 변에는 파월장병을 환송하는 인파와 그들이 부르는 맹호노래가 끊임없이 이어졌다.

부산항 부두에 도착하니 2차 대전에 쓰였다는 2만 톤급 미국 군함이 우리 2천 명의 파병 병력을 기다리고 있었다. 다시 한 번 군악대의 힘찬 연주와 함께 성대한 환송식이 벌어진 후 차례차례 승선이 이루어졌다. 5박6일의 긴긴 항해가 시작되니 함상에서는 별별 사태가 다 벌어졌다. 가장 큰 문제는 배 멀미였다. 대부분의 병력이 항해 경험이 없는 데다 음식도 처음 대하는 양식이었으니 먹는 대로 토했다.

갑판 난간에는 비집고 들어갈 틈도 없이 먹은 음식물을 토하는 병사들로 메워졌다. 어떻게 알고 준비했는지 상당수는 마늘을 다져 넣은 볶음고추장을 수저로 떠먹고 있었다. 또 한 가지 우스운 장면은 화장실에서 벌어졌다. 양변기를 사용한 경험이 없는 우리는 좌대 변기가 매우 불편했다. 그렇다고 두 발을 변기 위에 올려놓고 사용하기에도 맞지를 않았다. 맞지 않는 양식도 어려웠지만 후에 뒤처리도 문제였다.

닷새에 거쳐 망망대해를 항해하면서 날아오르는 날치 떼도 보고 멀리 섬이 나타나면 무슨 섬일까, 대만, 필리핀 제각각 상상들을 하면서 드디어 월남 중부 맹호사단 주둔지가 있는 퀴논 항구에 도착했다. 아침나절에 도착했는데 생전 처음 보는 다른 나라의 첫 모습을 보느라 갑판 위로 모두들 올라갔다. 먼저 어부들이 탄 배 모양이 이상했다. 둥그런 함지박같이 생긴 배가 뱅뱅 돌지도 않고 잘도 앞으로 나아갔다. 부둣가를 어슬렁대는 개도, 날아다니는 참새도 한국과 다를 바 없었다.

월남 맹호부대

퀴논 항구에 전 대원은 하선을 마치고 맹호부대 사령부 보충대로 즉시 이동하였다. 보충대의 모든 병력은 삽시간에 각 부대로 충원되어 떠나갔다. 내 경우도 부관 참모부에서 이미 오는 것을 알고 있어 그냥 납치되다시피 사무실로 옮겨졌다. 인사과 상벌계에 이미 내 자리도 마련되어 있었다.

연병장 아래에 나란히 지어진 내무반은 벽면 상부는 모기망으로, 하부만 목재로 지어졌고 유난히 추녀가 길었다. 더운 기후와 잦은 비를 대비한 설계라는 생각이 들었다. 내부는 넓은 복도를 가운데 두고 양쪽에 개인별로 야전침대와 사물함을 배치하였고 각자 모기장으로 가리개를 하여 어느 정도 사적 공간을 마련해 주었다.

일체의 보급품은 모두가 미군 쪽에서 공급받아 풍족하고도 품질이 좋았다. 내무반 생활도 한국과는 판이하게 달라 들볶는 선임자들의 횡포도 없었고 모든 것이 자율적이고 민주적이었다. 내무반 한 모퉁이엔 맥주나 음료가 항상 박스째 쌓여져 있었다. 몇 분 거리 연병장 옆엔 계단식으로 된 노천극장이 있어 밤이면 수시로 미국영화와 한국영화가 상영되었다.

월남에 온 초기에는 도대체 이곳이 정말 전쟁터인가 의구심이 들 정도로 평온하기만 하였다. 월 급여는 정부 방침대로 40불은 한국에서 지불되고 14불만이 현지에서 주어져 이 돈으로 가지고 싶은 물건을 피엑스 부대 매장에서 장만할 수 있었다. 나는 40불을 아버지에게 매월 적금을 들어놓으라고 당부하였다.

상벌계에서의 업무는 국내에서 하던 때와는 비교할 수도 없을 만큼 많았다. 전쟁터에서 사기를 올려주는 방법으로 표창장과 훈장만큼 좋은 수단이 없을 듯싶다. 우선 사단장 표창은 부대장병 전원에게 수여되는 것이 기본이었고, 일개 사단병력의 표창장을 개별적으로 쓴다는 것은 불가능한 일이었다. 결국 인적사항을 쓸 앞부분과 중간에 공적사항을 쓸 두 줄 정도만 빈 공란으로 하고 모두 인쇄된 용지를 썼다. 단지 국방부장관이나 참모총장 표창장은 본국에서 관인만 찍혀서 오는데 표창장 내용전문을 기안해서 일일이 붓으로 써야 했다. 붓은 주로 홍콩 제품을 썼는데 한 개 수명이 일주일 정도였다.

월남 파병 중반쯤 들어섰을 때 사단장이 바뀌었다. 유병현 소장이 채명신 장군 후임으로 사이공에 있는 주월사령관으로 취임하고 새 사단장이 부임했다. 사단사령부 분위기가 하루아침에 확 바뀌어 버렸다. 전 사단장이 과묵한 덕장 스타일이라면 신임사단장은 완전히 장병들을 들들 볶는 신경질 타입이었다. 선임자들이 볶아대는 한국의 내무반 비슷한 분위기가 사령부 전체로 퍼져 나갔다. 제일 먼저 내려진 명령은 계급에 상관없이 누구나 막사 밖을 나갈 때는 철모를 써야 하고 3보 이상 이동 시에는 뛰어야 한다는 명령이었다.

이어서 사령부 행정병들도 매일 밤 몇 개의 매복조를 편성해 종전 수색중대에서 담당하던 작전지역에 투입하라는 지침이 내려졌다. 불공평한 것은 우선 병기부터 문제였다. 우리 행정병들에게도 동일하게 배급된 최신식 M16 소총이 어느 날 모두 회수되고 대신에 한국군에 있을 때와 똑같이 칼빈이 지급된 것이다. 이때 회수된 M16 소총은 전량 한국의 DMZ로 보내졌다고 했다. 이러다보니 매복 참여시는 수색중대에서 기관총, M16소총 등을 빌려와 사격 훈련을 다시하고 작전에 배치되었다.

그러던 중 사령부 매복조에서 놀랄만한 전과를 올렸다. 부관부 사병계 선임하사가 인솔한 우리 매복조가 마을로 식량조달을 위해 하산중인 베트콩 1개 분대를 발견하고 사살 5명, 생포 1명, 병기노획 3정의 전과를 올려 최초로 행정병들이 무공훈장을 받는 기록을 세웠다.

갑자기 매복조의 사기가 충천해졌다. 앉으면 화젯거리였다. 그동안 전투 경험이 없는 행정병들은 매복 지역을 일부러 위험지역에서 멀리 피하는 면도 있었다. 그러나 이번 전과로 생각이 바뀌었고 은근히 훈장까지 욕심내는 사병들까지 생겨났다. 특히 장기복무 하사관들이 그러했다.

그런데 한 달도 안 돼 매복조에서 반대로 전사자가 발생했다. 부관부 챠트 특기병 권홍웅 병장이 기관총을 메고 매복지에 잠입하는 중에 저격을 당한 것이다. 베트콩은 총소리 한 번에 반드시 전과를 올린다고 했다. 물자가 귀하니 총알 하나라도 자신 있을 때만 사격을 가한다는 이야기다. 몇 년간 전혀 교전이 없었던 지역에 한 달에 두 번씩이나 전투가 벌어지다니, 두 번째는 분명히 적들의 보복성 공격이라는 생각이 들었다. 허망한 죽음이었다.

모두가 충격에 빠졌다. 국가적 대의명분이야 세워야 했지만 개개인에게 자기 생명보다 더 중요한 것이 무엇인가.

그때까지도 대학 복학이 2학기라서 귀국 일정에 무덤덤했었는데 짚어보니 본국에서는 입대동기들이 이미 제대를 한 후였다. 그것도 몇 달 전에 전역을 했어야 했는데 김신조 일당의 청와대 습격사건으로 복무기간이 연장되었기 때문이었다. 등록금을 마련하려고 연장 복무를 하고 그러다가 전사를 한다? 그리고 시체로 고국에 돌아간다. 그러면 전사자 보상금 500불이 집으로 전해질 것이다. 이게 말이나 될법한 이야기인가? 그럼에도 제대를 앞둔 많은 사병들은 1,2년씩의 연장복무를 원해서 월남어 교육대에 지원하거나 현지에서 제대를 하고 한진, 필코 등 많은 전쟁 용역회사에 취업하는 경우가 많았다.

나는 가급적 한두 달이라도 더 머물러 학자금에 보태려고 했다.

아름다운 유언

전사한 동료 권홍웅 병장에 대한 슬픔이 가시기엔 시간이 더 필요했다. 사무실에서 조금만 여유시간이 생겨도 옆자리에서 멋진 G-펜 글씨를 쓰던 그가 눈에 어른거렸다. 그 친구가 한 방의 총소리에 영원히 사라졌다.

나에게 다시 매복 순번이 돌아왔다. 1968년 5월22일, 날짜도 기억에 생생하다. 매복조는 12명, 부관부에서는 파병된 지 얼마 안 되는 송성기 일병이 나와 함께 차출됐다. 매복조장으로는 본부중대의 J 중사, 그는 하사관 학교를 갓 마치고 파병된 신참이었고 파병 최고참병은 나였다. 역시 휴대 총기는 수색중대에서 빌려온 무전기와 기관총 1정, 개인별 화기로는 칼빈 소총과 수류탄 4발, 클레모아 2개, 소총 실탄 350발이었다. 칼빈 소총을 제외하고는 모두가 오랜만에 대하는 병기들로 사용법 숙지가 다시 필요한 것들로 낮 시간에 사용법을 다시 숙지했다.

해질 무렵 우리는 매복지로 이동했다. 몇 달 전 전과를 올렸던 매복지 인근이었다. 멀리 떨어진 정글 속에서 매복지 관찰을 하니 산에서 내려오는 외길이 둘로 갈라져 마을로 통해 있었다. 우리는 3개조로 각 길목을 지키기로 하고 날이 어두워지자 목적지로 잠입하였다. 삼각형 매복 위치를 정하자 각 소조(小組)는 즉시 4명이 은폐할 호(狐)부터 팠다. 각 소조장이 서로 교신할 연결선을 손목에 묶고 전방에 각자의 클레모아 설치가 끝나면 매복이 시작된다. 올무를 설치해놓고 들짐승이 걸리기를 기다리는 사냥꾼들과 흡사하다.

풀벌레 소리만 요란한 남국의 밤, 이곳이 정말 전장이라는 사실이 믿기지 않을 정도로 낭만적이기까지 한 밤이었다. 이러한 밤에 베트콩들은 식량을 조달하려고 마을에 내려와 가족들을 만난다. 우리가 내려다보는 이 마을 또한 완전히 평정된 지역이었지만 밤에는 북 월맹 편에, 낮에는 사이공 정부 편에 서는 이중성을 가지고 사는 게 이들의 생존방식이었다.

어느덧 자정이 가까웠다. 가끔씩 확인차 흔들던 연결선이 연거푸 두 번씩 반복적으로 흔들렸다. 무언가 수상한 물체를 발견했다는 신호였다. 모두들 긴장 속에 대비를 했다. 우선 수류탄 핀부터 쉽게 빠지도록 일자로 펴놓고 소총 장전상태도 재확인했다. 그러나 더 이상 신호도 없고 잠잠해졌다. 무언가 잘못 본 것이 틀림없다고 생각했다.

그런 후 한동안 시간이 흘렀는데 다른 조에서 기관총을 장전하는 쇳소리가 요란하게 들려왔다. 숨소리조차 조심해야 할 매복인데, 기관총 사수가 장전상태를 점검하다 초저녁에 마쳤어야 할 장전을 잊고 있다가 뒤늦게 어이없는 실수를 저질렀다. 적에게 노출이 됐다면 엄청난 위험에 처했을지도 모를 상황이었다. 아니나 다를까, 얼마 후 그 조에서 요란한 수류탄 폭발음이 들려왔다. 우리는 그들이 접근하는 베트콩을 발견하고 수류탄을 투척해 제압했다고 생각했다.

그런데 어쩌랴. 들려오는 비명소리가 월남 말이 아닌 우리말인 것을, "권 병장님, 권 병장님! 나좀 살려줘." 바로 부관부의 신참병 송 일병의 비명소리였다. 적을 제압한 것이 아니라 베트콩의 공격을 받은 것이었다. 우리는 모두가 베트콩에 포위됐을지도 모른다는 생각이 들었다. 각자 전방을 향해 총탄을 퍼부었다. 정확한 상황판단이 필요했다. 무전병에게 사령부에 조명탄 지원을 요청하도록 했다. 잠시 후 날아온 조명탄이 밤하늘을 밝히고 사방을 살피니 포위된 것은 아니었다.

그렇다면 애타게 부르던 송 일병부터 돌봐야 했다. 후다닥 들판을 가로질러 기관총 조 구덩이로 뛰어들었다. 안에는 아무도 없었다. 다만 바닥이 비가 온 듯이 질척거렸다. 머리만 내놓고 사방을 살펴도 적은 눈에 띄지 않았다. 구덩이 밖 한쪽에 송 일병이 누워있었다. 급히 손을 잡았다. 손이 이미 온기를 잃고 싸늘했다. 얼굴을 살피니 파편이 이마를 때렸다. 몇 분 전만 해도 나를 애타게 불렀었는데.

이어서 "권 병장, 내 팔 좀 내 팔 좀" 하는 소리에 얼굴을 돌리니 인사참모부 김 병장이 쓰러져 있고 팔을 잡으니 팔꿈치 아래 손이 날아가고 뼈만 보였다. 압박 붕대를 내어 지혈조치를 하고 편히 눕혀주었다. 잠시 후 김 병장이 입을 열었다. "고마워 권 병장, 난 이제 죽으니 내 유언 하나만 들어줘." 하며 부탁을 해왔다. "죽기는, 곧 헬리콥터가 와, 무전으로 요청했어, 후송병원에 가면 괜찮아." "그런데 부탁이 뭐야, 말해봐" 김 병장이 말하는 유언이 내 가슴을 먹먹하게 했다. 마지막 남기는 유언이라면 부모에게 또는 가족, 애인에게 전해 달라는 말일 것이라고 생각했는데 뜻밖에도 "있잖아, 우리 부서 이모 병장한테 10불을 꾸었고, 김모 상병한테 5불을 꾸었는데 못 갚고 죽으니 대신 좀 갚아줘."라고 말했다. 세상에 친구에게 빌린 달러 몇 푼이 마지막 세상을 하직하는 순간까지 그렇게 마음에 걸렸을까. 그 여린 마음, 하늘 우러러 한 점 부끄러움 없는 아름다운 유언이었다.

잠시 후 미군 헬리콥터가 도착하더니 수직으로 내려앉아 사망자, 부상자 4명 전원을 싣고는 순식간에 떠났다. 그제서야 현장상황이 들어왔다. 구덩이에 다시 뛰어드니 질척거린 바닥은 온통 피였다. 이어 피 냄새를 맡은 모기떼가 몰려들었다. 어찌된 상황인지 사방이 다시 고요하기만 했다. 서서히 날이 밝으며 본부에서 보내준 장갑차가 도착했다. 나머지 매복조 8명은 장갑차를 타고 무사히 귀대했다.

후에 들은 사건 경위는 이러했다. 그날 산에서 내려오던 베트콩들이 기관총 장전소리에 매복조의 위치를 정확히 파악한 후 포복으로 접근 수류탄을 던지고 다시 산으로 도주했다는 것이다. 후송병원으로 실려 간 부상자들은 모두 생존해서 회복 후 본국으로 후송됐다고 했다. 현장에서 사망한 송 일병만 국립묘지로 보내졌다.

부관부에서 한 달 사이에 두 명의 전사자가 생겼다. 둘다 전투 병과가 아니다. 어느 날 갑자기 사단장이 새로 부임하여 사단 사령부 전체를 달

달 볶으며 공포 분위기로 바꾸더니 갑자기 펜대만 잡던 행정병들을 사지로 몰아넣은 것이었다. 꼭 행정병들을 전투에 투입해야 할 만큼 절박한 사태가 벌어진 것도 아닌데, 전장에서 누구는 사무실에서 펜대 잡고, 누구는 야전에서 총대 들고 그것이 불공평하다고 생각했던 것일까. 그렇다 치더라도 지급한 신형무기 M16까지 회수하고 구형 칼빈을 손에 쥐어 매복을 내보낸 건 도저히 이해할 수 없는 처사 아닌가.

주월 사령관 채명신 장군과 전임 유병현 사단장은 얼마나 사병들을 위하고 안전을 최우선으로 했는데….

귀국 그리고 좌절

일상으로 돌아왔다. 그러나 종전처럼 마음의 평정을 찾을 수가 없었다. 자기 전이면 모기장을 사이에 두고 두런두런 이야기를 나누던 송 일병의 텅 빈 침대가 마음에 걸렸다. 곧바로 침대를 걷어치웠다.

이제 고국으로 돌아가야지, 난 제대를 위해 귀국신청을 했다. 부관참모는 그 많은 표창장이 걱정돼 2학기 복학에 지장 없도록 해줄 테니 몇 달이라도 더 있어 달라고 했다. 앞으로의 매복을 면제해 줄 수 있다면 기꺼이 고려해 보겠다고 했다. 그러나 어떤 이유로 전쟁터에서 예외 사례를 만드는 것은 절대 있을 수 없다며 그냥 귀국절차를 밟도록 허락해 주었다.

다행히 같이 표창장을 쓰던 박주삼 병장이 체류연장 신청을 하는 바람에 나의 귀국은 차질 없이 진행될 수 있었다. 보충대에 병력이 올 적마다 병과에 관계없이 모필병을 구한다고 뛰어 다녔으나 쉽지 않았다. 결국 초보라도 데려다 박주삼 병장이 가르쳐 쓰기로 하고 초등학교 교사 출신 두 명을 데려다 놓은 후 나는 사무실을 벗어났다.

귀국하는 사병들의 짐은 포상 등급에 따라 나무 박스 크기로 달리 정해졌다. 세 가지 A,B,C형으로, A형은 무공훈장 수상자나 장교, B형은 주월 사령관 표창자나 장기복무 하사관, 나머지는 모두 C형 아니면 그냥 더블백 하나만 메고 돌아가는 것이 관례였다. 한 달 현지에서 받는 돈이 14불이었으니 그걸 모아 제일 선호하던 카메라, 시계부터 사고 나면 귀국 때 박스에 넣어갈 물건을 살 돈이 없다. 나 역시 C형 박스를 준비하긴 했으나 넣을 물건이 없었다. 석 달을 모아 캐논 카메라를 샀고 세이코 시계, 일제 녹음기를 사고 나니 여유가 있을 수 없었다. 그동안 쓰던 물건을 넣었어도 박스의 3분의 1도 채울 수가 없었다. 전투부대 귀국병들이 겨우 C레이션 박스를 풀어 통조림을 넣어 간다더니 내 경우도 비슷했다.

준비한 박스를 버릴 수도 없고 마지막으로 26사단에서 같이 파월되어 병참부에 근무하던 동향 후배에게 전화를 걸어봤다. 고맙게도 귀국준비를 많이 해본 솜씨로 다양한 미제 군수품을 트럭에 싣고 왔다. C형 박스가 넘쳤다. 마침 누군가 버린 B형 박스가 있어 작은 박스를 버리고 B형 박스까지 가득 채울 수 있었다. 무엇보다도 깡통에 든 커피를 가져와서는 박스에 넣지 말고 터지지 않을 정도로 찌그려 더블 백에 넣어가라고 요령까지 가르쳐주었다. 지금까지도 고마운데 이제는 이름도 얼굴도 기억에 없으니 만날 길이 없지 않은가.

귀국 준비에서 빼놓을 수 없는 것이 하나 더 있었다. 그동안 편지를 주고받은 펜팔 상대에게 전할 선물이었다. 일 년 동안 꾸준히 답장을 보내준 학생이 둘 있었다. 진명여고 3학년생과 그리고 한 사람은 이대 도서관학과 여대생이었다. 마지막 귀국일정을 알렸을 때 진명여고 학생은 집에 초대하겠다고 했고 이대생은 '이젠 그만' 하고 절별 편지를 보내왔다. 내심 서운했지만 충분히 이해했다.

귀국해서 진명여고생은 영등포에 있는 자기 집으로 나를 초대해 가족들에게 인사를 시켰다. 나는 귀국할 때 미군 PX에서 사 두었던 웹사이트 영영사전을 그에게 선물했다. 인연은 참으로 묘한 것, 이대생은 편지만 주고받아 얼굴도 몰랐지만 그 후 6년이 지나 대면할 기회가 주어졌다. 이 이야기는 나중에 다시 쓸 것이다.

예정대로 귀국선에 올랐다. B형 박스는 집주소를 선명하게 써 붙였으니 파주 집으로 배달이 될 것이고, 짊어진 더블 백은 찌그려 넣은 커피캔으로 무게가 제법 나갔다. 귀국 준비 과정에서 들은 것이지만 한국에 가지고 가서 돈 될 만한 것들의 목록이 나돌고 있었다. 냉장고, TV, 선풍기 등 전기제품은 무조건 3배의 가격을, 기타 물품도 미제나 일제 물건은 가지고 가기만 하면 최소한 두 배 이상의 가격을 받을 수 있다고 했다. 커피 또한 인기품목의 하나로 들고 들어가기만 하면 돈이 된다고 했다. 깡통 커피를 하나라도 더 넣기 위해 조심스럽게 압축해 백 속에 차곡차곡 최대한 집어넣었다.

순조로운 닷새간의 항해 끝에 부산 부두에 닿았다. 귀항선에서는 아무도 배멀미를 하는 병사가 없었다. 한 번씩 경험이 있는 데다 그동안 기름지게 잘 먹은 덕인지도 모르겠다. 더블 백을 짊어지고 하선을 하자 누군가 백을 낚아채며 "이거 커피죠?" 잘 쳐 줄 테니 무조건 따라오란다. 엉거주춤 끌려가는데 옆의 누군가 용산까지 가지고 올라가면 가격을 배로 쳐준다고 귀띔을 해주었다. 후다닥 잡혔던 백을 뿌리치고 다시 백을 짊어졌다. 제 9 보충대에서 전역 수속을 마치고 며칠 후 용산 행 야간군용열차를 탔다. 새벽녘에 용산역에 내리니 역시 밖에 나오자마자 똑같은 사건이 다시 벌어졌다.

누군가 백을 가로채며 커피냐고 묻는다. 먼저 가격부터 물으니 부산의 딱 두 배 가격이었다. 순순히 따라가니 어느 설렁탕집으로 안내하며 설렁탕까지 시켜주고 푹 쉬고 있으라고 했다. 주인이 염려하지 말라고 하기에 허기진 배를 채우고 노곤한 몸을 눕혔다. 주머니에 두둑이 커피 값을 받아 넣고 파주 금촌으로 향했다. 새카맣게 그을린 얼굴로 집에 들어서자 아버지와 처음 보는 아줌마가 맞아주었다.

그분은 내가 월남에 있을 때 아버지가 맞은 새 계모였다. 전 분들과는 전혀 다른 모습으로 말도 많고 연신 담배도 피워댔다. 첫 인상이 이게 아닌데 어찌된 일일까 혼란스러웠다.

한 열흘 뒤에 월남에서 배로 부친 B형 박스가 배달되었다. 가게 문이 작아 박스를 안으로 들여 올 수가 없었다. 할 수 없이 밖에서 박스를 부수고 물건을 하나씩 안으로 들였다. 값비싼 물건도 아니고 선풍기, 소형 냉장고, 후배가 실어준 미제 군복, 군화, 비누 심지어 사이사이에 끼워 넣은 두루마리 화장지 등, 이웃 사람들이 호기심으로 이 광경을 다 보았으니 창피스럽기도 하고 내가 속물이 된 기분이었다. 그 후 어떻게 소문이 났는지 양키 물건 장사들이 뻔질나게 집에 드나들었다.

그러는 중에 난 예비사단에 가서 군 복무의 마지막 수순인 군복 반납과 제대증을 받고 돌아왔다. 그때가 1968년 8월, 입대 동기들보다 군대생활을 4개월이나 더한 후였다.

등록금에 대해서는 전혀 걱정을 안했다. 그동안 보낸 돈만 해도 세, 네 학기 정도의 등록금은 저축이 돼 있을 거라고 생각했기 때문이었다.

드디어 등록일이 다가와 아버지한테 송금한 돈을 찾아야겠다고 했다. 그런데 두 분의 태도가 이상했다. 계모는 무언가 할 말이 있는 듯 주저주저하더니 하는 말이 집짓는 데 투자하면 이자를 많이 쳐 준다고 해서 저축한 돈을 모두 빌려 주었는데 기다려 보라고 했다. 그러더니 얼마 후 계모는 야반에 보따리를 싸 몰래 집을 떠나 버렸다. 이런 황당하고 어처구니 없는 일이!

혈서까지 쓰면서 전쟁터까지 가서 준비한 학자금, 그야말로 피와 땀으로 마련한 등록금을 이렇게 허망하게 날려버리다니. 어떻게 이렇듯 입학금이 없어 절망에 빠졌던 그때의 원점으로 다시 돌아 갈 수가 있을까. 하늘이 무너져 내리는 사건이었다. 신림동인가 어딘가로 도주한 계모를 찾아 헤맸지만 모두가 헛일이었다.

빛을 향하여

빛을 향하여

베트남 커피가 살려준 복학

그대로 주저앉을 수야 없지 않는가, 다행히 더블 백에 짊어지고 온 커피 값이 상당한 금액이었다. 또 배로 부친 박스 속의 물건들, 심지어 화장지까지 몽땅 긁어 팔아 보태니 복학등록금이 채워졌다. 커피를 부산에서 처분만 했어도 아마 등록금이 부족했을 것이다.

1학년 2학기에 복학을 하고 보니 과(科) 동료들은 나이가 거의 3, 4년 차이 나는 후배들이었다. 입학 동기생들 중 입대한 사람은 아직 군복무를 끝내고 복교할 때가 아니어서 복교생은 나 혼자뿐이었다.

아직 교양학부를 끝내지 못해 나머지 교양과목 학점을 따야 하는데 3년간의 공백이 있으니 만만치 않았다. 그 중에서도 독일어는 정말 고역이었다. 이미 3년 전 1학기에 중급 독어로 시작했으므로 중급독어(II)를 선택해야만 했다. 단편소설을 교재로 한 독문과 교수의 강의를 따라 가기가 정말 어려웠다. 할 수 없이 책방에서 번역본을 사서 자습서로 사용하며 겨우 학점을 땄다. 졸업할 때까지 총 8학기 학점 중 가장 낮았던 때가 복교 첫 학기 교양학부 학점이었다.

다시 시작한 공부도 어려웠지만 더 걱정스러운 것은 본 학기가 지나면 다시 다음 학기의 등록금을 준비해야 하는 문제였다. 그래서 가정교사 자리를 찾는 일이 급선무였다. 교내 소개소와 일간신문에 두 줄짜리 광고가 아르바이트 자리를 찾는 매개처였다. 입주 가정교사 자리를 원했지만 쉽지 않았다. 오래지 않아 을지로 4가의 목재상 집의 중3 학생을 가르치게 되었다. 저녁도 못 먹고 시작하는 과외에 간식 등 대우는 좋았으나 과외비는 한 푼 안 쓰고 모아도 등록금에 못 미쳤다. 또다시 대안을 찾아 나섰다.

학교에 근로 장학생 제도가 있었다. 수업이 없는 빈 시간에 대학 사무실에서 사무 일을 도와주거나 특정 일거리를 맡아 처리하는 학생들에게 수여되는 장학금으로 일반적으로 거의 수업료에 해당하는 보수를 학교로부터 받을 수 있었다.

얼마 만에 대학보건소 건강관리실에 자리가 났다. 그때 대학 재학생 전원의 개개인 건강기록부가 있었던 학교는 연세대학교가 처음이었던 것 같다. 다른 대학에는 없는 대학보건소가 있었고 소장으로 계신 오형석 박사는 성교육, 임신, 출산, 육아까지 생소한 보건상식 전반에 대하여 강의를 하였고 이 과목은 전 학부생들에게 굉장한 인기과목이었다. 보건소는 학생회관 이층에 건강관리실, 임상병리실, 간호실 등을 설치해서 운용하였고, 나는 건강관리실의 박희경 선생을 도와 학생들의 건강기록카드 작성과 관리업무를 맡았다. 근로 장학생으로 일하다보니 징검다리 강의시간이라도 한가하게 잔디밭에서 친구들과 한담조차 나눌 시간도 없었다. 나는 이 일을 졸업할 때까지 하였다. 교직원들은 퇴근시간에 맞추어 일이 끝나지만 나는 다시 무거운 가방을 들고 과외지도를 위해 서둘러야 했다. 과외가 끝나면 겨우 서울역에서 금촌행 막차를 타야 했다. 서울에 어디 잠 잘 곳만 있어도 다소 시간의 여유가 있을 텐데.

아내와의 만남

어느 휴일이었다. 집에서 쉬고 있는데 키가 늘씬한 아가씨가 아버지 세탁소에 들어섰다. 우중충한 가게에 웬 꽃나비가, 눈에 번쩍 띄었다.

금촌, 조그만 동네에서 어디 사는 누구라는 것은 서로가 다 아는 법인데 처음 보는 아가씨였다. 가슴속에 찜을 해놓고 보니 어디에 사는 누군인지 조바심이 났다. 곧 우리 집 건너편 지물포 건물의 2층 미용실에 새로 온 미용사임을 알아냈다. 마침 미용실 주인이 초등학교 선배였다.

내가 적극적인 관심을 보이자 선배는 즉시 중계에 나서 주었다. 주인 선배는 이미 나와 우리 집 사정에 대해서는 소상히 알고 있었으니 모든 걸 사실대로 그녀에게 이야기해 주었을 것이다. 그럼에도 월남에서 갓 돌아온 까무잡잡한 권 병장에 관심이 있었는지 우리는 쉽게 만남을 약속할 수 있었다.

그녀의 고향은 전북 순창이었고 오빠 셋에 막내 외동딸로 태어났다. 본명은 김점례, 워낙 촌티 나는 이름이라 서울에 올라온 후에는 미애라고 바꿔 불렀다. 나이는 나보다 세 살 어렸다. 큰오빠가 서울로 올라와 정착하자 쉽게 서울행을 택했으나 오빠 집에 얹혀 지내기보다는 일찍 미용기술을 배워 자립해서 지내고 있었다.

만나면 만날수록 사회생활에 대해 매우 적극적이고 생활력도 강해 보였다. 무엇보다도 외모가 내가 좋아하는 스타일이었다. 만남이 잦아지면서 내 인생의 동반자로도 생각해봤다. 훗날 대학을 무사히 졸업하고 좋은 직장을 가지면 많은 혼처가 들어오겠지만 그렇더라도 집안이 가난하며 가족이 어쩌고 하면서 상대를 저울질하여 맺는 결혼이 정말 행복하고 바람직한 결혼일까. 이미 첫 여인의 부모에게서 혹독하게 당해보지 않았나.

정말 어려울 때 서로 의지하고 격려하며 같이 손잡고 걸을 수 있는 사람이 진정한 동반자가 아니겠나. 그녀는 성격도 강해 환경에 지배당해 끌려가기보다는 도전하고 개척하는 의지가 나와 닮기도 했다. 우리 사이는 모든 걸 터놓고 서로 의논하고 신뢰하는 사이가 되었다.

나의 대학생활은 학교 수업, 건강관리실 일, 과외지도 이렇게 하루 삼분된 생활로 꽉 짜여 있어서 기차 통학을 하면서 감내하기가 어려웠다. 무엇보다도 집이 싫었다. 살림할 사람도 없는데다 이제야말로 정말 집을 떠날 때가 되지 않았나 싶었다. 이러한 환경을 벗어나는 방법에 대하여 우리는 터놓고 많은 의논을 하였다.

조각배 한 척을 장만해 같이 노를 저으며 항해를 하면 어떨까. 일생의 동반자로서 장래를 함께 개척해 보자는 약속이었다. 우리 나이 만 25세, 22세의 겁 없는 결단이었다. 우선 서울로 올라가 학교에서 가까운 곳에 방을 얻고 미애의 직장도 가까운 곳으로 옮기는 계획을 세웠다. 다행히 미용사는 기능직이라 그 숙련도에 따라 얼마든지 우대를 받으며 직장 이동이 가능했다.

아버지는 나의 월남 송금으로 장만해서 유일하게 남아있던 백색전화를 팔아서 보태라고 내어 주셨다. 미애의 통장을 털어 합치니 3만 원의 돈이 모아졌다. 세상 물정도 모르고 우리는 이 돈을 들고 신촌일대에 전세방을 얻으러 나섰다. 복덕방 할아버지가 혀를 끌끌 차면서 '그 돈으로 전세를 얻으려면 마포 달동네에 가도 없을 것이다. 더구나 신촌에서는 다녀보나 마나'라고 했다. 그러나 월세방 개념이 없던 시절이었으니 어떻게든 전세를 얻어야만 했다. 그분에게서 힌트를 얻었다. 평지에서는 턱도 없으니 무조건 하늘 아래 높은 지대를 뒤져보자. 먼저 이대 앞 아현동고개 달동네를 샅샅이 훑었다. 그래도 그 돈으로 전세방은 어림도 없었다.

그런데 지성이면 감천이라고 했나, 끈질기게 돌아다니던 중 연대 뒤 봉원사 입구 끝집, 진 씨가 최근 딸을 시집보냈는데 아마 방이 있을지도 모른다며 복덕방 할아버지가 우리를 안내했다. 주인 진 씨 아저씨는 호기심 어린 눈으로 우리를 보더니 딸이 혼자 쓰던 쪽방을 보여 주었다. 두 평이 채 안 돼 보였다. 부엌은 안집과 같이 쓰고 쪽방으로 밥그릇이 들어갈 수 있는 미닫이창이 뚫려 있었다. 그래도 5만 원은 받아야 한다고 했다. 우리는 돈이 3만 원밖에 없다고 주인 아저씨에게 통 사정을 했다. 결국 우리를 어여삐 보고 주말에 아이들 숙제라도 돌봐 주라며 하락을 했다. 진 씨 아저씨 배려 또한 잊어서는 안 될 우리 인생의 빚이다.

드디어 조각배가 준비됐다. 선장도 건강한 맹호부대 출신이고, 부선장도 튼튼한 여걸이라 칭할만하니 힘찬 출발만이 남았다.

조각배에 돛대를 올리고

결혼식, 그런 호사스런 절차를 밟을 수는 없었지만 그래도 떳떳하게 출발하고 싶었다. 우리 쪽에선 아버지나 누나 모두 알고 있었으나 상대방 쪽에서는 아무도 모르는 우리만의 결정이었다. 시골에 아버지, 어머니도 계시고 대를 이어 농사를 짓는 둘째오빠도 있는데 승낙을 받는 게 도리였다. 불광동에 큰오빠가 있었지만 큰오빠는 이미 이웃에 있는 총각을 소개한 적이 있고 그 사람이 끈질기게 사귀기를 바란다고 해서 아예 대면을 않기로 했다.

우리가 함께 순창까지 내려갈 형편도 못돼 결국 둘째오빠를 서울로 올라오시도록 간청 드렸다. 장충동 어느 음식점에서 둘째오빠 김형구 씨를 처음 만났다. 우리가 비록 식은 못 올리지만 혼인신고는 한 후에 동거하겠다고 간곡히 말씀드려 결국 승낙을 받았다. 우리는 서둘러 결혼신고를 마쳤다. 그날이 1969년 1월 16일이었다. 그러니 이 글을 쓰는 올해가 사실상 결혼 50주년인 셈이다.

새 살림이 시작됐다. 밥솥 하나, 냄비 하나, 밥그릇 몇 개에 숟가락, 젓가락, 접이식 밥상, 부엌의 찬장은 깨끗한 사과 궤짝을 부뚜막에 얹어 놓았다. 저녁에 책상으로 쓰던 밥상을 밀어놓고 이불을 펴려니 공간이 충분치 않았다. 할 수 없이 밥상을 접어 벽에 기대어 놓으니 둘이 겨우 누울 수가 있었다. 봉원동에서의 새 출발은 이렇게 시작되었다.

비록 됫박 쌀을 종이봉지에 사들고 와 밥을 지었지만 그보다 더한 행복은 없었다. 연대 뒷산이라 학교도 후문으로 질러갈 수 있어 더없이 편했다. 후문에서 조금만 걸어 들어가면 울창한 숲속에 총장님 공관도 보이고 청송대 숲속 길을 걷는 사람을 누가 두 평짜리 쪽방에서 나온 줄 알겠나.

봉원동 버스종점은 한참 아래 금호터널 입구에 있었다. 내가 먼저 과외가 끝나건 아내가 먼저 퇴근하건 버스종점에서 만나 가파른 언덕을 손을 잡고 올라갔다. 학비는 내 스스로 충분히 해결하게 되었고, 식생활은 아내가 감당할 수 있으니 세상에 아무 걱정이 없었다. 고등학교 1학년 때 어머니가 돌아가신 이래 가장 마음 편하고 행복했던 시기였다.

아침에 각자 헤어지는 게 섭섭하기만 했던 봉원동 동거생활이었다. 심지어 아내를 가방에 넣어 학교에 등교했으면 좋겠다고 고백한 적도 있었다. 가수 남진이 부르던 '반딧불 초가집도 님과 함께'가 꼭 우리를 빗댄 노래란 생각이 들었다.

드디어 교양학부 딱지가 떨어지고 전공 공부가 시작되는 2학년에 진급하니 비로소 대학의 참 모습을 보는 듯했다. 이기을 교수님의 경영학 원론도 각 다섯 개의 각론으로 나뉘어 별도의 전임 교수들에게 배우자 그제서야 진정 대학생이 된 기분이었다. 무엇보다도 입학 동기생들이 속속 군 복무를 마치고 복귀하기 시작하니 캠퍼스 생활이 훨씬 활기찼다.

부산의 경남고 출신 김태석, 고만숙, 진상영이 제일 먼저 복교한 동기생들이었다. 이어서 서정일 ,김병준, 송은복 등등 연달아 복교를 했다.

교양과목 이수가 끝나니 전공과목이 훨씬 재미있고 호기심이 넘쳤다. 대학교재는 청계천 평화시장 헌 책방에서 주로 구입하였다. 고교시절부터 익숙한 곳이라 아무 거부반응도 없었다. 기차 통학도 벗어났고 안정된 생활을 하게 되니 자연히 학교 성적도 일취월장 하였다. '올 A' 성적이면 수업료 면제 혜택이 주어지니 간과할 수 없는 목표가 되었다. 드디어 2학년 2학기 첫 번째 '올 A' 성적을 기록하게 되었다. 동거생활 일 년이 채 안되었지만 대망의 '골든 벨'을 울린 것이다. 무엇보다도 다음 학기 등록금 걱정이 해소되었으니 그보다 더 기쁠 수가 없었다.

복학 후 두 번째 맞는 겨울방학, 비록 등록금이 해결되었다고는 하나 이제는 쪽방에서도 해방되고 싶었다. 여전히 쌀도 봉투 쌀이었고 살림도구도 그대로였다. 학교에 혹시 돈벌이되는 아르바이트 일거리라도 있나 해서 대학 사무실에 들렀다가 반가운 친구를 만났다. 신과대학에 입학한 초등학교 동창 유지수였다. 파주 문산농고를 졸업하고 연대 신과대학에 입학한 드문 케이스의 친구였다. 명필인 그는 아르바이트로 대학사무실의 프린트 물을 찍어내는 철필(가리방) 작업을 하고 있었다. 워낙 필체가 좋은 친구라서 사회 전문가 수준이었다. 똑같이 고학하는 처지여서 서로 든든한 의지가 되었다. 그 친구의 소개로 큰 일거리를 맡을 수 있었다.

학부 졸업생 천삼백 명의 학사증을 붓으로 쓰는 일이었다. 문과대학은 문학사 누구, 경영학과는 경영학사 누구, 인쇄된 학사증에 써넣으면 한 장에 십 원씩 쳐서 합계 일만삼천 원을 받았다. 과외공부보다 훨씬 좋은 일거리였다. 이렇게 추가 아르바이트도 하고 절약한 결과 통장에 다소 여윳돈이 생기기 시작했다.

한편 을지로 과외지도 학생이 서울고등학교에 무난히 합격을 하였다. 이로써 나의 과외 실력도 인정을 받게 되었다. 덕분에 인사동에 중3 그룹 과외 자리가 쉽게 구해졌다. 한 학생의 어머니가 아들 친구 3명을 모아 놓고 과외를 맡겼다.

대학생활도 3학년에 올라오니 자유분방하던 과 분위기가 조금씩 달라지기 시작했다. 상당수는 공인회계사 시험 준비에, 그중 두드러지게 눈에 띈 친구는 부산고 출신 송은복과 대구 경북고 출신 김기훈이었다. 그들은 행정고시 준비로 경영학과 강의보다는 정법대학 쪽의 강의에 집중하고 있었다. 경영학과 수업에 결석이 잦아지고 그로인해 도움을 청하면 노트를 빌려주는 등 기꺼이 돕기도 했다. 한편 서울 법대에 들어간 이인호도 사법고시 1차시험을 통과해 2차 본시험 준비에 몰두하고 있다고 했다.

나도 행정고시를 통해 당당히 사무관 행정 관료로 인생을 첫 출발하면 얼마나 멋질까, 그야말로 개천에서 용 나는 근사한 꿈이었다. 그러나 이내 고개를 저었다. 경우에 따라서는 고시 폐인이 되기도 한다는데 그걸 생각하다니, 내 상황에서 전혀 갈 길을 아니었다.

생각 끝에 나도 공인회계사(CPA) 시험에 한번 도전해 보기로 했다.

앞날의 진로를 위해서가 아니라 하나의 스펙으로 전공 분야의 정도에서 벗어나지도 않고 운 좋게 합격한다면 든든한 경력이 될 법했다. 구체적으로 도전 계획을 짰다. 시험은 3학년 1학기 단 1회에 그친다. 실패해도 재도전의 미련은 안 둔다. 이렇게 정하고 동대문평화시장 중고서점에 들러 관련 서적 한 보따리를 장만했다.

비록 손때 묻은 헌책들이었지만 전 주인들의 깨알 같은 메모가 색다른 자극을 주기도 하였다. 항상 수학 쪽에 강점이 있는 나에게 회계학은 적성에 맞기도 해서 별 어려움 없이 준비해 나갔다. 시험을 몇 주 앞둔 어느 날, 도서관에서 총정리를 한다고 전 교재를 한꺼번에 쌓아 놓고 색인표를 붙여가며 공부하다가 기분 전환 겸 잠시 청송대를 한 바퀴 돌고 돌아왔다. 아니, 이럴 수가 내 자리에 쌓아 둔 책이 송두리째 사라지고 텅 비어 있었다. 이웃 자리의 학생이 좀전에 웬 학생차림의 사람이 가방에 책을 넣는 것을 별 의심 없이 봤다는 것이다. 한달음에 밖으로 뛰어나와 교문 쪽으로 달리다, 뒷문 쪽으로 달리다 허둥지둥해 봤으나 때늦은 발버둥이었다.

어차피 한 번의 도전을 계획한 터라 잃어버린 책을 다시 구입하지 않은 채 시험에 임했다. 결국 낙방이었다. 차라리 학교공부에 매달려 다시 '올 A' 성적에나 도전할 것을, 그렇다고 손해 본 것은 아니었다. 전공과목을 심도 있게 공부해서 남 준 것이 아니었으니까.

남가좌동 생활

다소간의 여유가 생기자 아내는 변두리라도 부엌이 딸린 방이라도 얻어 나가고 싶어 했다. 한창 개발이 되고 있는 남가좌동쯤이면 저축한 돈으로 얻을 수도 있을 것 같았다. 마누라 없이는 살아도 장화 없이는 못 산다는 서울의 북서쪽 종점 마을, 모래내시장을 지나 멀지 않은 곳에 8만 원 짜리 전세방이 있었다.

아래층에 점포 하나를 낀 총 5세대의 신축 다가구 주택이었는데 우리는 이층의 가운데 방을 골랐다. 싸구려 여인숙에서 호텔로 잠자리를 옮긴 것만큼이나 대견스러웠다. 행복이 다른 데 있는 것이 아니었다. 우리가 만족하고 기뻐하면 그것이 바로 행복 아닌가. 빈 손으로 시작해서 자그마한 것이라도 하나씩 이루어 간다는 게 자랑스러웠다. 이전엔 전혀 생각지도 못했던 방안 치장도 하고 싶어졌다. 오랜만에 붓을 내어 평상시 좋아하던 롱펠로우의 '인생찬가'를 까만 켄트지에 흰색 페인트로 써서 표구점에 맡겼다.

인생이란 드넓은 싸움터에서
말 못하고 쫓기는 짐승이 되지 말고
승리하는 영웅이 되라.(중략)

내 인생이 그대로 실현되기를 바라면서 즐겨 읊조리던 시의 일부였다. 그런데 느닷없이 표구점 아저씨가 우리 집을 방문하였다. 들어와서는 공손히 부탁 말씀이 있다면서 용서를 구하는 것이 아닌가. 자초지종을 들어보니 표구를 일찍 끝낸 터라 밖에서 보이도록 진열대에 세워 놨는데 웬

손님이 들어와 작품이 너무 좋다고 개업하는 병원의 현관에 걸기에 딱 어울린다며 자꾸 팔라고 해서 얼떨결에 팔았다며 작품 대금은 쳐서 드릴 테니 다시 써달라는 간곡한 부탁이었다. 바로 모래내 시장 옆에 새로 개업한 회생병원 현관에 그 액자가 걸렸다. 참으로 궁하면 통한다더니, 한 푼이 새로운 나에게 이건 굴러온 행운이었다.

인사동에서 과외공부를 새로 시작한 지 두 달이 지났다. 두 학생은 제 날짜에 과외비를 또박또박 가져오는데 한 학생이 첫 달분부터 아예 가져오질 않고 자꾸 핑계를 대었다. 할 수 없이 공부가 끝나고 어머니가 운영하고 있다는 음식점을 찾아갔다. 멀지않은 안국동 로터리에서 경복궁 쪽으로 약 백미터 거리에 아담한 일본식 메밀국수집이였다. 문을 열고 들어섰다. 마침 식사 때가 아니라서인지 손님이 없었다.

제가 새로 시작한 과외선생이라며 공손히 인사를 마치고 두 달간의 과외비를 안 보내서 들렀다고 했더니 별안간 고함을 질렀다. "야, 이 사기꾼 놈아, 어린 학생들을 꾀어 과외비를 받아먹어." 아닌 밤중에 홍두깨를 맞아도 유분수지 아들 과외선생에게 도둑놈이라니 어안이 벙벙했다.

인사동 엄마는 아들 친구들이라 의례히 부모 허락을 받고 과외에 참여했을 거라고 짐작해서 따로 부모들한테 연락도 없이 나를 선생으로 불러들인 것이었다. 어쨌든 사전허락이 없었으니 과외비는 한 푼도 줄 수 없고 아들도 더 이상 과외에 보내지 않겠다고 했다. 끓어오르는 분노를 참고 사정 설명을 드렸지만 요지부동이었다. 빈손으로 나온 그날 밤 나는 아내 앞에서 펑펑 울고 말았다.

다음 날, 손님이 없을 그 시간쯤에 다시 찾아가 테이블 위에 학생증, 제대증, 맹호부대 호랑이 마크를 올려놓고 사기꾼도 아니고 어렵게 학업을 하고 있으니 제발 밀린 과외비만큼은 지불해 달라고 사정을 하였다.

여전히 장사도 안 되고 돈도 없어 못주겠다며 오히려 당장 가게에서 나가라고 요구했다. 전날도 참을 만큼 참았는데 더 이상 버틸 수가 없었다. 돈이 없다니 그렇다면 대신에 과외비에 상응할 만한 비품이 있나 둘러보았다. 마침 은은한 라디오 소리가 들려왔다. 금성사 제품 고급 트랜지스터였다. 순간 번쩍 들어 올렸다. 태질을 해서 부숴 버릴 작정으로. 순간 학생엄마가 내 팔을 잡았다. 돈을 지불하겠으니 라디오는 제발 내려놓으라고 했다. 갑자기 내가 황야의 무법자라도 된 기분이었다.

남가좌동으로 이사 온 후 아내는 다시 일자리를 옮겼다. 모래내시장에 있는 대중목욕탕 서중탕에 딸린 미용실이었다. 일류 기능직이라 어디를 가나 대우를 받았다. 서중탕 앞에는 너른 광장이 있었고 그 건너편에 이층 청기와 집이 마치 집 주인의 근무처 청와대처럼 우뚝 서있었다. 1970년 당시 모래내에 살았던 사람치고 그 집을 기억하지 못하는 사람이 없을 정도로 눈에 띄는 일대에서는 보기 드문 고급 주택이었다.

마침 그 댁 안주인이 아내의 단골손님이 되었다. 그분은 아내를 너무 잘 봐 자기 시동생과 결혼시키려 적극 추진하고 나섰다. 우리 상황을 전혀 모르고 아직 어린 아내가 그냥 미혼이겠지 지레 짐작한 것이었다. 결국은 우리 형편을 소상히 알려 줄 수밖에 없었다.

그러자 나로 하여금 자기 두 아이들 과외지도를 해 주었으면 좋겠다고 제안을 해 왔다. 그렇지 않아도 결원이 생긴 인사동 그룹지도였기에 차제에 인사동 그룹과외를 그만하기로 했다. 새로 맡은 아이는 5학년의 큰딸 희정이와 3학년의 작은아들 동건이었다. 아이들 성적은 반에서 중간 정도였으나 성품도 착하고 지도하는 대로 잘 따라주었다. 매일 각자 한 시간씩 두 시간의 과외였지만 집에서 도보거리에 있어 오히려 시간 여유가 많아 학업에 훨씬 도움이 되었다.

태풍아, 태풍아

이층 다가구 주택에서의 새 생활도 안방에 장롱도 들여놓고 제법 자리를 잡게 되었다. 그때까지도 장인, 장모님을 뵌 적이 없어 항상 죄를 짓고 사는 기분이었는데 연휴 틈을 내어 순창엘 다녀오자고 했다. 버스를 타고 정읍에 내려 하룻밤을 여관에서 보냈다. 내가 전라도 땅을 밟은 것은 그때가 처음이었다.

정읍에서 순창으로 내려가는 길에 넘어진 김에 절한다고 유명한 내장산을 들러보고 처갓집에 도착했다. 장충동에서 첫 대면했던 둘째처남과 어릴 때 아내를 극진히도 보살폈다던 올케가 달려 나와 우리를 맞았다. 장인어른은 갓은 안 쓰셨지만 장죽 담뱃대를 물고 한시를 읊으시던 분이었고 장모님은 동네 큰 일이 있으면 으레 중심에서 주관하시는 여장부셨다. 비록 결혼식은 올리지 못한 부부였지만 부모님께 정중히 예를 올리고 며칠을 묵으며 이웃 친척과 장모님 친구들을 찾아뵌 후 서울로 올라왔다.

얼마 후 이번에는 장모님이 우리 사는 걸 보시겠다고 순창에서 올라오셨다. 이미 환갑을 넘기셨으나 정정하신 데다 키가 아내만큼이나 크신 분으로 항상 한복을 입으셨다. 단칸방이라 불편하셨겠지만 막내딸과 함께 있는 걸 무척 좋아하셨다. 불광동의 큰아들 집은 형식적인 방문만 하시곤 줄곧 우리 집에만 머무셨다.

어느 날 딱히 행선지도 안 밝히고 외출을 하신 장모님이 저녁에 안 돌아오셨다. 우리는 불광동 큰아들 댁에 가신 걸로 생각하고 별 걱정을 안 했다. 이튿날도, 또 다음날도. 좀 불안하였지만 각자 하는 일이 바빠서 불광동에 확인 차 들르지 못했다. 당시 전화 있는 집이 얼마나 있었겠나.

3일이 지났는데 갑자기 순창 둘째처남이 올라와서야 사정을 알게 되었다. 장모님이 버스사고로 돌아가셨다는 것이다. 동대문 근처에서 버스를 내렸는데 차문에 치마가 낀 걸 모르고 버스가 출발하는 바람에 넘어지면서 머리를 다쳐서 돌아가셨는데 신분 확인이 안 돼 시간이 걸렸다는 것이다. 전적으로 버스운전사의 과실로 법적 책임을 물을 수도 있었는데 잘못을 인정하며 용서를 구하는 운전사에게 모질게 감옥행을 요구할 수는 없었다. 착하디착한 두 처남이 처벌한다고 돌아가신 분이 살아나시겠나, 고의도 아니고 그 운전수도 가족이 있고 하니 처벌은 면해주자고 했다.

영구차에 장모님 시신을 모시고 처남들과 함께 처갓집으로 내려갔다. 비록 식은 못 올렸지만 혼인신고는 했으니 당연히 유일한 사위로서 내 역할을 감당해야 했다. 급히 꽃상여가 차려지고 장례절차에 들어갔다. 발인날 선산으로 향하는 상여 위에 사위가 올라타고 덩실덩실 춤을 추어야 좋은 곳으로 가신다고 했다. 구슬픈 상여곡이 상여꾼의 선창에 따라 길게 울려 퍼졌다. 어처구니없는 사고로 장모님을 떠나보내고 우리는 다시 서울로 돌아와 평상시로 돌아왔다.

어느 날 새벽, 미처 잠이 든 몽롱한 상태였는데 밖에 무슨 일이 벌어졌는지 시끌벅적했다. 급히 나가보니 간밤에 건물주와 그의 가족이 야반도주를 했다는 것이다. 건물주는 다가구 주택이 완공되기 전에 건축비가 모자라자 사채를 빌려서 겨우 마무리를 하여 전세를 놓았다. 그리고는 사채를 해결하지 못하고 빚 독촉에 시달리다가 건물을 포기하고 도망을 간 것이었다.

우리가 맺은 전세계약서는 건물을 포기한 전 주인과의 계약이니 휴지조각이나 다름없었다. 지금처럼 입주자 보호제도도 없었으니 속수무책이었다. 아니나 다를까 얼마 후에 내용증명이 입주자들에게 배달되었다.

퇴거명령서였다. 전세보증금은 전 소유주에게서 받고 집을 언제까지 비우라는 것이었다. 아니, 이런 개떡 같은 세상이 어디 있단 말인가. 입주자들은 연일 모여 대책을 의논했다. 사채를 빌려 준 전주(錢主)는 은평구 모 여고의 재단이사장이라 했다. 사채 관리인과 접촉해봤으나 '법대로 할 수밖에 없다.'라는 말만 되풀이했다.

그러던 어느 날 새벽 비가 추적추적 내리는데 아래층에서 울부짖는 소리가 들렸다. 법대로란 말 대로 집달리, 강제집행관들이 들이닥친 것이다. 가재도구는 물론 심지어 이부자리까지도 질척한 골목 땅바닥에 내동댕이쳐지고 있었다. 완장찬 집행관들은 냉혈동물과 다름이 없어 보였다. 달려드는 세입자들을 사정없이 밀어내고 문짝에 널빤지를 X자로 대고 못질을 해버렸다. 이층에서 이 모습을 내려다보고 우리는 치를 떨었다. 사회의 약자는 강자의 정당한 법집행이라는 행위에 짐승 대접도 못 받는구나. 다음번에는 집행관들이 이층으로 올라올 텐데.

세입자 중 나이가 지긋하신 한 분은 마침 근처에 사설 우체국을 경영하고 있었는데 언변도 좋고 아주 노련하신 분이었다. 그분을 대책위 대표로 선출하고 세대주들은 연일 모여 대책을 마련해보자고 머리를 맞댔다. 모든 세입자들은 아무리 법이 그렇다고 하더라도 그냥 쫓겨나서는 안 된다고 했다. 마지막 사채업자와의 담판에서 제일 나이가 어렸던 나에게도 나름대로 사채업자를 겁박하는 역할을 분담하라고 했다.

양쪽 설전이 계속되고 팽팽한 대립이 지속되었다. 뒷자리에 앉아있던 나는 소리를 버럭 질렀다.

"나는 이층에 사는 노동자인데 월남전에서 돌아온 지 얼마 안 되었다. 귀국할 때 강에서 고기잡이에나 써볼까 해서 짐 속에 수류탄 몇 개를 숨겨 들여왔다. 어제 사채 전주(錢主)의 역촌동 집까지 확인했는데 이판사

판 아닌가. 일이 크게 벌어지지 않고 원만히 타협되었으면 좋겠다."

처음 해보는 연기였지만 실제로 절박한 처지라서 그랬는지 제법 실감나게 한 것 같았다. 이러한 연기가 얼마나 영향을 미쳤는지는 모르지만 어쨌거나 며칠 후 급격히 타협안이 마련되었다.

'입주한 각 세대는 전세금의 삼분의 일을 포기하고 건물을 인수할 아래층 가게 집을 지원한다.'

아닌 밤중에 홍두깨를 맞은 격이었으나 이만큼 건진 것도 다행이라 생각했다. 우리는 8만원 전세금중 3만원을 포기하고 다시 새집을 구하려 나섰다.

버스 종점에서 멀수록 전세금도 내려갔다. 한참 더 위쪽으로 올라가 단독주택의 건넛방을 얻었다. 부엌은 추녀를 잇대어 지붕을 얹은 집이었다. 전에 살던 독립적인 다가구 주택에 비할 바는 못 되었으나 가진 돈으로 그만한 집을 구한 것도 다행이라 생각했다. 주인 홍씨 내외분은 원래 남가좌동 원주민으로 땅 부자로 소문난 분들로 우리를 무척이나 좋아했다. 덕분에 쫓겨난 충격은 잠시 스쳐간 태풍과 같이 곧 잊어버렸다.

학의 알을 광주리에 담고

우리 생활에 처음부터 가장 조심스러운 것이 있었다면 피임이었다. 법적 결혼신고는 했으나 결혼식도 안 올리고 학생 신분에 아기까지 딸린다는 건 상상할 수도 없는 최악의 시나리오였다. 새 집에 온 지 얼마 안

돼 간밤의 꿈이 꺼림칙했다. 꿈속에서 나는 어느 바닷가를 거닐고 있었는데 커다란 알들이 모래사장에 널려 있었다. 하얀 색깔로 봐서 필경 학(鶴)들이 낳은 알일 것이라는 생각이 들었다. 이게 웬 횡재란 말인가, 서둘러 광주리에 한가득 담아 집으로 가져왔다. 아침에 잠을 깨니 아무리 생각해보아도 꿈이 심상치가 않았다. 아직 졸업하려면 세 학기를 더 마쳐야 하는데 임신이라면 어떻게 해야 하나. 머리가 복잡해졌다.

얼마 후 모래내 시장 근처 '마리아 산부인과'를 찾았던 아내가 수심 어린 표정으로 돌아왔다. 역시 예상했던 대로 임신이었다. 가슴이 철렁했지만 어느 정도 각오했던 일이라 담담히 생각해 봤다. 전에 경험하지 못한 태몽까지 꾸게 하면서 주신 아기라면 이건 우리에게 내려진 축복일 것이다. 어렵더라도 아기를 갖자. 더 이상 죄를 짓지 말자고 아내와 약속했다.

우리는 이내 흔들림 없이 평정을 되찾았다. 아니, 아기를 위해서도 더욱 분발하기로 했다. 학교 성적도 최선을 다한 결과 또 다시 '올 A'를 취득했다. 또다시 수업료 면제받게 되었으니 우선 등록금 걱정에서는 벗어났다. 사실 몇 달 전 쫓겨난 전셋집 태풍으로 모아둔 등록금을 전세금에 보태느라 2학기 등록금을 엄청 고민해 왔는데 때 맞춰 홈런을 친 것이다.

그리고 공식 성적이 공개되었는데, 어럽쇼, '올 A'에서 딱 한 과목 교련이 과목낙제인 F로 성적표에 찍혀 있는 것이 아닌가. 교련? 나는 군(軍)복무 필, 복교 1호 학생, 파월맹호참전용사, 교련 학생 중대장, 시험 당일 교련 학점을 위한 제식훈련, 총검술 테스트도 1개 분대씩 내가 지휘했다. 그러니 당연히 'A'를 받아야 할 중대장에게 'F'라니. 교련 교관의 멍청한 실수였다. 그는 내가 월남파병 전 26사단 사령부에 있을 때 민사 참모를 지낸 분으로 소령 전역 후에 연세대학교 교련 교관으로 부임했다. 그는 다시 만났을 때 바로 내 얼굴을 기억했고 과에서 군 복무를 필한 학생은 내가 유일했으니 당연히 나를 경영학과 중대장으로 임명하여 벌써 몇 학기를 보냈다. 그런데 그는 정작 내 이름을 기억 못하고 수험 결석자로 치부해 F학점을 준 것이었다.

성적은 교련 교관이 시말서를 쓰고 나중에 정정돼서 문제될 것이 없었으나 장학금이 문제였다. 그때는 이미 장학금 배분이 끝나고 여유가 없다는 것이 학교 당국의 설명이었다. 이런 난감한 일이 벌어지다니. 할 수 없이 보건소 박희경 선생님께 경위를 설명하고 구제책이 없을까 상담을 했다.

다행히 여학생처장 심치선 교수님이 박희경 선생님의 이화여고 은사였던 관계로 쉽게 모든 사정이 상달되었다. 며칠 후 심치선 처장님은 나를 즉시 대학교 총장실로 데리고 가셨다.

박대선 총장님을 면전에서 뵙는 것은 처음이었다. 졸업식 학위수여 때마다 '법학박사, 신학박사 박대선'이라는 호칭은 익히 들어 왔지만 총장실에서 이렇게 뵙다니, 너무나 감격스러운 상황이었다. 총장님은 자초지종을 이미 들으셔서 알고 계셨으며 인자한 미소로 더욱 열심히 하라는 충고를 하시며 책상 위의 벨을 눌러 비서를 부르셨다. 그리고는 백지 위에 '수업료 면제, 총장 박대선'이라고 만년필로 쓰시고 직인을 찍어 건네주셨다. 이렇게 은혜를 입어 또 한 번 학업중단의 위기를 넘겼다.

결혼식 그리고 우리 첫아기

모든 일이 순조롭게 풀려갔다. 가정교사 지도를 하는 청기와집 희정이, 동근이 성적도 눈에 띄게 좋아졌고 안주인 아주머니와도 돈독해져서 아내를 꼭 친동생처럼 대해주셨다. 동근이네는 마침 우리 전셋집에서 북가좌동으로 올라가는 언덕 길목에 점포 세 개짜리 건물을 지어 이미 점포 두 개는 월세를 놓았는데 가운데 점포가 비어 있었다.

어느 날 아내는 주인아주머니가 가운데 빈 점포를 보증금도 없이 그냥 월세로 내줄 의향이 있으신 것 같은데 미용실을 직접 차려 운영해보면 어떨까 하는 의사를 비쳤다. 내부 인테리어는 물론 미용기구, 간판 등등 개업비용이 만만치 않을 텐데 가진 돈으로는 어림도 없는 꿈이었다. 어떻게든 오픈할 수만 있다면 이미 확보된 단골손님만으로도 영업에는 자신이 있다는 게 아내의 생각이었다. 기회는 항상 열려있는 것이 아니지 않은가. 가능한 길을 찾아보기로 했다.

결단이 서자 아내는 분주히 뛰었다. 미용재료상에서는 아내를 기대이상으로 신뢰했다. 진열대, 미용의자, 드라이어 등 필요한 내부 설비를 외상으로 대주겠다고 했다. 가장 비중이 큰 설비는 외상으로 해결을 봤으니 실내 분위기 장식은 내 특기를 살려 직접 꾸며 보기로 했다. 여성들이 좋아할 법한 시를 모아 다양한 모양의 붓글씨 액자로 만들어 걸었다. 돈 들여 만든 일반적인 내부 장식보다 오히려 전시장 같은 고상한 분위기를 연출하는데 성공했다. 미용실 이름은 '나비 미용실'로 정했다. 아내가 나비처럼 내게 날아 왔으니까. 간판은 중학 동창으로 항상 붓글씨 라이벌이었던 친구 김진수를 불러 같이 만들어 걸었다. 공교롭게도 옆 점포 간판이 '개미 문방구'여서 지나는 사람마다 무슨 곤충 상점이냐고 재미있어 했다.

아내의 첫 사업은 기대 이상으로 순조로웠다. 행운이었는지 멀지않은 거리에 양옥 주택단지가 새로 개발되어 고급 손님들이 많이 찾아왔다. 특히 한국은행 직원 십여 가구가 함께 입주하였는데 한 분이 연대 상대 출신 선배였다. 시간이 감에 따라 우리의 사연을 알게 된 손님들 중에는 우리를 자기네 가족처럼 아껴주는 분들도 많았다. 자연히 미용실은 든든히 뿌리를 내리게 되었다.

아내의 배도 서서히 불러오기 시작했다. 날짜를 짚어보니 5개월에 접근하고 있었다. 집에 내려가 아버지와 상의했다. 결혼식도 안 올렸는데 아이를 낳을 수는 없지 않겠느냐고 더 늦기 전에 간소하게라도 식을 올리자고 하셨다. 내년 봄이면 해산을 할 것이고 법적 혼인 신고는 하였다지만 남들이 알기로는 미혼모가 된다는 생각이 들었다. 결혼식을 올리자면 이번 겨울방학밖에 시간적 여유가 없었다.

예식 비용을 헤아려봤다. 예식장을 빌려 정상적으로 치르기엔 터무니없이 부족했고 학생회관이나 또는 어느 소강당을 무료로 빌리고 최소한의 하객을 부르면 될 듯싶었다. 또 다시 박희경 선생님과 상의했다. 곧바로 알아봐 주시더니 학생회관의 회의실이 가능하다고 했다. 보건소 오형석 소장님도 적극 돕겠다고 하시면서 하객을 위한 다과는 보건소에서 준비하겠다면서 결혼 준비를 서두르라고 하셨다.

먼저 날짜부터 잡아야 할 것 같았다. 1월 달력을 펼쳐놓고 보니 16일이 토요일이라 안성맞춤이었다. 방학 중 토요일이니 학생회관도 한적할 것이고 하객도 가까운 집안 친척과 친한 친구들 몇이면 조촐한 예식이 될 것이라 생각했다. 신부가 입을 드레스는 자기가 천을 끊어다 만들겠다고 했다. 사실 아내의 손재주는 집안 내력인 듯싶을 정도로 뛰어났다. 미용 기술도 그런 연유의 한 가닥일 것이다. 주례 선생님은 상대 사무실에서 원가회계를 가르치시는 김규삼 교수를 추천해 주었다. 사진은 경향신문사 사진기자인 친구 이봉섭이 있으니 걱정거리도 아니었고 청첩장은 아예 찍을 생각도 안했다.

예식 준비는 차질 없이 진행되어 학교 측에 학생회관 정식 사용허가를 신청했다. 그런데 그 날이 하필이면 대학신입생 예비모임이 있는 날이라 학생회관 사용 일자를 다른 날로 잡으라고 했다. '이렇게 겹치는 수도 있구나.' 한 주를 늦추어 23일을 고려하고 있는데 문득 1월 16일이 우리에겐 특수한 날임을 깨달았다. 2년 전 우리 결혼신고일이 아닌가. 우연치고는 그 날이 우리에게는 더 중요한 의미가 있다는 생각이 들었다.

그 날을 지키고 싶었다. 밖의 예식장을 빌리는 수밖에 없었다. 신촌에는 예식장이 두 군데가 있었다. 하나는 바로 신촌 로터리의 '로터리예식장'이고 다른 하나는 신촌역 쪽으로 올라가 신영극장 건너편에 '신성예식장'이 있었다. 두 군데 예식장 사용료를 비교하니 신성예식장이 저렴했다. 인테리어가 다소 떨어지지만 값이 싼 신성예식장으로 정했다. 생략했던 청첩장도 최소한 인쇄를 해야 했고 하객들 답례품으로 접이식 우산을 준비했다.

가장 비용이 많이 들어갈 교환 예물은 이미 각자 차고 있던 시계와 금반지를 사용해 형식을 갖추었다. 신혼여행은 예식이 끝난 후 남가좌동 셋방으로 바로 갈 수도 없고 해서 그냥 가까운 온양 온천이나 다녀오자고 했다. 예식 후에 탈 자동차는 과외지도를 하고 있는 청기와 댁에서 독일제 폭스바겐, 일명 딱정벌레차를 제공해 주기로 했다.

마침 학교에서는 상과대학 겨울방학 특강이 있어 교우들에게는 청첩장 대신 칠판에 '김규삼 교수의 원가회계와 결혼 특강이 신성예식장에서 있으니 많은 참석을 바랍니다, 청첩인 권응구'라고 써서 알렸다. 손님이 많지 않을 거라 생각해서 예식장에는 작은 방을 달라고 했지만 식장이 메인 홀 하나밖에 없는 예식장이라 너무 컸지만 선택의 여지가 없었다. 파주 금촌초등학교 친구들의 지원이 뜨거웠다. 십여 명이 모여 재봉틀 계를 묶는다고 법석이었다. 결혼하는 순서에 따라 '다이알 미싱' 한 대씩을 장만해 주는 계를 나 때문에 일찍 서둘렀다.

결혼식 날, 1월 중순 엄동설한 계절이었지만 그 날은 정말 따듯한 봄날 같았다. 반도 못 차리라 예상했던 예식장이 자리가 모자라 뒤에 빽빽이 서야 했다. 친구들 사진 촬영에는 사진기를 맨 뒤까지 물렸는데도 다 넣을 수가 없어 뒷문을 활짝 열어 사진기를 뒤로 빼는 진풍경이 벌어졌다. 마침 학교 특강을 마친 경영학과, 상학과 친구들이 가방을 든 채 몰려왔기 때문이었다. 후에 사진으로 머릿수를 세어보니 170명이 넘었다. 이쯤이면 성대한 결혼식이 아니었나. 동기들 중 첫 번째 결혼식이어서 호기심도 많았을 것이다. 식이 끝난 후엔 시골 친구들과 북악산 팔각정에서 간단한 후풀이를 하고 우리는 온양 온천으로 떠났다.

신혼여행에서 돌아오니 가계 장부에 큰 구멍이 생겼다. 본의 아니게 결혼식 규모가 커져서 그만큼 부담도 컸다. 아내는 부른 배를 하고도 쉬지 않고 일했다. 누가 봐도 딱한 지경이었지만 본인은 힘든 내색조차 안 했다. 나는 종종 펄벅의 ≪대지≫에 나오는 주인공 왕룽의 부인이 꼭 아내를 닮은 여인이었다는 생각이 들곤 했다.

방학 중에 결혼식이라는 대사를 무사히 치르고 드디어 4학년 봄을 맞았다. 결혼식에서는 신부 드레스로 아무도 눈치 채지 못했지만 산월이 가까워지면서 아내의 배는 남산처럼 부풀어왔다. 그럼에도 자기 몸은 뒷전이었다. 미용실을 하루도 쉬지 않고 배를 뒤뚱거리며 나갔다. 미용사도 손님이 늘어남에 따라 한 명을 더해 셋이서 쉬지 않고 일을 했다. 정기적으로 내방해 검진을 받아 온 마리아산부인과 의사가 아기가 아주 건강한 상태라고 했다. 출산 준비를 도와 줄 사람이 아무도 없었다. 친정어머니마저 불의의 사고로 잃었으니 아내는 모든 걸 스스로 해결할 수밖에 없었다.

출산 예정일이 지났는데도 아내는 일에만 매달렸다. 4월 10일, 그날도 아내는 일을 마치고 집에 왔는데 밤늦게 진통이 오기 시작했다. 산부인과에 데려가야 하건만 차편이 있나, 택시를 부르더라도 멀리 큰 도로까지 나가 불러와야 하니 그 사이 아내 혼자 문밖에서 기다릴 수도 없어 진퇴양난이었다. 진통 중임에도 왜 택시비를 허비하느냐며 아내는 병원까지 걸어가겠다고 우겨댔다. 출산 당일까지 종일 서서 일하다가 진통을 하면서도 걸어서 병원까지 가겠다니! 이것이 아내의 억척스런 참모습이었다.

대기실에서 자정을 넘기며 초조하게 기다리던 나의 입이 갑자기 하나님을 부르기 시작했다. 아직 정식으로 교회에 나가보지도 않았지만 대학 채플에서 경험했던 대로 하나님께 매달렸다. 한참 눈을 감고 있는데 무슨 영상처럼 태어날 아기는 딸이라는 예감을 받았고 이름을 '꼬꼬'라고 지어야겠다는 생각까지 들었다. 사실 그때는 임신 중에 성별 구분을 알 수 없던 때였다. 바로 태어날 아기는 틀림없이 딸이라는 확신이 섰다. 새벽 두 시가 넘어 힘찬 아기울음 소리가 들려오고 이어서 간호사가 나와서 축하를 해 주었다. 산모도 건강하고 예쁜 공주를 얻었다고. 예감이 맞았다. 이름은 당연히 '꼬꼬'가 되었고 나도 꼬꼬 아빠가 되었다.

예쁜 딸을 얻은 기쁨보다는 어깨가 훨씬 무겁게만 느껴졌다. 산모의

산후조리를 어떻게 해주어야 하는지에 대한 상식도 없었다. 집으로 퇴원한 아내는 모든 걸 스스로 알아서 감당해야 했다. 아내의 미용실은 여전히 바빴지만 개업할 때 진 설비 외상값을 우선 갚아야 했으므로 생활비와 아기 분유 값 대기도 빠듯했다. 때때로 밥물에 설탕을 타 먹이기도 했다. 지금도 꼬꼬의 키가 작은 원인이 우리가 충분한 영양 공급을 못해준 탓이 것만 같아 미안하다.

치열한 취업 전쟁

4학년 1학기 다시 한 번 '올A' 홈런을 때렸다. 그러나 금번 학기부터는 학교 재정상태가 안 좋아서였든지 아니면 '올A' 학점 취득자가 많아서였든지 점수로 환산한 후 전 학년에서 수석 한 사람에게만 수업료 면제의 혜택을 받고 나머지는 일반 장학금이 주어졌다. 아무튼 마지막 등록금을 무사히 마쳤다. 항상 불안에 떨던 등록금의 공포에서 영원히 해방이 된 것이다.

마지막 학기가 시작되자 취업전쟁 분위기가 서서히 달아올랐다. 나도 취업시험 준비를 위해 2년 반을 지속하던 근로학생 업무를 끝내고 100% 학생신분으로 되돌아갔다. 전통적으로 공개 채용을 하는 금융기관을 제외하고 여기저기서 신입사원 추천 의뢰가 날아들기 시작했다. 대학사무실에서는 추천의뢰가 오면 바로 게시판에 공고되었고 지원자 중에서 성적순으로 추천을 해주고 있었다.

그때 우리 과 학생 모두가 선호하는 직장은 금융기관이었다. 그 중에서도 수석졸업생들을 무시험으로 추천 받고 나머지를 시험으로 채용하는 한국은행 입사시험을 상경계의 고시(考試)라고까지 했다. 그래서 금융기관을 목표로 한 학생들은 대부분 일반 기업체의 개별 추천의뢰는 외면했다.

어느 날 괜찮은 추천의뢰 공고가 붙었다. 한국전력에서 2명의 무시험 추천의뢰가 온 것이다. 공과대학에서는 거의 1순위 직장일 텐데, 군침이 당겼다. 더구나 학생 아빠인 나로서는 하루라도 일찍 안정된 직장을 잡고 싶었다. 만약 은행 공채시험에서 실패라도 한다면? 생각만 해도 아찔한 일이 아닌가. 그토록 고생해 가며 마친 대학인데 졸업하면서 취업에 실패한다면 그건 상상도 못할 비극이라는 생각에 마음이 흔들렸다. 학교 성적순 추천이니 추천 받는 데는 문제가 없을 듯싶었다. 신청서를 제출했더니 곧바로 학장실로부터 호출이 왔다. 당연히 추천서를 교부해 주려고 부르겠지 하고 들렀는데 그게 아니었다. 추천서가 아니라 기다렸다가 금융기관 시험을 치르고 한전은 다른 사람에게 양보하라는 권유였다. 왜 난들 은행에 들어가고 싶지 않았겠는가, 다만 치열한 경쟁이 두려웠던 것이다. 시험만 보면 떨어지는 징크스도 있었으니 더욱 그랬다. 그러나 고생하며 나를 뒷바라지 해온 아내에게는 은행 취업보다 더 큰 선물이 없을 것이다. 결국 한전 취업 추천을 포기하고 학장실을 나왔다.

아내 미용실 손님 중에 아내에게 각별히 대해 주던 대학선배 부인은 은행에 들어오면 광산에서 노다지를 캐는 것과 같으니 기다려서도 신랑이 한국은행 시험을 치르는 것이 좋겠다고 부추겼다. 아직 은행 시험까지는 한 달여 시간이 남아있는데 갑자기 특수은행 직원모집 공고가 나붙었다. 일 년 전 정부 국책은행으로 설립된 '장기신용은행'이 신입행원을 은행들 공채에 앞서 뽑는다고 했다. 수출입은행과 같은 특수은행이어서 대우도 일반 은행보다는 높다고 했다. 더구나 합격만 하면 졸업할 때까지 소정의 사전 급여도 지불하고 양복도 한 벌씩 맞춰 준다고 했다. 특차로 뽑다보니 밑져야 본전, 너도 나도 지원자가 쇄도할 것이 뻔했다.

곰곰이 생각했다. 목표는 한국은행인데 누가 합격을 장담하겠는가. 꿩 아니면 닭이라지 않는가. 합격하면 같은 금융기관권에 일찍 직장이 구해지니 좋지 않겠나. 또 한편으로는 나의 시험 운에 관한 징크스였다. 지금까지 1차시험에서 내 성적이 제대로 발휘된 적이 있는가. 1차시험의 낙방이 나를 운명같이 따라다니지 않았던가. 이번에도 떨어진다면 실험용 액땜 역할을 해줄 수도 있겠다. 이런 생각 저런 궁리 하다가 지원서를 제출했다. 예상대로 수십 대 일의 경쟁률을 보였다. 시험은 영어 비중이 전공보다 두 배나 높았다. 전공 중심의 은행권 시험에 비해 의외의 출제라고 생각했다. 영어가 비교적 약한 편인 나였기에 반반의 결과를 기대했는데 역시 낙방이었다.

그런데 내 마음이 오히려 편안하니 어인 일이었을까. 오랫동안 지배해 왔던 1차 시험에 관한 불안감이 이것으로 모두 소멸되었다는 심리적 안정감을 가져다주었다. 사회로 나가는 졸업생들은 운도 따라야 되는 듯싶었다. 어느 해는 신입사원 모집규모가 많은가 하면 해마다 많은 차이를 보였다. 1971년 가을은 취업시장에 서리가 내린 듯 했다. 기업체 모집공고가 거의 없는데다 각 은행마저 몇십 명 정도의 모집공고에 지원자가 구름같이 모여 들었다.

한국은행은 예년과 같이 연세대학교에 경제학과와 경영학과 수석 각 1명씩을 무시험으로 배정해 주었다. 경영학과 수석? 이미 '올A'를 3회나 했었기에 혹시나 했는데 간발의 차이로 밀렸다. 역시 복교 첫 학기 교양

학부 성적이 발목을 잡았다. 대한민국 중앙은행인 한국은행이냐 산업은행과 같은 특수은행이냐, 아니면 일반 시중은행이냐를 놓고 기로에서 고민하고 있는데 아내는 한국은행 입행을 간절히 바랐다. 지금까지 희생적으로 나를 뒷바라지 해왔는데 비겁하게 목표를 돌리다니, 보답하는 의미에서라도 가야 한다고 생각했다. 결국 한국은행에 지원서를 냈다.

시험장은 지금 화폐박물관으로 쓰고 있는 구 조선은행 본관 건물이었다. 경영학과 채용예정 인원은 겨우 5명이라고 했다. 나머지는 경제학과 출신과 무시험 대상 수석 졸업생으로 채워지고 경영학과 채용은 그야말로 고시나 진배없는 바늘구멍이었다. 경영학과 전공 응시자가 족히 200명은 넘을 듯싶었다. 첫 시간 배점 비율이 가장 큰 전공시험은 워낙 준비를 많이 한 관계로 거의 막힘없이 끝냈다. 이어서 논문, 상식, 영어시험도 무난히 마치고 돌아오니 마음이 차분해지고 평안했다. 주사위는 이미 던져졌고 결과를 기다리는 초조한 심정을 달래기 위해 그동안 못 봤던 영화도 보고 남가좌동의 홍릉천 뚝방 길을 걸으며 늦가을 정취도 맛보았다. 내게 이렇게 한가한 시간이 주어지다니 믿어지지 않았다.

그동안 우리 부부에게 각별했던 한국은행의 선배 내외분은 특히 나의 은행 선택 때부터 관심을 가지더니 입행시험 후에는 시험성적도 미리 인사부에 알아봤다며 성적이 수석에 가까워 합격이 틀림없을 거라는 중간 소식에 이어 발표 전날에는 경영학과 출신 최종 합격자라는 기쁜 소식을 알려주었다. 합격자 발표 날 아내와 나는 결과를 이미 알고 난 후라서 꼭 파티에 참석하는 기분으로 소공동 은행 본관에 들어섰다. 총 합격자는 각 대학 수석졸업 입행자와 공개채용을 통과한 경영학과 7명을 비롯해 경제학과와 법과 출신 등 모두 45여 명이었다. 남가좌동에 돌아오니 주변이 떠들썩했다.

미용실 손님들은 물론 주변의 이웃들 모두가 이렇게 살맛나는 뉴스가 어디 있느냐며 축하해 주고 칭송을 아끼지 않았다. 대학 졸업을 향해 달려온 돌밭 길, 스물두 살의 나이에 내가 끄는 수레를 밀겠다고 따라나섰던 반려자 아내, 뭐가 그리 급해서 우유 살 돈도 없는 우리에게 달려온 예쁜 딸에게 모처럼 선물다운 선물을 전해 준 것이 자랑스럽고 뿌듯하기만 했다.

그해 연말은 우리 부부에게 행복의 절정기였다. 어려서 소풍 날짜가 잡혀 손꼽아 기다리던 때가 소풍 가서보다도 더 소중히 기억에 남듯이 한국은행 출근을 기다리던 그 해 겨울이 인생에서 가장 행복했던 때가 아니었나 싶다.

04

눈부신 햇살

눈부신 햇살

한국은행에 입행하다

한국은행을 제외한 다른 금융기관 합격자들은 졸업하기도 전에 이미 입행하여 월급을 받고 있었으나 한국은행만이 유독 졸업 후에라야 출근이 가능하다고 했다. 대한민국 중앙은행인 한국은행 직원의 신분이 반공무원이었기 때문이다. 결국 이듬해 3월 2일에 첫 출근을 하였다. 합격자 발표일로부터 만 3개월 이상을 기다린 셈이다.

강당에 모여 지폐마다 찍혀있는 '한국은행 총재' 김성환 총재님을 모시고 입행식을 가졌다. 대한민국의 발권은행으로서 통화가치의 안정을 위한 한국은행의 엄중한 책무에 대한 말씀을 들었다. 이어서 한 달 간의 연수에 들어갔다. 어려운 관문을 통과한 입행 동기들의 자부심으로 연수실의 분위기는 화기애애했다. 중앙은행, 은행감독원 각부서의 업무 소개와 심지어 돈 세는 법까지 연수과정에 포함되어 있었다.

상아 재질에 잘 새겨진 도장 두 개씩이 각자에게 주어졌다. 큰 것은 각자의 이름이, 작은 것은 이름 중의 한 글자만이 새겨진 일명 '콩 도장'이었다. 숫자에 책임이 따르는 은행원은 도장이 생명이니 소중히 다루라고 했다. 그리고 도장의 첫 번째 용도에 대해서는 곧 알게 될 것이라는 알쏭달쏭한 말을 남겼다. 월급날은 매월 21일이었다.

3월 10일, 연수가 시작되고 "여러분 도장의 첫 번째 용도를 곧 알게 된다고 했는데 이제 보여줄 테니 한 사람씩 도장을 들고 나오라."고 했다. 그날이 당시엔 노동절이었다. 노동절 보너스가 월급의 100%였다. 열흘 후면 또 월급이 나올 텐데. 처음 만져보는 빠닥빠닥한 새 돈에 가슴이 뛰었다. 한 달 간의 연수는 삽시간에 지나갔다.

우리 신입행원들은 이제 연수가 끝나고 부서배치 발령을 앞두고 있었다. 내가 조사2부로 내정되었다는 귀띔을 받았는데 한국은행 조사부는 당시 대한민국 최고의 싱크탱크로 자긍심이 대단한 부서였다. 그럼에도 나는 우선 그동안 찌들었던 서울생활에서 벗어나고 싶었다. 또 그래야만 아내도 하던 일손을 내려놓고 새 생활을 맞지 않겠는가.

모두들 서울에 남기를 원하는데 나는 반대로 지방 지점을 자원했다. 각 도청 소재지에 하나씩 있는 한국은행 지점 중 어느 곳을 택할까 생각하다가 전북 순창의 처갓집에서 가장 가까운 두 지점, 전주지점과 광주지점을 놓고 비교하다가 전남 광주가 더 가깝고 교통이 편리해 광주지점을 지원했다. 광주지점은 남가좌동 새 주택단지에 집단으로 입주한 한국은행 직원들의 연고지여서 모두들 기뻐해 주었다. 이제 아내도 당당히 사모님들의 대열에 합류할 수 있게 되었으니 정말 사람 팔자 알 수 없나 보다.

연수가 끝나고 지점 발령장을 받는 날 다시 한 번 놀라지 않을 수 없었다. 부임비가 예상치도 못하게 광주에서 전세방을 얻을 만큼 나왔기 때문이었다. 집으로 가는 시내버스를 타려니 자꾸 두터운 안주머니가 혹시 소매치기한테 표적이 되지 않을까 걱정스러웠다.

입행 한 달 만에 받은 돈이 웬만한 기업의 반 년치 급여에 달했다. 광주에 내려가면 금촌에 혼자 살고 계신 아버지도 모시고 내려가자고 아내와 의견 일치를 보았다. 아내의 미용실도 정리해야 했고 무엇보다 이사할 전세집도 먼저 구해야 했기 때문에 부임 날짜에 맞춰 내가 먼저 광주로 내려갔다.

한국은행 광주지점

한국은행 광주지점은 전남 도청 앞 금남로에 있었는데 전통적인 대리석으로 지은 육중한 건물로 역시 중앙은행 지점다웠다. 도보로 10분 거리 황금동에 직원 기숙사가 있었는데 아침, 저녁식사까지 제공해 주니 숙식에 아무런 불편이 없었다.

광주지점에는 예비군 소대장을 맡아야 될 ROTC 장교 출신 입행 동기 김용상이 같이 발령을 받았고 나는 기획조사계장을, 김용상 씨는 업무계장을 맡았다. 신입행원이 계장직을 맡게 된 것은 한국은행은 군 복무기간의 90%를 근무 경력으로 인정해 주어 호봉이 이미 중견행원 수준이었기 때문이었다. 군대 복무를 허송한 줄만 알았는데 이렇게 근무 경력에 더해 주니 역시 좋은 직장임을 실감했다.

한국은행 지점은 각 도(道)의 금융기관의 상부 기관으로 본점을 축소한 형태로 조직이 되어 있어 내가 맡은 기획조사계는 일주일에 한 번씩 시장에 나가 경기 동향과 물가조사를 하여 본점 조사2부에 보고하는 등 축소판 조사부기능을 하셨다. 몇 주를 돌아다닌 끝에 이사할 전셋집으로 지산동 법원 앞에 두 가구 형태로 신축한 한옥을 발견했다. 대문은 하나였지만 독립가옥처럼 분리해 지어져 아버지가 내려와 합류해도 불편이 없을 듯 했다. 그러나 아내의 미용실 정리가 마무리 안 돼 충분히 기간을 두고 계약을 해야 했다. 서울에 비하면 전세금이 천양지차(天壤之差)여서 어안이 벙벙할 정도였다. 은행에서 지난 한 달에 받은 돈으로 전셋집을 얻다니.

어느 날 퇴근해 기숙사 내 방문을 여니 꽃향내가 방안 가득했다. 예쁜 꽃병에 화사한 꽃이 꽂혀 있었다. 누군가 착오를 했나보다, 딴방에 배달될 것이 잘못 전해졌다고 생각했다. 기숙사를 관리하는 아주머니한테 사연을 물으니 잘못된 것은 없고 곧 당사자를 알게 될 거라고 미소로 답을 주었다. 당시 한국은행 각 지점에는 전문 은행 업무직 외에 도내에서 유통되다 수명을 다하고 돌아온 헌 지폐를 관리하는 정사실이 따로 있었다. 여기서는 각 은행에서 폐기 대상으로 분류된 헌 지폐를 모아서 보내면 새 지폐로 교환해 주고 이를 일일이 세어 폐기하는 업무를 수행하였다. 지금처럼 돈 세는 기계가 있었던 것도 아니고 일일이 손으로 센 다음 100장 단위로 묶어 재사용을 못하도록 천공 작업을 하였다. 천공 작업이란 묶은 돈다발 좌우에 동전만한 구멍을 뚫는 것을 말한다. 이 작업을 수행하는 여직원이 광주지점에만도 수십 명이나 되었다.

이렇게 많은 여직원들이 서울에서 일 년에 한번 충원되어 오는 대졸 신입행원에 대해 눈독을 들이지 않을 리 없었다. 그냥 보통의 신랑감도 아니고 치열한 경쟁 속에서 발탁된 각 대학의 엘리트 출신 신입행원이니 오죽했으랴. 본점 인사부에는 외부의 끌끌한 집안에서 신랑감을 추천해 달라는 청탁 아닌 청탁이 심심치 않게 들어온다는 소문도 들었다. 대학을 갓 졸업했으니 무조건 총각이라고 생각했어도 무리는 아닐 것이다. 그렇다고 '나는 이미 장가간 놈이요' 방을 붙일 수도 없고, 나중에 꽃병의 주인공을 만나 모든 사실을 털어놨다. 소문은 삽시간에 은행 내에 퍼져 내게 관심을 두는 여직원은 더 이상 없었다.

두 달 만인가, 미용실이 정리되어 가족을 데리러 서울에 올라왔다. 살림살이는 정상적으로 이삿짐회사를 통해 부치려 해도 이에 걸맞는 값나가는 것도 없고 버리자니 그렇고, 누군가 귀띔을 해주었다. 모래내 시장에 새벽에 나가면 전라도 지방에서 야채나 과일 등 농산품을 싣고 올라온 트럭이 많은데 빈차로 내려갈 경우 값을 싸게 흥정할 수 있다고 해서 이사 당일 새벽에 운 좋게도 광주에서 올라온 타이탄 트럭과 연결이 되었다. 싸 놓았던 짐을 실으니 트럭 앞쪽으로 반도 안찼다. 밧줄을 묶어 그대로 떠나자고 했더니 운전수 아저씨가 이대로 가면 도로를 달릴 때 짐이 놀아서 안 된다며 쌀이라도 한 가마 사서 뒤를 받치자고 했다. 장롱이나 변변한 찬장하나 없이 살았으니 그럴 수밖에 없었다.

광주 지산동 생활이 시작됐다. 아버지가 내려오셨고, 걱정 없는 안락한 생활이 이어졌다. 아니 어떻게 인생이 이렇게 바뀔 수 있단 말인가. 등록금 걱정, 생활비 걱정하던 때가 불과 얼마 전이었는데. 아내도 오랜만에 생활고에서 벗어난 생활이 믿어지지 않는지 때때로 자문하곤 했다.

무엇보다도 광주에서 담양을 거쳐 처갓집 순창까지는 한 시간 남짓밖에 안 걸려 주말이면 쉽게 찾을 수 있었다. 갈 때마다 둘째처남이 극진히 우리를 맞아 주었다. 처음에는 하나밖에 없는 여동생이 서울에 올라와 웬 학생 놈과 동거에 들어간다는 말에 기가 찼지만 그래도 신실해 보여 허락하면서도 걱정이 됐는데 이렇게 금의환향했으니 동네에 떳떳하고 자랑스럽다고 했다. 아내는 매번 일찍 돌아가신 엄마 친구들을 일일이 찾아뵙고 인사를 드리면 '아유 내 새끼.' 하시면서 장모님을 대신해 보듬어 주셨다.

은행 동료들은 틈만 나면 등산, 낚시, 테니스를 골고루 나누어 즐겼다. 특히 테니스는 은행 뒷마당에 코트가 두 개가 있어 쉽게 시작했다. 당시만 해도 골프가 없던 시절이어서 테니스가 고급 개인 스포츠에 속했다. 업무를 마치면 남자 직원들 대부분이 테니스를 즐겼다. 등산은 주말이면 주위의 명산들을 찾았다. 담양의 추월산, 영암의 월출산, 내장산, 멀리 해남의 대흥사까지. 정말로 꿈같은 인생의 황금기였다.

아내는 어느새 둘째를 임신하고 있었다. 첫째 때는 그렇게 일을 하면서도 끄떡없더니 편안히 쉬면서 안정을 취하는 가정주부로서 산월이 가까워 오자 몸이 붓고 상태가 안 좋아 산부인과에 자주 드나들었다. 출산 때는 자정 무렵 입원을 해서 다음날 아침에야 정상 분만을 하느라 정말 많은 고생을 했다. 그래서 둘째 딸, 선미를 얻었다. 그러고 보니 선미는 광주가 고향인 셈이다. 딸만 둘이니 우리는 하나만 더 낳자고 했다. 아들이면 좋고 딸이라도 불만 없이 하나만 더 갖기로 약속했다.

광주에서 잊지 못할 인연이 있다면 학정 이돈흥 선생과의 짧은 만남이었다. 은행 근무 중에 만났지만 당시 그분은 호남의 대 서예가 송곡 안규동 선생의 문하생으로 국전에 수차례 입선하는 등 왕성한 작품활동을 하고 있었다. 자연스레 나도 학정을 따라 송곡 선생의 문하에 들어갔고 전라남도미전에서 입상하는 영예를 안았다.

일반적으로 지점생활 만 3년이면 본인이 눌러 있기를 원하지 않는 한 서울 본점으로 어김없이 발령을 받아 올라갔다. 내가 해당이 되려면 아직도 일 년 반이나 더 있어야 하는 8월 어느 주말에 땀을 뻘뻘 흘리며 테니스를 치고 있는데 숙직원이 본사 인사부에서 전화가 왔으니 빨리 받으라고 독촉을 했다. 내용인즉 서울 은행감독원 관리국으로 발령이 나서 미리 통보해주니 정식 발령장 받고 놀라지 말라는 인사부의 친절한 전화였다.

내가 서울로 발령을 받게 된 배경은, 은행감독원 관리국 경영관리과에 나보다 일 년 앞서 입행한 광주 출신 P 씨가 몇 달 전에 결혼을 하였는데 신부가 전남대학교 영문과 전임강사로 근무 중이었다. 신혼부부는 식을 올리고 나서 바로 서울과 광주를 오가는 견우직녀 생활을 하고 있으니 광주지점에 근무토록 해달라고 거듭 거듭 청원을 올려 나와 자리를 맞바꿔 발령을 냈다는 것이다.

은행감독원 관리국은 장래를 위해서 꼭 거쳐야 할 중요 핵심부서 중의 하나로서 나로서는 행운의 발령이나 다름없었다. 지난 일 년 반의 광주지점 생활이 나에게는 긴 세월이 지난 것만 같이 느껴졌다. 사회에 첫발을 내딛어 생전 겪어보지 못한 경험을 했고 신분 탈바꿈을 한 곳이기에 광주생활은 짧았지만 참으로 잊지 못할 곳이었다.

은행 감독원 관리국

역시 동물이나 사람이나 옛 둥지를 찾게 마련인가보다. 서울로 올라온 우리는 다른 지역은 별로 고려도 없이 전에 살던 남가좌동으로 향했다. 물론 고향으로 통하는 경의선 기차가 있기 때문이기도 했다. 그동안 알뜰히 모았다지만 아직 집을 사기에는 역부족이었다. 그러나 단독주택 전세를 넘볼 처지가 되었으니 장족의 발전을 한 셈이다. 불과 일 년 반 사이었는데 남가좌동은 놀라운 정도로 변하여 있었다. 몇 년 전 쫓겨난 전세방 있던 건물도 찾기가 어려울 정도로 많은 주택이 들어찼다. 마침내 명지대학으로 통하는 도로변 언덕배기에 방 3개가 있는 새로 지은 단독주택을 전세로 얻어 방 하나는 다시 세를 놓았다.

관리국 경영관리과에 부임하니 전임자가 쓰던 책상에 사람만이 바뀌어 앉게 되었다. 하기야 정규발령도 아니고 개인 간의 맞춤형 특수 케이스 발령이었으니 서로 하이파이브하듯 교대 한 셈이었다. 놀라운 것은 지점과는 판이하게 다른 사무실 분위기였다. 관리국 업무는 은행법에 따라 모든 은행들을 지도, 감독하는 핵심부서로서 그야말로 막강한 권력 조직이었다. 수없이 드나드는 일반은행 직원들은 관리국 우리 사무실 문을 열고 들어오자마자 허리를 굽혔다. 그제야 알 것 같았다. 광주에서 발령이 났을 때 평상시 전혀 상대도 않던 광주은행의 고위급 간부들이 축하 인사를 왔던 이유를.

1970년대 초반, 그때는 은행이나 기업 모두가 자금난을 겪을 때였다. 은행은 은행대로 기업을 지원할 자금이 턱없이 부족했고 기업은 이자가 아무리 높더라도 사채를 얻어다 쓰는 판이었다. 은행금리가 20%대, 사채금리는 은행의 두 배, 세 배까지 달했다. 은행은 대출 수요가 아무리 많아도 예금자 보호를 위해 일정 비율의 자금을 보유해야 하는 지불준비금 제도가 은행법 27조에 명시되어 이를 초과하는 경우 반드시 은행감독원 승인을 받아야 했고, 이를 집행하는 일이 경영관리과의 주요 업무였다. 훗날 경영관리과 업무는 확대 개편되어 은행감독원에서 제일 막강한 부서 여신관리국이 되었다.

어느 날 은행감독원장 비서실에 근무하는 S양에게서 사무실에 잠간

들러달라는 연락이 왔다. 그녀는 이대 출신으로 자기 동창 중에 L양이 있는데 혹시 이름을 기억하느냐고 물어왔다. 뜬금없는 질문에 세상에 똑같은 이름을 가진 사람이 한두 명이겠나, 특히나 여자 이름인데. 그러면서도 어렴풋이 맹호부대에 있을 때 펜팔하던 사람 중에 같은 이름이 있었다고 대답해 주었다. 그랬더니 그 사람이 아주 가까이 있으니 만나 보겠느냐고 물었다.

그 사람이라면 이대도서관학과 학생일 때 나와 일 년간 펜팔을 하던 사이였다. 나는 베트남 전장의 이야기며 내 사진은 물론 월남의 이국적인 사진을 보내면서 상대방의 사진도 보내달라고 부탁했었다. 그때 그는 학과 동기생들과 안동 도산서원에서 단체로 찍은 사진을 보내면서 거기에 자기 얼굴이 있다고 했던 사람이었다. 편지를 보낼 때마다 답신은 항상 정성들여 보내와서 귀국하면 꼭 만나보고 싶기도 했었다. 귀국 일정이 잡히자 그런 의도의 편지를 띄웠을 때 그러면 '이젠 그만'이라는 답신을 보냈던 바로 그 사람이었다. 그게 세상사이지 하며 이내 잊어버린 사람이었는데 가까이 있다니, 어찌된 사연일까.

그날로 즉시 연결이 되었다. 어랍쇼, 세상은 역시 좁다더니 그녀는 이대를 졸업한 후에 쭉 한국은행 도서관에 근무하고 있었다. 그러던 중 무슨 직원 명단을 작성하다가 내 이름을 보고 자기도 놀랐단다. 내 이름이 그리 흔치 않은 이름이니 금방 알아본 것이다. 나는 오래전에 결혼해서 애가 둘씩이나 있는데 그녀는 아직 미혼이었다. 세상에 옷깃만 스쳐도 인연이라는데 일 년간이나 편지를 주고받은 인연이 그렇게 스쳐버렸다.

서울 생활이 시작되자 아내는 또다시 새 일거리에 관심을 두기 시작했다. 광주에서 집에 갇혀 있는 주부 생활이 체질에 안 맞았는지도 모른다.

사실 나는 이제는 차례를 바꾸어 아내에게 중간에 끊었던 학업을 계속할 것을 권해오던 터였다. 그러나 아내는 무엇보다 내 집 마련이 우선이라고 우겨댔다. 하기야 애 둘을 키우면서 중단했던 공부를 계속하는 게 쉬운 일이겠는가. 때마침 광주로 내려갈 때까지 살았던 집주인 홍씨 내외분에게 인사차 들렀던 아내는 입이 함박만 해서 돌아왔다.

이분들이 마침 옛날 살던 집 근처에 최신시설을 갖춘 남일목욕탕을 신축하여 개업했는데 부속미용실을 보증금 액수에 관계없이 아내에게 맡기겠다고 했다는 것이다. 하지만 아이들은 어쩌고? 엄마가 가장 필요한 시기에 아이들 둘을 가정부에게 맡기고 다시 직업을 갖는 것이 못마땅했다. 그러나 아내의 고집은 대단했다. 집에서 몇 분 거리, 수시로 집에 드나들 수 있으니 아이들 돌보는 데엔 큰 문제가 없다는 주장이었다. 결국 아내는 고집대로 미용실을 열었다. 셋방으로 만난 홍씨 내외분과의 인연이 이렇게 두 번째 기회를 만들어 주었다.

쌍문동 첫 집

월급쟁이의 제1 순위 꿈은 아마 내 집 마련일 것이다. 집이 크든 작든 첫 집 장만은 일생일대의 사건 아닌가. 너무 서두르는 감은 있었지만 직장 생활 2년 반 만에 욕심을 부렸다. 중소기업은행 의정부지점에 근무하던 중학동창 윤정현이 다리를 놨다. 그는 쌍문동 근처에 먼저 집을 장만하였고 이웃에서 함께 살기를 원했다. 그는 내가 대학 공부로 고생할 때

기업은행 원주지점에 근무하면서 중매로 원주 아가씨를 만나 장가를 들었고 일찍 사회생활을 해서인지 모든 면에서 앞서 갔다. 그의 부인 또한 자영업을 한 경험이 있어 세상 물정에 빠르고 아내와도 잘 맞는 편이었다.

그가 사는 이웃에 자그마한 집이 나왔는데 남가좌동 전세금에 얼마만 보태면 살 수 있다는 말에 귀가 솔깃했다. 막다른 골목 안의 집이었지만 첫눈에 탐이 났다. 대지 32평에 건평 18평이었지만 방이 세 개, 응접 테이블을 들여놓을 수 있는 현관 마루까지 갖춰진 양옥스타일로 지어진 집이었다. 부족한 돈은 여기저기 단기 자금을 빌려서 겨우 집을 샀다. 신촌 봉원동 3만 원짜리 쪽방에서 시작한 우리가 드디어 첫 집 마련의 꿈을 달성한 것이다. 하지만 과도한 욕심의 후유증도 만만치 않았다. 월급은 고스란히 빚 갚는데 나가고 버스비도 아껴야 할 형편이었다.

셋째가 엄마 뱃속에서 세상에 나올 날을 기다리고 있었음에도 억척같은 아내는 직원을 넷이나 고용하고 쌍문동에서 남가좌동까지 출퇴근을 하였다. 맞벌이를 하다 보니 항상 불안한 것은 집에 오래 붙어 있지 못하는 가정부를 구하는 일이었다. 이번에는 처가(妻家) 먼 친척 집에서 왕눈이 순희를 데려왔는데 너무 어려서 아이들과 같이 놀아주는 역할밖에 기대할 수가 없었다.

어느 날 아침 아내가 출근하려다 비명을 질렀다. 입고 외출할 만한 치마마다 누가 끝단을 가위로 싹둑거려 놓았다고 울상이었다. 두 딸애를 앉혀놓고 왜 이랬냐고 다그치니 큰애가 울면서 "엄마가 입고 나갈 옷이 없으면 하루 종일 우리와 같이 집에 있을 거 아냐." 해서 아내도 같이 따라 울었다. 지금도 그때를 생각하면 가슴이 저며 온다. 어디에 우선권을 두었어야 했을까? 다행히 아이들이 자라면서 서운함보다는 엄마 아빠의 근면함이 저희들 삶에 더 큰 영향을 주었다고 말했다. 모두들 반듯하게 자라서 각자 가정을 꾸려 열심히 사는 모습에 큰 위안을 받고 있다.

초겨울에 들어서면서 아내의 배가 다시 불러오기 시작했다. 이제는 산후조리 시설도 잘 갖춰진 일류병원에 입원할만한 처지가 되었음에도 주택구입 빚 때문에 통장의 잔고가 달랑달랑 했다. 할 수 없이 가까운 동네 산부인과를 분만할 산부인과로 정했다. 이제 공주 둘을 얻었으니 이번엔 아들이기만을 간절히 바랬다.

우리의 소원대로 아들 철용이가 태어났다. 이번에는 첫째 꼬꼬가 태어날 때처럼 크게 고생하지 않고 순산했으니 오히려 광주에서 편안하게 가사일만 하면서 분만한 둘째 때를 다시 생각하면 아리송하기만 했다.

할아버지는 첫째에게 '꼬꼬'란 별명을 호적에 올릴 수는 없다며 꼬꼬는 선영, 둘째는 선미로 이름을 지어 주셨는데 아들 이름은 내가 직접 작명법 책을 구입해서 그 이론에 따라 상 중 상의 획을 골라 안동권씨 39대 항렬자, 얼굴 용자를 따서 철용(鐵容)이라 지었다.

딸 둘에 아들 하나면 금메달이라 했던가. 왕릉의 마누라라고 붙여준 별명대로 매사에 부지런하고 자식 복까지 안겨 준 아내가 내게는 복중의 복이었다. 오래지 않아 빚을 다 갚고 나니 드디어 내 집이구나 안도감이 들었다. 발코니에 노란 국화화분도 들여놓고 하얀 강아지도 얻어왔다. 직장 상사가 집에 응접세트를 교체한다기에 가서보니 아직 쓸 만했다. 당장 새로 살 돈은 없고 그 응접세트를 가져와 새 것보다 더 정성들여 카버를 해 씌웠다.

다섯 식구의 보금자리가 드디어 완성되었다. 아침에 내 집에서 출근하는 스스로가 자랑스러웠다. 아이들도 돌봄이 언니 순희를 잘 따라주어 고마웠다. 아침에 "꼬꼬야, 신문 가져와" 하면 "응, 오늘 신문?" 하면서 용케도 새로 배달된 아침 신문을 들고 왔다. 어떻게 오늘 신문인지를 아느냐고 물으니 흔들어 보면 알 수 있다고 했다. 빠닥빠닥하면 오늘 신문이란다. 언젠가는 제 엄마 치맛단을 가위로 잘라 놓더니, 매사 영리함을 보이며 동생들도 잘 돌봤다.

어느 날 모두 저녁상을 받았는데 둘째 선미가 밥을 평상시보다 훨씬 느리게 삼켰다. 음식도 가리지 않고 잘 먹었는데 그렇다고 두 돌도 안 지나 겨우 몇 마디 말을 배우는 중이라 의사표현을 할 수도 없고 느리지만 식후에는 물도 잘 마시고 그런대로 잘 놀았다. 그냥 밤을 보냈는데 다음날은 어제보다 음식 먹는 게 더 느리고 얼굴을 찡그리기도 했다. 일단 아내는 출근을 미루고 선미를 내과에 데리고 갔다. 엑스레이를 찍어보니 세상에 이런 일이, 정말 큰일 날 뻔했다. 전날 동전을 가지고 놀았다는데 동전을 삼켜 그것이 식도 가운데 세로로 서서 식도를 양분 시키고 있었다는 것이다. 그러니 음식은 양분된 식도로 소량씩 넘겼을 것이고 점점 통증이 왔을 것이다. 의사는 만약 똑바로 식도를 막았다면 질식해 죽었을지도 모른다고 끔찍한 소리를 했다. 힘들게 뽑아낸 십 원짜리 동전을 경각심을 위해 한동안 보관해 왔는데 결국 없어졌다.

아침이면 한국은행 출근 버스가 대로변에서 기다리는 직원들을 픽업했다. 좋은 직장을 잡아서 혼잡한 시내버스를 이용하지 않아도 된다는 것도 하나의 긍지였다. 버스가 서는 곳엔 항상 몇 명의 다른 직장 사람들도 각자 직장버스를 기다리고 있었는데 어느 날 낯익은 얼굴과 마주쳤다. 세상에 이럴 수가, 내가 월남으로 지원해서 떠나기 얼마 전까지 26사단 부관참모부 상벌 계장으로 계셨다가 카투사로 옮겨간 최종학 상사였다.

2년간이나 동고동락하던 담당계장을 제대 후에 이렇게 출근길에서 만나다니 참으로 인연은 알고도 모를 일이었다. 사복을 입은 또 다른 모습이 낯설기는 했지만 반가움을 나누고 명함을 건넸다. 자기는 명함을 건네는 대신 내게 전화를 하겠다고 했다. 며칠 후 저녁약속을 하고 지난 일들을 터놓고 이야기할 기회를 만들었다. 최종학 상사의 근무처는 놀랍게도 청와대였다. 그래서 명함 건네기를 꺼려했던 것 같았다. 26사단 부관 참모부에 처음 배속을 받았을 때 여러 면에서 하사관으로 장교 보직인 계장직을 맡을 만한 분이구나 했는데 역시 청와대까지 진출한 것이다.

그 후 은행감독원에서 청와대 사정 담당관실로 보내지는 보고서를 내가 들고 들어가는 기회가 가끔 있어 최종학 상사를 청와대 경내에서 만나곤 했다. 그 후 삼성으로의 이직과 미국으로 파견되어 떠나는 바람에 단절이 됐지만 다시 뵙고 싶은 분이시다.

잠실아파트

한국경제는 박정희 대통령의 1,2차 경제개발 5개년 계획이 성공리에 마무리되고 이를 바탕으로 하여 새로운 도약의 단계에 접어들던 시기였다. 주택의 근대화 바람이 서울에서는 강남에서부터 불기 시작했다. 배밭이었던 압구정동에 대규모 아파트 단지가 들어서고 다시 열기는 잠실로 옮겨갔다. 주택공사는 4개 단지를 조성해서 13평, 15평, 17평형 소형 아파트를 건립하여 분양했다. 모델하우스에는 수많은 인파가 몰리고 인기가 대단했다. 분양에 당첨만 되면 그 자리에서 권리금이 붙어 거래가 되기도 했다.

이웃에 사는 친구 정현이의 부인이나 아내나 이런 소문을 간과할 여인들이 아니었다. 아내는 남가좌동 미용실을 종업원들에게 넘겨주고 시선을 강남으로 돌렸다. 서둘러 아파트 청약 대열에 끼어 신청했지만 실패로 끝났다. 다만 아파트 단지 내 상가 분양에는 성공을 했다.

두 여인은 상가에 미용실을 차리기로 하고 각자 소유한 쌍문동 집을 팔기로 했다. 좀 더 멀리 뛰기 위한 수순이었다. 우리는 집이 팔리자 잠실 15평 아파트에 전세로 입주했다. 처음 살아보는 아파트 생활, 단독주택에 비해 비좁았지만 편리한 점이 너무 많았다. 제일 마음에 드는 것이 역시 난방시설이었다. 어느 집이나 연탄아궁이, 연탄난로에 찌들어 살다가 중앙집중식 난방이라 갑자기 문화생활로 들어선 기분이었다.

버스 종점인 잠실을 벗어나면 멀리 성남시까지 허허벌판이었다. 가을에 벼가 익어갈 때의 누런 벌판은 완전히 시골의 평야나 다름이 없었다. 아파트에는 이미 한국은행 입행 동기 몇 명이 들어와 살고 있었다. 그들 중 탁승호, 조강래와는 부부동반 그룹을 만들어 주말이면 벌판을 통과하는 국도를 따라 멀리 남한산성까지 왕복하는 자전거 하이킹을 즐기기도 했다. 도시 생활 반 시골 생활 반의 이상적인 생활이었다.

은행까지의 출근은 역시 계약된 관광버스가 단지 내 상가까지 와서 태워가니 더없이 편했다. 출근 코스는 청담동, 신사동을 거쳐 한남대교를 건너면 한참 올라가 장충동으로 넘기 전에 유턴해서 남산순환로, 남대문 옆을 지나 은행으로 들어갔다. 나는 매일 출근 길 버스 안에서 청담동, 신사동 일대의 그림 같은 양옥집을 쳐다보면서 언제쯤이나 저런 집에서 살아볼까. 과장 아니면 부장이 될 때쯤이면 나도? 스스로 자문하면서 미래의 꿈을 그려보기도 했다. 그때부터 나는 좋은 주택에 대한 동경심이 생기기 시작한 것 같다.

서울에서 인천 간의 지하철 1호선이 개통되고 이어서 서울 시내 순환선 지하철 2호선의 완공을 앞두고는 강남의 부동산 시장은 다시 요동을 치기 시작했다. 멀리 외곽 잠실부터 시작된 아파트 개발 붐이 서서히 안쪽으로 불어오기 시작했다. 대치동, 도곡동 그리고 삼성동, 논현동 쪽으로. 특히 버스 종점이 있던 대치동은 국민주택이라 불리던 단독 주택이 드문드문 있었고 역시 장화 없이는 못 산다는 동네였다.

퇴근 후 집에 오면 아내는 미용실에서 들은 이야기라며 누구는 어디 아파트를 얼마에 사서 얼마를 남기고 팔았다는 등 매일 새로운 이야기를 쏟아놓았다. 미용실을 경영하는 관계로 부동산 정보가 누구보다 빨랐을 수도 있다. 돈 여유가 있었다면 복부인 대열에 가담하겠지만 가진 여유 돈이 없으니 그저 입맛만 다신다고 했다.

이 시기에 산업은행 직원 노조에서 대치동에 총 240세대의 아파트를 한보주택으로부터 분양 받아 직원들에게 배분한다는 소식을 친구 이인호로부터 들었다. 이인호는 서울법대 2학년 재학 중 1차 시험에 합격하여 졸업 전에 본고사에 합격하리라 예상했지만 그 후 아슬아슬하게 실패를 거듭하더니 졸업 시에는 가정형편상 고시공부를 계속하지 못하고 결국 산업은행에 입행을 했다. 그는 마침 산은 노조의 법률 자문역을 맡아 나를 산업은행 직원의 일원으로 아파트를 분양받도록 주선해 주었다.

그 아파트는 후에 대치동에 대규모 은마아파트를 건설한 한보주택 정태수 사장이 최초로 지은 동원아파트였다. 총 480세대를 지었는데 자금 유동성 문제로 반을 대폭 할인한 가격에 산은 노조에 넘겨 위기를 모면했다. 그리고 보면 정태수 사장은 첫 사업부터 순탄치를 못했다. 후에 대성공을 거두어 철강산업에까지 뻗어 나갔으나 결국 대한민국의 치욕적

IMF 국가위기에까지 영향을 미친 사람으로 해외에서 도피생활을 하다가 결국 얼마 전에 남미 어디에서인가 사망하였다는 신문 기사를 읽었다.

내가 받은 아파트는 25평형으로 현대식 구조로 설계된 아파트였으나 공사가 어찌나 부실했는지 하자가 끊임없이 야기됐다. 각 세대주들은 허구한 날 퇴근 후에 모임을 갖고 대책 마련에 골치를 썩였다. 결국 정태수 사장을 동대표 회의에 참석시켜 압력을 가한 결과 웬만큼 하자보수가 이루어지고 불만이 다소 사그라졌다. 입주자들은 지금이나 그때나 아파트 값에 영향을 미친다는 이유로 극단적인 행동과 요구는 못하고 불편을 감수하는 선에서 머물렀다. 동원아파트 뒷면 발코니에서 내다보면 확 트인 논밭이 전원 풍경을 연출해주어 내심 만족하기도 했다.

청담동 꼬꼬미용실

아내가 어느 날 또다시 조심스럽게 의논을 청해왔다. 강남의 노른자위로 일컫는 강남구청 옆 해청아파트 입구 신축 상가건물에 가게 자리가 났는데 미용실로 꼭 적합하다며 한 번 차려보겠다고 했다. 그렇지 않아도 정현이 부인과 동업하던 잠실미용실을 아내 동의도 없이 그들에게 넘겨주어 속을 끓이고 있던 차라 알아서 하라고 했다. 점포 계약기간은 일년이었다. 대개 기간에 관계없이 자동 연장되는 게 관행이라 기간에 별 생각을 안 두었다. 이미 세 번의 오픈 경험이 있어 별 어려움 없이 가게를 개업했다. 딸 이름을 따서 상호를 '꼬꼬 미용실'이라 정하고 광고지를 돌렸다.

광고 전단지로는 제일 작은 A4 용지에 개업인사와 함께 소월의 시를 넣어 디자인한 컬러 광고지를 아파트 일대에 뿌렸다. 광고지에 시를 넣은 이유는 배달되는 광고 전단지를 바로 버리지 않도록 하기 위해서였는데 광고 덕을 많이 봤다. 손님 중에는 이렇게 예쁜 광고지에 감미로운 시까지 있는 것을 처음 봤다며 들고 온 손님도 있었다. 시간이 갈수록 손님이 많아 미용실은 대성공이었다.

시장의 공평한 원리일까, 몇 개월 후에 근접 대로변 구청 옆 건물 이층에 대형미용실이 새로 개업을 했다. 우리가 일층이라 조금은 유리했지만 그들은 몇 배나 넓고 고급스러운 시설로 아내의 미용실을 압도했다. 경쟁이 시작되고 어차피 영향을 받을 것이라 생각했지만 예상외로 꼬꼬미용실은 별 문제없이 여전히 성황을 유지했다.

임대계약 기간 일 년이 다가오면서 연장을 하려고 가게 주인을 찾았는데 아니 이럴 수가, 전혀 예기치도 못했는데 자기가 가게를 써야 하니 임대연장을 더 이상 못해 주겠다고 했다. 개업 인테리어 비용도 다 뽑지를 못하고 고스란히 날리게 되었다. 그동안 얼마나 심혈을 기울여 자리를 잡았는데, 주인에게 항의도 하고 통사정을 해봤지만 귀먹은 벙어리인 양 대꾸도 않고 완강하게 거절할 뿐이었다. 어쩔 수 없이 계약서대로 가게를 비워주는 수밖에 도리가 없을 것 같았다.

그냥 손 털고 말 것인가, 다른 대안이 없을까 고민하다가 혹시 도로변에 들어온 경쟁 업소가 그동안 영업이 기대에 못 미쳤을 거라는 짐작에 은밀히 부동산 업자를 시켜 혹시 미용실을 팔 의향이 있는지 타진을 했다. 물론 꼬꼬미용실이 임대를 잃어버렸다는 걸 알면 안 팔 것이 분명하니 우리 신분을 철저히 숨기라고 했다. 작전은 적중했다. 꼬꼬미용실에 대적했지만 별 재미를 못보고 허덕이던 차라 의외로 쉽게 거래가 성사되었다. 모든 인수계약을 마치고 새로 입주준비를 하고 있는데 그럴 수가, 비워준 가게주인이 버젓이 간판을 바꿔달고 미용실을 다시 여는 게 아닌가. 아, 세상이 이런 건가.

그들은 우리가 소문 없이 불과 2,3분 거리 대로변에 다시 꼬꼬미용실을 재오픈하는지는 꿈에도 몰랐을 것이다. 결국 라이벌이 되어 싸울 수밖에 없었다. 새로 옮겨 간 점포는 비록 이층이긴 했지만 규모나 시설이 훨씬 좋았고 유난히 단골손님들로 영업을 하는 업종이라 종전 손님들은 그대로 찾아왔고 새로이 확보한 손님들로 영업은 전 점포에 비할 수 없을 정도로 성황이었다. 과연 누가 승자가 되었을까, 우리를 내쫓고 점포 주인이 재오픈한 전 미용실은 일 년을 못 버티고 결국 문을 닫았다. 악덕 임대업자를 이긴 통쾌한 승리였다.

복부인이 된 아내

아내 친구 중에 현선 엄마라는 분이 있었다. 현선 엄마는 아내를 유난히 좋아해서 이미 대치동에 집을 몇 채 지어서 재미를 본 경험담을 들려주었다. 주택은 규모에 따라 차이는 있지만 착공해서 완공하기까지 몇 개월이면 족하고 집이 들어서면 토지 값이 뛰게 되어 건축비를 합하여 거의 배를 받을 수 있다며 이미 재미를 본 서너 채의 건축 실적을 상세히 알려주었다. 자기가 옆에서 도와 줄 테니 아파트를 팔아서라도 시도해

보라고 적극 권했다.

내가 보기에도 이런 투자가 있으랴 싶었지만 좋은 직장에서 잘 나가고 있는데 구태여 이런 데까지 손댈 필요가 있냐며 아내를 만류했다. 아파트를 팔아봤자 땅값도 모자란 판에. 그러나 아내는 남가좌동에 있을 때부터 참여한 계(契)모임의 계주가 사채놀이를 하고 있어 급하면 빌려다 쓸 수 있다며 절대 자금이 모자라 부도날 염려가 없으니 한번 시도해 보자고 졸라댔다. 남편이 한국은행에 다닌다는 걸 알고 있던 계주는 흔쾌히 밀어주겠다고 약속을 했을 것이다.

쉽게 동의를 하지 않자 아내의 고집은 점점 단호해져갔다. 언제 월급을 모아 집다운 집을 사겠는가. 편하게 살려면 아무 발전도 없다. 항상 앞서가는 아내를 이번에도 꺾을 수가 없었다. 비록 하자가 많은 동원아파트였지만 값은 날이 갈수록 뛰었다. 우리 입주 가격이 2백만 원 조금 넘었는데 6개월 만에 호가가 3백 이상으로 뛰었다. 현선 엄마가 새집을 지어 파는 것과 비슷한 오름세였다. 동원아파트도 계속 오를 것도 뻔했다. 그러나 재테크는 같이 오른다고 해도 더 빨리, 더 높게 뛰는 쪽으로 갈아타는 것이 앞서는 길이 아니겠는가. 결국 동원아파트를 팔고 일을 벌여보자는데 동의를 하였다. 아파트를 330만 원에 팔았다.

도곡동 13평짜리 개나리 아파트를 임대해 거처를 옮긴 후 아내는 현선 엄마의 주선에 따라 대치동 국민주택단지 근처에 52평 대지를 구입해서 첫 번째 주택 건립에 착수했다. 물론 꼬꼬미용실은 그대로 운영하면서 종업원들에게 맡기고 이제는 주택 사업에 뛰어든 것이다. 자그마한 집이라 4개월 만에 완공했다. 준공을 떼자마자 사고자 하는 사람이 나타났다. 토지가격 포함 투자액 330만 원이 불과 4개월 만에 550만 원이 되었다.

당시 외삼촌은 교하읍 상지석리 수용소촌에 들어와 원주민 신 씨네 땅에서 농사를 짓고 있었다. 마침 소작을 하고 있는 밭이 매물로 나왔으니 이를 사서 어머니 산소를 옮기면 어떻겠느냐고 알려왔다. 군 소유지에 모셨던 어머니 산소를 이장하라는 통보를 여러 차례 받고 고민하고 있다는 걸 알고 있었기 때문이었다. 땅을 둘러보니 황토 흙의 뭉긋한 야산형태의 밭으로 묘지에 적합하기도 했고 장래 투자가치가 있다고 판단이 되어 첫 집에서 남긴 이문을 모두 밀어 넣었다. 이 땅은 미국에 머물 때에도 항상 우리가 조국에 돌아가도 비빌 언덕이 있다는 정신적 버팀목이 되어 주었다.

이어서 논현동 경복아파트 건너편에 빈터가 많았고 지대가 높은 언덕바지에 92평 대지를 계약했다. 좀 벅찬 규모였다. 상지석리 땅만 구입하지 않았어도 무리가 아니었을 텐데, 계산기를 두드리며 두 번째 집짓기를 망설이고 있는데 그사이에 땅값이 또 뛰었다. 한 번 재주를 부려 볼 요령으로 계약만 체결한 92평 대지를 오른 가격에 매각계약을 체결하였다. 이른바 등기 없이 넘기는 전매였다. 대신에 대치동에 다소 저렴한 대지를 구입하였다. 땅 값이 요동을 치는 통에 토지거래는 계약금만 치르고 차액을 남겨 다시 되파는 행위가 빈번했으므로 이런 경우를 대비해 우리는 당초 92평을 팔 때 계약금을 최소한 적게 받았고 대치동 땅을 매입하여 계약할 때는 우리가 받은 계약금보다 훨씬 많이 지불하였다. 아니나 다를까 대치동 땅 중도금을 치르기 전에 해약 통보가 왔다. 당연히 우리가 지불한 계약금의 두 배를 위약금으로 받았다. 주위 땅값도 그사이 너무 뛰어 다른 토지 구입도 어려웠다. 다행히 팔았던 92평 땅도 중도금 날짜 전이라 해약 통보가 가능했다. 물론 계약금의 배를 물어주어야 했지만 이미 받은 다른 땅의 배상금이 더 컸기 때문에 오히려 득을 보았다. 단오절에 줄타기 하듯 부동산 시세가 춤을 추었다.

이런 시기에 아내의 셋째오빠 김형우 형님이 찾아왔다. 셋째오빠가 있다는 이야기는 들었는데 직접 만난 것은 그때가 처음이었다. 그 오빠는 군대를 다녀와서 도시로 나가 자립하겠다고 가출하여 오랫동안 군산에서 건축 일을 하고 있었다. 그렇지 않아도 어려운 건축현장에 구세주가 나타난 것이나 진배없었다. 형우 형님이 건축 일을 맡아하기로 했으니 아내는 드디어 날개를 단 형국이었다.

우여곡절 끝에 되찾은 92평 원래의 대지 위에 건축을 시작했다. 누군가 심어 놓은 콩 농사의 임자를 찾으려 했으나 찾을 수가 없었다. 할 수 없이 콩밭을 밀어내고 공사를 시작하였다. 형우 형님의 신바람 나는 진두지휘로 공사가 순조롭게 진행돼 5개월 만에 다시 준공을 봤다. 땅값 포함 총 공사비가 780만 원이었다. 이때는 13평 개나리 아파트 전세금까지 빼서 건축비에 밀어 넣고 신축하는 집을 지하실부터 꾸미고 준공 전에 이사를 했다. 주거지가 바로 건축 현장이 되니 파주 피란시절이나 진배없는 환경을 한동안 식구들 모두가 감내해야 했다.

두 번째 집도 완공을 본 지 오래지 않아 원매자가 나타나 1천3백만 원에 팔렸다. 상상을 초월한 매매차익이었다. 아내는 많이 남겼으니 사채이자나 복덕방비도 후하게 주어야 한다며 웃돈을 얹어 지불했다. 그 후 근처 복덕방 가에서 아내는 통큰 복부인 사모님으로 불려졌다. 불과 일 년 사이에 재산이 거의 다섯 배나 커졌으니 상상이나 했겠는가?

아내의 행보는 계속되었다. 또다시 대지 물색에 나섰다. 여태껏 본 집터 중에 최상급 자리를 발견했다. 경복아파트 앞 언덕 맨 앞쪽에 위치해 전면이 확 트여 테헤란로가 한눈에 내려다보이는 곳이었다. 이번이야말로 마음에 꼭 드는 격조 있는 집을 짓고 싶었다. 건축도면 설계야 건축사가 했지만 집의 모양새며 내부의 배치도는 그간의 경험을 살려 둘이 앉아서 그려 나가면 생각지도 못했던 아이디어가 떠올랐다. 외형으로 본 집의 형태, 현관의 위치와 응접실, 방의 크기, 부엌 배치 등등 좋은 생각을 정리하여 건축사에게 넘겨주면 건축사는 이를 반영해 설계에 들어갔다. 사실 첫째 집이나 둘째 집 모두 완성 후에 살펴보면 마음에 안 드는 곳이 한두 가지가 아니었다. 그래서 집을 지어본 사람은 적어도 세 채 이상을 지어야 자기 맘에 드는 집을 지을 수 있다는 말이 정말로 맞는 말이라고 생각했다.

건축 현장에는 밤에 자재를 지키는 야방을 반드시 고용했다. 낮에는 인부들이 일을 하고 있으니 도둑맞을 일이 없지만 밤에는 건축자재 도난이 심했다. 넝마주이들 중에는 낮 시간에 건축 쓰레기를 주우러 망태기를 어깨에 메고 돌면서 미리 찜해 놓았다가 야밤에 도둑질을 했다. 그렇다보니 다른 현장엔 넝마주이가 오면 욕을 해서 쫓아버리는 게 일반적이었다. 사람대접도 못 받는 데다 때때로 도둑 누명까지 쓰는 판이라 그들은 항상 적대감을 가지고 남을 대했다.

다른 현장엔 도난사고가 비일비재하다는데 우리 건축현장에는 도난사고가 한 번도 일어나지 않았다. 알고 보니 모두가 아내의 훈훈한 인심 덕인 걸 알았다. 우리 현장에 오면 재활용쓰레기를 미리 가지런히 모아 놓았다가 그 위에 아내가 준비한 라면 한 박스씩을 얹어서 보낸 결과 그들 사이에 소문이 나서 절대 우리 현장은 손을 대지 말라는 보스의 지시가 있었다고 했다. 베푸는 자에게 복이 있나니.

건물이 거의 완공된 어느 주말, 중년의 부부가 "실례합니다. 집 좀 둘러봐도 되겠습니까?" 하면서 대문 앞에 서 있었다. 집이 너무 멋있어 지나다가 구경 좀 하려고 한다고 했다. "네, 들어오세요." 하고 쳐다보니 영화에서만 보던 박노식 배우 부부가 웃으면서 서 있었다. 반가이 집안으로 안내해 여기저기 보여주니 "아니 젊은 분이 어떻게 이런 집을 짓느냐?"고

감탄하였다.

사실 이 집도 내 집은 아니었다. 내게는 분에 넘치는 집터에 고급스런 집을 짓다보니 결국 사채를 안고 끝을 맺어야 했다. 이사해서 이른바 백색전화도 놓고 한동안 살았지만 얼마 안 가 복덕방에 내놓기로 했다. 한 번만 더 지으면 완전히 내 돈으로 빚 없는 멋진 집을 지을 거란 생각이 들었다.

우리는 다시 집을 팔기로 했다. 땅값 포함 들어간 돈이 모두 1천7백만 원이었는데 판매가격은 3천4백만 원이었다. 정확히 곱빼기 장사였다. 상상도 할 수 없는 황금알을 낳는 것이 바로 당시의 집장사였다. 요사이 잘 나가는 벤처기업이 당시에는 집장사였다고나 할까.

진짜 우리 집

빚을 안고 지은 집들이었으니 아직도 내 집은 아니었다. 아내는 또다시 집터를 구입하러 나섰다. 이제는 우리 자금만 가지고 집을 지을 수 있기를 원했다. 삼성동이나 논현동에 빚 없이 내 집을 지을 수만 있다면 더 이상 욕심을 내지 않으리라. 아내에 대한 복덕방의 평판이 좋은 덕분에 좋은 물건이 나오면 최우선으로 우리에게 알려주곤 했다. 셋째 집 위치에 비할 바는 아니지만 선릉에 가까운 쪽 삼성동에 204평의 큼직한 대지가 나왔다. 우리에게는 너무 큰 규모의 대지였지만 값이 좋아 지나치기엔 너무 아까웠다. 궁리 끝에 복안이 떠올랐다. 이것을 두 필지로 나누어 바깥쪽 도로변 필지는 고가에 팔고, 승용차 진입이 가능토록 입구를 내어 안쪽 대지에는 우리가 살 집을 지으면 좋겠다는 계획을 세웠다.

대지를 도로변 80평, 안쪽 124평으로 분할할 요량으로 구입했다. 우리 구상은 적중했다. 204평을 한 필지로 팔려고 했을 때는 좀처럼 안 팔려 가격을 내려 우리에게 겨우 팔았는데 쪼개서 80평 적정규모로 내놓으니 거의 총구입 가격에 가까운 값을 받고 팔았다. 결국 안쪽 우리가 쓸 땅 원가는 반값도 안 되는 정도에 산 셈이 되었다.

구상했던 대로 우리는 안쪽에 지상 2층, 반지하 1층으로 그동안의 경험을 살려 그야말로 한국판 드림하우스를 올렸다. 지상평수만 69평이었다. 대지가 124평이었으니 입구에 차고를 넣고도 정원을 마음껏 꾸밀 수 있었다. 대지 값이 얼마 안 들어갔으니 이번에는 사채 없이도 집을 완공할 수 있었다. 정말 네 채의 집을 지으면 집 한 채가 떨어진다더니! 처음 지은 자그마한 집이 아니라 마지막으로 몇 배나 크게 지은 집이 정말로 내 집이 되었다.

마침 테헤란로 밑으로 지하철 2호선을 뚫고 있었는데 공사현장 감독관으로 있던 초등학교 동창은 공사 중에 새까만 바위가 나왔다며 돌을 다듬어 정원석으로 쓰라고 가져왔다. 마당에 금잔디도 입히고 검은 정원석으로 꽃밭 정원을 만드니 불과 이 삼년 전 출근버스를 타고 지나면서 부럽게 쳐다보던 양옥집들 중의 한 채 속에 우리가 들어와 있었다. 중년의 나이에나 가능하려나 했던 우리의 꿈이 이렇게 빨리 이루어진 것이다.

1단계 꿈을 이루었으니 이제는 더 욕심내지 말고 좀 쉴 것을 아내에게 권유했다. 복덕방에서는 집을 1억에 내놓고 한 채를 더 지으라고 성화를 부렸으나 일단 내 집 마련의 꿈이 이루어졌으니 더 이상 욕심을 내지 않기로 했다.

한국은행 자금부

은행에서는 정규인사 발령이 곧 있을 예정이었다. 은행감독원에 근 3년을 근무했으니 발령대상이 되리라 짐작이 가고 어느 부서로 날 것인가에 예민한 때였다. 제일 선호하는 부서는 자금부였다. 역대 한은총재들은 모두 자금부 경력을 가지고 있다고 했다. 다음이 조사1부, 2부, 외환관리부, 국제부 등의 순서로 꼽고 있었다. 발령 대상자에 포함되었으니 대강당으로 모이라는 전갈을 내려졌다. 대상 인원이 약 250명이나 되었다. 모두들 초조하기만 하였다. 드디어 내 이름이 호명되었다.

'행원 권응구, 자금부 근무를 명함'

제일 주목받던 부서에 혼자 발령을 받았다. 발령 행사가 끝나고 나오는데 감독원 동료직원이 '오늘 모두들 권응구 발령 들러리를 섰네' 하며 나에게 질투 섞인 축하를 건넸다.

자금부에는 금융정책과와 통화관리과가 있었다. 금융정책과는 한국은행 본연의 임무인 금융정책의 입안업무를, 통화관리과는 통화가치의 안정을 위해 전 금융기관의 자금 유동성을 통제하는 업무를 수행하는 부서였다. 처음 금융정책과에 배속되었다. 몇 달 후 내부부서 이동에서 통화관리과로 옮겼다. 이 자리야말로 시중 은행들의 지급 준비금 비율을 조정함으로써 유동성 조절을 하는 부서였다. 이른바 은행의 돈줄을 오므렸다 늘렸다 하는 기능을 수행하는 부서니 각 은행의 계리부, 자금부에서는 매우 두려운 기관이었다.

매일 한국의 전체 통화량이 집계되는 곳이기도 해서 은행 마감 후부터는 전원이 통화량 집계에 매달렸다. 우리 계원들 중에는 주산 6단, 3단의 남자 직원과 그리고 암산 9단 여직원이 2명이나 있었다. 암산은 둘다 서울여상 출신으로 일본에서 개최된 전자계산기와의 맞대결에서 모두 승리한 경력자들이었다. 밖에 나가면 우리 계의 총 단수가 27단이라며 무슨 무림의 고수나 된 양 자랑을 하였다. 나 자신은 단수가 전무했음에도.

1976년 바로 이때, 한국 예산의 25% 규모에 달하는 대형건설공사 '사우디 주베일 산업항 9억4천만 달러 공사'를 따낸 현대건설이 선수금으로 받은 1억 달러가 국내에 들여왔다. 그해 한국의 외환보유고 총액이 29억 불에 불과하였는데 1억 불을 일시에 원화로 풀어 줄 경우 국내 통화량이 급격히 불어나게 되었다. 현대건설에서는 당장 원화로 바꾸어 써야 했지만 결국 특별관리로 묶어 단계적으로 풀어나갈 수밖에 없었다.

기억나는 이야기가 하나 더 있다. 영옥이 큰누님의 장남 박래근은 성격이 온순하고 공부도 잘했다. 원래 파주에서 자랐으나 파주에 주둔한 미군부대가 대거 철수하는 바람에 매형이 하던 사업이 기울어 식구들 모두가 서울 마포로 이주해 어렵게 중학교를 다니고 있었다. 대학까지 멀리 볼 입장도 안 돼 고등학교는 실업계로 가서 졸업 후 은행에 들어가는 게 좋겠다고 내가 권유를 했다.

그래서 당시 서울에서 3대 명문 상고(商高)로 꼽히던 선린상고에 입학했고 바라던 대로 래근이는 졸업과 동시 인천의 경기은행에 합격했다. 그러자 조카는 서울지점으로 옮겨서 서울에 있는 야간대학이라도 다니고 싶어 했다. 경기은행 서울지점장이 마침 우리 사무실을 방문했을 때 기회를 봐서 조카 이야기를 했다. 조카는 신입행원 60명이 인천본점에서 연수를 받고 있었는데 거의 다 1순위 희망부서가 서울지점이라고 했다.

모두들 서울의 야간대학에 진학하고 싶어 했기 때문이었다.

각자 나름대로 든든한 지방 유지들의 청탁 끈을 잡고 은근히 기대하고 있다고 했다. 조카는 한국은행에 외삼촌이 있어봤자 말단 행원이니 아예 기대감도 접어버렸을 게다. 그런데 뚜껑이 열리자 모두 놀랐다. 서울지점 한 명 발령이 조카 박래근이었다. 조카는 목표대로 국제대학에 진학하여 경제학과를 졸업했다.

이직에 대한 예언

그동안 집을 지으면서 미용실까지 운영하느라 너무 과로한 탓이었는지 아내가 몸살 기운을 못 이기고 절절 매고 있었다. 병원에 다니며 처방약을 먹어도 오래 동안 차도가 없었다.

친구 인호네 가족이 다니는 교회에 어느 중년여자 집사님이 암진단을 받고 하나님께 철야기도로 매달리던 중에 심한 하열을 하고 암 중상이 깨끗이 없어짐과 동시에 남들의 병을 낫게 하는 신유(神癒) 은사까지 받았다고 했다.

그분은 아픈 사람들이 찾아오면 아픈 부위에 손을 얹고 기도를 함으로써 병을 고쳐주어 인호 가족들은 조금만 이상이 있어도 찾아간다고 했다. 게다가 그분은 때때로 기도하면서 장래 예언까지 한다고 했다. 인호 어머니는 우리부부가 한번 아현동 그분에게 가서 안수를 받고 앞으로 교회에도 나갔으면 좋겠다고 했다.

불편한 아내를 데리고 찾아간 곳은 아현동 산비탈에 닥지닥지 붙은 주택들 중의 한 허름한 집이었다. 집안에 들어서니 방문객들이 여럿이 대기하고 있었다. 치료비는 절대 받지 않으니 돈을 꺼내지도 말라고 당부를 하였다. 병의 증상을 이야기하면 집사님은 한참 묵상을 한 후에 환자의 환부에 손을 얹고 잠시 기도를 하는 것으로 끝이었다.

아내와 같이 동행한 나는 아내에 대한 안수가 끝나자 예언도 한다는 말이 생각이 나서 넌지시 "최근 제가 다니는 직장에 이직 바람이 아주 세게 부는데 저에게도 그런 기회가 올까요?" 라고 물어보았다. 집사님은 한참을 기도하더니 자기는 기업체의 이름을 모르니 많이 옮겨간다는 회사 이름을 하나씩 대보란다.

최근 한국은행에서 가장 많이 옮겨간 기업으로 '대우'를 대니 잠시 기도 끝에 고개를 저었다. 이어서 '현대'를 댔다. 이 역시 아니란다. 이번에는 '삼성'을 대보았다. 몇 안 되는 한은맨 만이 옮겨간 곳이어서 그냥 언급해 봤을 뿐인데 잠시 혼란스러워 하더니 회사 이름을 다시 한 번 더 말해보라고 했다. 삼성 발음을 '삼, 성' 한 자씩 또박또박 말해 주었더니 다시 기도에 들어갔다. 그러더니 한참 만에 "거기서 내년 4월에 부름이 있겠네." 하는 것이었다.

인수를 받고 집에 돌아온 아내는 점차 건강에 차도를 보이며 마침내 회복되었다. 그런 후 은행에서 누가 사표를 내고 나갔다는 소문이 들리면 그분의 예언이 수시로 내 귓전에 맴돌았다. 우리 통화관리과는 어느 부서보다도 이직 바람이 가장 세게 부는 과이기도 했다. 그 일이 있은 지 얼마 안 되어 곧 과장진급 예정인 담당대리가 현대양행 이사로 옮겨 간다며 사표를 내고 떠났다. 그 앞전의 과장도 대우그룹으로 이직해서 떠났기에 분위기가 다소 뒤숭숭하였다.

이렇듯 한국은행에 이직 바람이 분 주원인은 정부의 금융기관에 대한 급여 간섭 때문이었다. 정부는 그동안 우수한 인재들이 대학을 졸업한 후 너무 금융기관에 몰려 기업체 쪽의 인재가 부족하다는 이유를 들어 각 일반은행은 물론 한국은행에까지 임금 인상을 통제했다. 가장 우수한 집단이니 당연히 급여도 그에 상응해야 된다고 생각하는 한은직원들의 실망감이 내부에 팽배해가고 있었다.

05

더 넓은 세계로

더 넓은 세계로

삼성 비서실

1977년 봄을 맞았다. 한국은행 뒤뜰에도 개나리꽃이 만발했고 봄기운이 완연했다. 겨우내 잠잠하던 이직 바람이 또다시 봄바람처럼 살랑살랑 불어왔다. 그중엔 입행 동기들도 상당수가 있었다. 해외 유학길을 택한 동기들도 있었고 KDI 등 연구기관으로 떠나는 사람, 현대, 국제상사, 대우, 선경(SK) 등의 기업에 과장 이상의 직책을 받고 떠났다. 어느 부서 누가 어디에 무슨 직을 받고 떠났다는 등의 소식이 거의 매일 들려오다시피 하였다.

다시 작년 아현동 안수기도 아주머니가 생각났다. 이미 4월 말인데 그때 예언의 날짜가 4월이었고 이제 며칠 안 남았으니 그냥 조용히 지나가려나보다 생각했다. 그런데 운명철학이니 사주팔자 보는 곳은 모두 음력을 쓴다는 생각이 다시 들었다. 남들이 나간다고 내가 흔들릴 이유가 없잖은가. 여기서도 좋은 부서로 잘 나가고 있는데, 그리고 이제 곧 무려 열까지가 달라진다는 책임자직으로 대리 승진이 될 텐데 무슨 잡념인가.

그리고 한 달 남짓이 흘렀다. 기획부에 계신 남기호 선배가 느닷없이 점심을 같이 하자고 연락을 했다. 우연히도 금촌초등학교를 수석으로 졸업한 3대가 한은에 입행해서 좀 희한하다는 생각이 들었는데 그중 23회가 남기호 선배, 25회가 신장범 선배, 그리고 26회 졸업자로서 내가 들어온 것이다. 같은 해 입행한 신 선배는 입행 일 년 만에 결국 외무고시에 합격해 바로 은행을 떠났고 후에 칠레 대사직을 끝으로 은퇴하였다고 한다.

남기호 선배는 삼성비서실로 자리를 옮긴 대학동창으로부터 연락이 왔는데 한은 자금부나 조사부에서 과장급으로 한두 명 스카우트해 가려고 암암리에 추진 중인데 내가 물망에 올라 있으니 생각해 보라고 했다. 보직은 삼성비서실 기획조사팀 기획과장직이었다. 급여는 현재의 2배 이상, 나의 대리 진급에 관계없이 바로 과장직을 보장한다는 조건이었다.

처음엔 생각이 반반이었다. 그러나 날이 갈수록 생각이 복잡해졌다.

한국은행, 그렇게 갈망하던 직장, 하늘의 별이나 딴 듯 황홀감에 젖었던 곳, 고시에 합격해도 안 떠난다는 한국은행, 나의 초라한 신분을 단번에 변화시켜준 첫 직장, 아무리 생각을 해봐도 떠난다는 게 너무나 아쉬웠다.

그러나 한편으로는 은행의 연공서열식 진급제도보다는 노력과 능력에 따라 승진을 차등화하는 기업문화가 더 공평한 제도라는 생각이 들기도 했다. 어항 속 같은 은행보다는 파도처럼 출렁이는 기업 생태가 내 적성에 맞는 것 아닌가. 교차되는 생각에 번민하고 있었다.

삼성 쪽에서는 우선 면접부터 보고 시간을 줄 테니 그때 가서 결정을 해도 좋다고 했다. 일단 부딪혀는 봐야 될 것 아닌가. 근무 중에 슬그머니 나와 면접을 보러 남대문 옆 동방빌딩 28층 비서실로 갔다. 은행에서 불과 도보로 10분 거리여서 잠깐 자리를 비우고 면접을 보러 갔다. 소병해 비서실장과의 개별 채용면접이었다. 공모에 의한 대규모 모집을 할 때는 이병철 회장이 관상 보는 사람을 옆에 앉혀놓고 면접을 한다는 소문이 있었지만 내 경우는 비서실장 면접으로 끝났다. 비서실은 인원만 해도 100명은 족히 넘어보였다.

은행에 돌아와 다시 한 번 생각해봤다. 온실 안 같은 은행원 생활을 계속할 것이냐 비바람 몰아치는 기업의 세계로 나갈 것인가. 단기적으로 보면 그냥 은행에 머무는 것이 옳은 것 같고 장기적으로 볼 때는 야망을 가질 수 있는 바깥세상이 더 매력적이었다. 당시 삼성으로 이직한 한은 사람은 과장급에서 삼성의 임원으로 간 사람이 서너 명 있을 뿐 과장직을 받아 나가는 사람은 내가 처음이었다. 받는 직함이 손해를 보는 것이 아닌가도 했지만 회사 실무경험도 없이 직급만 높이 받는 것도 편안치 못하다고 생각되었다.

외부 힘에 밀려가는 중앙은행의 근무 환경에 불만 말고 떠나자, 더 넓은 세계를 향하여! 결심을 하고 나니 갑자기 내가 마치 정든 사람을 버리고 새로운 사랑을 찾아 떠나는 비정한 남자와 같다는 생각마저 들었다.

1977년 7월 18일, 삼성으로 첫 출근을 했다. 16일까지 한국은행에 근무하다가 제헌절 하루를 집에서 쉬고 삼성 본관 동방빌딩 28층 비서실로 출근했다. 이참에 며칠간 휴가라도 만들어 쉴까 생각했지만 새로운 근무처가 도대체 어떤 곳인가 궁금해 기다릴 수가 없었다.

비서실에 들어서니 내 자리가 깨끗이 마련되어 있었다. 사무실을 한 바퀴 돌며 신임 기획과장으로 인사를 마치고 자리에 앉으니 드디어 내가 새로운 세계에 들어왔음을 실감하였다.

삼성의 비서실은 기획조사팀, 인사팀, 비서팀, 재무팀, 감사팀, 홍보팀으로 구성되어 대한민국 총생산의 25% 이상을 점유하는 삼성그룹을 움직이는 사령탑이었다. 각 팀 최고의 인재들로 구성되어 밖에서는 청와대 대통령 비서실이 삼성의 비서실을 본 따서 만들어졌다는 소문도 있었다. 팀원들도 거의 과장급으로 분야 최고의 경력자들을 외부와 그룹 내부에서 영입하였다.

내가 맡은 고정 프로젝트는 '삼성의 자동차 산업 진출' 방안과 '삼성경제연구소' 설립에 관한 준비 작업이었다. 이 두 업무가 과(課)의 상시 진행하는 프로젝트였고 수시로 다른 과제를 발굴 보고해야 했다. 경제계의 움직임에 대하여, 어떤 때는 경쟁그룹 회사들이 최근 진행하고 있는 프로젝트에 관한 정보를 수집 분석해서 수시로 보고서를 작성하기도 했다.

삼성의 자동차 산업 진출은 삼성의 비중이 너무 커진다는 이유로 박정희 대통령이 불허하는 업종이라고 했다. 그럼에도 이병철 회장은 자동차 사업에 대한 미련을 버리지 않았다. 기아자동차의 인수가 가장 빠른 방법이었지만 정부의 반대로 거론조차 못하는 입장이었고 우리는 다른 방법을 모색하느라 머리를 짜내고 있었다. 우회적으로 신진 자동차를 인수하는 방법과 이것도 안 되면 비슷한 오토바이에서 출발하면서 은밀하게 자동차 사업을 향해 한 발자국이라도 떼어보자고 했다. 일본의 혼다자동차를 모방한 접근법이었다.

누군가 무슨 과를 맡고 있냐고 물으면 나는 거침없이 기획과를 '청천포운(靑天捕雲)과'라고 했다. 곧 푸른 하늘에 구름을 잡는 부서란 뜻이었다. 은행에서는 위에서 내려오는 일, 흐르는 일을 처리하면 됐는데 항상 생각하고 무언가 찾아서 일을 해야 한다는 것이 그렇게 힘든 줄은 몰랐다. 스스로 계획하고 연구하는 것이 이름 그대로 기획과의 업무였다.

입사한 지 한 달쯤 지났을까 퇴근 후 저녁 식사를 하는데 코피가 주르륵 흘렀다. 아내는 놀라 무슨 일이냐고 물었다. 이것이 공기업과 사기업의 차이라고 보면 맞았다. 은행에서는 시간이 흘러 월급날이 오면 아무런 생각도 없이 월급을 당연한 것으로 받았는데 내가 맡은 기획업무는 그만한 월급을 받을 만큼 일을 했나 스스로 돌아보게 했다. 그만큼 스트레스를 받는 직이었다.

삼성이 재계 순위 3위라고?

1977년 하반기는 중동건설 붐이 절정에 이르고 정부의 수출 드라이브 정책으로 대한민국 경제가 비약적으로 발전하던 시기였다. 따라서 재벌 그룹들의 규모도 엄청난 속도로 불어나고 있어 재계 판도에 지각변동이 일어나고 있었다. 현대, 럭키금성, 대우, 선경, 국제 등의 계열기업 증가는 괄목할 만했다. 특히 중동의 건설업과 조선업은 그 규모가 국내산업 위주의 삼성 사업 규모와 비교가 되지 않았다. 과연 삼성이 아직도 재계 1위를 고수하고 있는지도 의심스러워 보였다.

기획과장으로서 국내 경제의 지각 변동이 시작된 후 삼성의 정확한 재계 서열을 파악해 이병철 회장에게 보고할 필요가 있다고 생각했다. 각 그룹 계열사들의 숫자도 급격히 늘어나 보통 30개 내외의 회사를 거느리고 있었다. 이 작업을 위해서는 각 그룹별 계열사들의 재무제표를 모두 모아야 되는데 이 많은 자료를 모두 가지고 있는 곳은 오로지 내가 근무했던 은행 감독원 관리국밖에 없었다. 감독원을 떠난 지 벌써 2년, 그 사이 인사이동으로 담당자들도 많이 바뀌었고 자료 분량이 방대한데 이를 어떻게 구할 수 있을 것인가.

감독원 윗사람의 도움이 절대적으로 필요했다. 마침 가까이 모시던 Y 과장님이 은행감독원 관리국으로 발령을 받아 이를 관장하고 계셨다. 재계 서열을 파악해서 이병철 회장께 보고만 할 뿐 절대 외부로 유출하거나 다른 목적으로 절대 사용을 안 하겠다고 거듭 약속을 하고 자료 이용을 허락 받았다. 며칠간의 조심스런 자료실 왕래 끝에 12개 그룹의 전 계열사 재무제표가 모아졌다.

이제 이들을 그룹별로 취합하여 상호 내부거래를 추려낸 후 연결재무제표를 만들어 비교하면 대한민국 재벌의 서열이 새로이 드러나게 된다. 그룹별로 순자산 규모와 순 매출액 규모, 영업 이익도 몇 날 밤을 새워 작업한 끝에 도출되었다. 그런데 그 결과가 충격적이었다. 나부터도 국내 일위 삼성을 믿어 의심치 않았기에 직장을 옮겨왔고 어느 누구도 아직 그것을 의심하는 이가 없을 텐데 은행감독원에 제출된 인증재무제표에 의해 만들어진 그룹별 통합 재무제표 결과에서 삼성이 재계 서열 3위로 밀려나 있었다.

이것을 이병철 회장께 그대로 보고했다가 오류라도 발견되면 해고감이 될지도 모를 일이었다. 오류가 없는지 검증에 검증을 거듭했다. 그러나 결과는 그대로였다. 이제 내용을 차트로 만들어 이병철 회장께 보고할 절차만 남았다. 삼성비서실 차트사는 청와대에서 대통령의 보고서를 작성하는 명필 차트사를 같이 썼다. 보고서의 사안이 워낙 충격적이어서 소병해 비서실장과 손병두 기획팀장이 함께 들어가 보고를 드렸다.

표제가 〈국내 12개 그룹의 연결 재무제표 비교 분석〉. 보고서 첫 장에는 한국 12개 재벌그룹의 순자산 서열을 1번부터 12번까지 나열하였다. 1위는 현저한 차이로 현대, 2위는 럭키금성, 근소한 차이로 삼성이 3위,

4위 대우, 5위 선경, 6위 국제상사의 순이었다. 다만 럭키금성이 인수한 지 얼마 안 된 호남정유(주)를 빼면 삼성이 간신히 2위로 올라설 수는 있었다.

보고차 들어갔던 실장, 팀장 두 분 모두 상기된 표정으로 돌아왔다. 이 회장님의 첫 번 반응은 "어디서 이런 엉터리 보고서를 가져왔나?"였다고 했다. 손병두 팀장이 작성자가 은행감독원 출신인데다 자료 출처와 입수 경위까지 상세하게 설명 드려 겨우 납득을 시켰다는 것이다. 이 보고서는 그 후 여섯 번이나 회장님실을 들락거렸다. 이병철 회장은 어느 보고서든 서류를 직접 챙겨 보관하는 법이 없었기 때문이었다.

가을이 깊어지자 그룹사 사별 체육대회가 효창운동장에서 열렸다. 비서실 비서팀에서 주관하는 삼성의 연중 최대행사였다. 약 5만 명이 참여하는 대회장을 보고 나는 전율을 느꼈다. 마치 선거 때 유세장이나 무슨 데모를 할 때 보던 수많은 군중 같았다. 그런데 그냥 일반 군중이 아니고 모두 삼성그룹의 직원들이 아닌가. 개회식 선포를 위해 연단에 오른 이병철 회장을 보면서 대한민국의 진정한 거인은 바로 저분이구나, 속으로 외쳤다. 어떤 법에 의해 주어진 권력자도 아니요, 선거에 나와 한 표를 호소하는 정치가도 아닌 일개 개인으로서 이 많은 식솔을 거느리는 분이 진짜 거인이 아니고 그 누가 거인일 수 있겠나.

체육대회가 시작되자 회사별 경쟁도 치열했다. 그룹 사훈, 제일주의가 그대로 묻어나는 체육대회였다. 최대 라이벌로는 그룹의 모기업이나 다름없는 제일모직과 제일제당이었다.

가장 큰 종목으로 줄다리기가 있었는데 각 팀 50명으로 구성되어 밧줄도 어지간히 굵었다. 줄다리기 시작 딱총이 터졌는데도 줄이 몇 분간이나 꼼짝을 안했다. 서로 맞당기는 힘이 대등하니 그럴 수밖에 없었다. 그러더니 양쪽 팀의 리더가 서서히 줄을 좌로 우로 움직이며 상대방 힘을 분산시키기 시작했다. 그 나름대로의 작전이 있었다. 그리고는 당기고 늦추고 하더니 종결 호루라기가 불려지고 결과는 불과 몇 센티미터의 차이로 승부가 결정됐다. 어찌 보면 별 거 아닌 줄다리기에서조차 지기 싫어하는 삼성인들의 승부욕을 보았다. 이 줄다리기 시합에 지지 않으려고 선발된 사람들은 먼저 몸무게를 90kg 이상 불려야 했고 시합 몇 달 전부터 밧줄에 무거운 추를 매달아 잡아당기는 훈련을 했다고 했다.

이러한 모습은 행정업무를 보는 사무실 내에서도 유사했다. 각자 업무상 좋은 평가를 받기 위해서 앞장서 뛰는 모습은 물론 사적인 일에서도 자기 자신을 어떻게든 돋보이려하는 것이 은행원들과는 판이하게 달랐다.

일테면 회식자리에서 노래나 한마디 평을 하라는 주문을 받게 되면 수줍어하면서 마이크를 남에게 넘기는 게 은행 사람들이었는데 삼성에서는 마이크가 자신에게 오면 누구든 자신만만하게 거머쥐고는 자신을 부각시키려 했으며 다른 사람에게 마이크를 넘기는 것조차 반겨하지 않았다. 워크숍에서도 리더 자리를 차지하려고 서로 앞장서는 모습들을 보면서 이제 딴 세상에 있음을 실감했다.

나는 삼성의 새로운 환경에 적응하면서 지난 5년여의 은행 생활을 하면서 잠들어 있었던 잡초 같은 내 기질이 서서히 되살아나고 있었다.

첫번 연말 보너스

삼성으로 옮기고 첫 크리스마스시즌을 맞았다. 연말 보너스가 나오는 날이라고 분위기가 술렁거렸다. 백여 명이 넘는 비서실 직원들이 차례차례 비서실장실에 들어갔다 나오면 부리나케 어디론가 움직였다. 모두들 보너스 액수에 매우 민감한 눈치였다. 보너스 액수보다는 그것과 연관된 자신의 평가 때문이었다. 드디어 내 차례가 되어 실장실에 들어갔다. 잠시 앉아 실장님으로부터 그동안 수고했다는 치하를 듣고는 봉투를 받아 들고 나왔다. 손으로 만져 본 봉투의 두께가 너무나 얄팍했다.

그래도 두툼한 촉감을 기대했는데. 그렇겠지, 6개월 정도밖에 근무를 안 했으니 얇을 수밖에. 자리에 돌아와서 좀 실망스럽게 앉아 있었다. 이때 사원 한 사람이 “과장님, 왜 돈 세러 안 가세요?” 하며 나를 재촉했다. “이 사람아, 내가 은행원 출신인데 세기는 뭘 세어봐, 만져보면 아는데.” 대꾸하자 “아니요, 그거 현금이 아니고 수표예요.” 봉투를 열어 안을 들여다보니 파란 배추 돈이 아니라 하얀 수표였다.

아뿔싸, 나도 얼른 화장실로 들어갔더니 이미 여러 사람이 화장실에서 돈을 헤아리고 있었다. 황급히 화장실을 도로 나와서 27층의 도서실로 내려갔다. 조용한 책장 사이에서 봉투를 열어 수표를 세어보니 십만 원짜리 수표 열세 장이 들어 있었다. 월급의 여섯 배, 어안이 벙벙할 정도로 큰 액수였다. 한국은행 5년 6개월 근무한 퇴직금으로 불과 80만 원을 받았는데 이렇듯 많은 돈을 보너스로 받다니. 자리로 돌아와 파악해보니 과장들 평균 보너스가 200% 남짓한 4, 5십만 원이었단다. 나는 아무 소리도 안하고 표정 관리를 해야 했다. 그러나 가슴은 쿵쾅거리며 뛰었다.

보너스를 상상외로 많이 받은 이유를 나중에 알게 되었다. 나의 그룹별 통합 대차대조표 보고서가 이병철 회장님께 엄청난 충격을 안겨드린 게 인정이 되었다. 나의 보고서를 계기로 이 회장님의 사업구상 방향이 확고부동하게 정해졌다는 것이다. 바로 반도체 투자의 과감한 결정이 이때 이루어졌다.

이 사실은 훗날 이병철 회장이 돌아가시고 이건희 회장 체제로 바뀌면서 비서실이 전면 개편될 때 소병해 실장이 삼성, 미주 본부장으로 잠시 뉴저지에 나와 계셔서 인사차 찾아 갔을 때 들려준 이야기였다.

그때는 내가 삼성에 사표를 내고 떠난 지도 5년 가까이 되었고 비서실을 떠난 지도 거의 8년이 되었을 때였다. 미주판 중앙일보에서 소병해 실장이 뉴저지에 나와 계시다는 기사를 보고 그래도 찾아가 인사라도 드리는 게 도리일 것 같아 95번 하이웨이에서 보이는 삼성빌딩을 찾아갔다. 그분이 혹 나를 잊었을지도 모른다며 1층 리셉션에 내 명함을 내놓고 기다리는데 비서 여직원이 내려와 모셔오라는 분부를 받았다며 나를 본부장실로 안내했다. "잊다니, 당신을 내가 어찌 잊어. 당신이야말로 선대 회장님의 눈을 다시 뜨게 한 사람인데…" 하면서 오래된 이야기를 다시 들려주었던 것이다.

그해 충격적인 나의 보고서를 본 다음 회장님은 그때까지 미온적이던 반도체 투자에 과감한 결단을 내리고 내 보고서를 접한 두 달 후, 1977년 12월 '한국 반도체'를 인수하고 이름을 '삼성반도체'로 바꾸었다. 하나의 작은 에피소드에 지나지 않지만 최고 경영자로 하여금 적절한 결정을 내리도록 도왔고 그로 말미암아 오늘날 삼성과 대한민국이 세계 최고의 반도체 강국이 되는데 조그만 단초를 제공했다는 점에서 자부심을 느낀다.

삼성전자 자금부

비서실에서 일 년을 근무하고 나니 그룹 내·외의 많은 사람들을 알게 되었다. 삼성 각 계열사 간부들은 물론 경제기획원, 시중은행 및 각종 직능 단체의 간부들과도 교분을 쌓을 수 있었다.

나는 비서실에 계속 머물면서 삼성그룹 전체의 일에 관여하느냐 아니면 삼성전자로 내려와 발로 뛰어야 하느냐 두 길을 놓고 고민했다. 연구소나 다름없는 비서실 기획 관련 일이 적성에 아주 안 맞는 건 아니지만 내 기질상 현업에서 일하는 게 역동적이고 보람도 있을 것 같았다.

100명이 넘는 비서실 직원들은 모두 각자 소속 회사가 있었다. 소속사에서 파견형식으로 모여 비서실 업무를 수행하는 것인데 내 소속사는 삼성전자였다. 비서실에 영입될 때 많은 계열사들 중에서도 삼성전자 소속으로 입사하는 사람은 우대를 받아 스카우트되었다고 볼 수 있었다. 한창 성장하는 삼성전자인 데다가 증자 때마다 무상주가 배당되기 때문이다. 현업으로 내려간다면 특별한 일이 없는 한 소속사로 발령을 받아 내려가게 된다. 회사에서 바로 필요한 사람들도 비서실을 거쳐 부임하면 훨씬 현업에서 적응이 쉬워서 당시 삼성그룹 비서실은 일종의 간부직원 양성소, 군대로 치면 사관학교 같은 역할까지 하였다.

비서실을 떠날 결심을 하고 실장님과 상담을 하였다. 지금 삼성전자 자금과가 매우 중요한 자리이니 내려가서 자금과장을 맡으라고 하셨다. 그러나 난처한 일이 벌어졌다. 회사에서 3일 전 인사이동이 있었는데 수원본사 회계과장을 서울의 자금과장으로 발령을 낸 후였다. 비서실의 인사는 바로 회장님의 지시니 회사의 발령은 아무런 효력을 발휘할 수 없었다. 다행히 부임 전이어서 어려움 없이 발령이 취소되고 내가 바로 자금부 자금과장 자리로 가게 되었다. 그냥 28층에서 16층으로 내려가는 것으로 가볍게 생각했는데 한국은행에서 삼성비서실로 옮길 때만큼이나 완전히 다른 세상이었다.

자금부는 삼성전자 강진구 사장실에 붙어 있어 마치 은행감독원장실을 보좌하던 관리국을 연상케 하였다. 김정석 부장 밑으로 자금과, 회계과가 있었는데 직원 수가 50명이 넘는 대형 부서였다. 부임하는 첫날부터 자금부족에 시달리는 회사 모습을 보게 되었다. 일시적인 현상이겠지 했는데 시간이 지날수록 자금부족 상황이 점점 심화되는 것 같았다.

아이쿠, 엄청난 부잣집에 시집 온 줄 알았는데 첫날부터 밥 지을 쌀이 없는 속아서 시집 온 며느리 같은 심정이었다. 앞으로 헤쳐 나갈 길이 막막하였다. 주거래 은행이라 칭하는 거래 중심은행이 한일은행 무교동 지점이었고 삼성 본관 동방빌딩 1층에 있는 상업은행 남대문지점과 서울신탁은행 서소문지점이 당좌계좌를 오픈한 거래은행이었다.

매일 오후 2시가 되면 국내 판매부와 수출부에서 입금된 돈과 수원공장에서 발행한 어음의 만기 도래분, 발행된 당좌수표 등의 대차 결제가 이루어진다. 이 시간이 자금부의 피를 말리는 시간이다. 한 달에 몇 번씩 변칙적인 방법으로 부도사태를 사전에 막아냈다.

이런 날이면 은행 지점장들과 신경전이 벌어지곤 했다. 변칙적 방법을 못 받아 주겠다는 지점장에게 삼성을 부도내는 것은 대한민국을 부도내는 것이라며 일시적 자금 부족이니 협조해 달라, 원리원칙만 따지다가 일이 커지면 은행 전체에도 큰 풍파가 일어난다. 앞으로의 은행 감독원 감사는 무슨 수를 써서라도 내가 막아주겠다며 나는 지점장들을 설득했다. 내 은행 감독원 경력을 아는 지점장들이 마지못해 못 이기는 척, 어물쩍 넘어가 주곤 했다.

삼성전자의 자금부족은 사실은 삼성반도체 때문이었다. 당시 법인은 따로 등록되어 있었지만 쏟아 붓는 자금은 모두 삼성전자에서 감당하다 보니 항상 자금부족에 시달려야 했다. 어쩌면 내가 비서실에서 회장님께 보고한 국내 12개 그룹 비교 보고서로 유도된 새로운 반도체 사업의 굴레를 스스로 뒤집어쓰고 허우적대는 것이나 다름없었다. 자금과의 주 업무가 자금의 효율적 관리에 있는 것이 아니라 예상되는 부족자금을 어떻게 외부에서 조달하느냐가 주가 되었다.

자금 대책이라야 대부분이 단자회사를 통한 단기자금 조달 방법과 '타입대'라는 변칙적 방법을 동원하는 일시적 방편이었다. 단자회사에서의 자금조달 방법은 여간 치졸한 게 아니었다. 예를 들면 금융회사에 5억을 4주간 넣어 놓을 테니 2주간 10억을 빌려주라는 식이었다. 단자회사에서는 예금 액수를 적수(積數)로 계산할 때 자금 총액 이동에서는 변동이 없지만 낮은 예금 금리와 하늘 같이 높은 대출 금리를 비교하면 금리 차가 엄청났지만 우리는 당장 부족한 5억을 더 쓸 수 있어 이렇게 해서라도 최악의 부도를 막아야 했다. 우리는 이것을 '꺾기 자금'이라 불렀다.

이렇게라도 자금 압박을 해결하면 그날 마감시간에는 한숨을 돌렸지만 이마저 해결을 못할 경우 비상시에 동원한 방법이 '타입대'라는 편법이다. 예컨대 그날 부족자금 10억 원이 한일은행에서 발생하면 상업은행의 10억 짜리 당좌수표를 한일은행에 입금시키는 것이다. 상업은행엔 다음날 결제가 돌아올 것이고 그러면 다시 서울신탁은행의 10억 짜리 당좌수표를 발행해 상업은행에 입금 시키는 변칙 돌려막기 수법이었다. 은행법상으로는 실물 거래로 발행한 당좌 수표에 한해 이를 잠시 유효자금으로 인정하는 것이나 은행에서는 실물거래가 아닌 줄 뻔히 알면서 눈가리고 아웅식의 이런 수표를 어쩔 수 없이 받아 주곤 했다. 물론 자체적으로는 심사부의 승인을 받아 처리했지만 은행감독원 감사에서 걸리는 날이면 문책감이란 걸 지점장들이 모를 리 없었다. 그러나 나의 한은 동기들이 은행감독원 중견 실무 책임자로 있는지라 지점장들이 나를 마음대로 휘두르지도 못했고 오히려 감독원 감사 때는 나와 상관없는 일까지도 의지하려 들었다.

사실 이런 편법적인 타입대야말로 은행으로 보면 황금알을 낳는 고리대금업이었다. 은행의 당시 이자 계산방법이 양입(兩入)식이어서 돈을 빌리는 날과 갚는 날 모두 이자를 물리게 돼 있어서 하루 자금을 쓰고도 이자는 이틀 치를 물게 되어 연 21%의 이자가 42%로 계산되었다. 반도체 개발에 매진하던 이병철 회장님은 이러한 최악의 자금난을 알고는 계셨을까. 나는 부족자금을 조달하기 위해 허구한 날 명동일대의 금융시장을 휘젓고 다녀야 했다. 밤에는 자금조달에 도움을 준 금융기관 사람들에게 술 접대도 겸하면서. 다행히 술을 즐기고 주량(酒量)도 센 편이라 잦은 술자리임에도 별 탈 없이 잘 버텼다. 이른바 술 상무 역할도 손색없이 해냈다.

때때로 명동의 사채업자들이 무슨 냄새를 맡았는지 사무실에 찾아오기도 했다. 삼성전자가 자금 부족으로 허덕인다는 소문을 모를 리 없었을 것이다. 삼성에서 사채를 빌려 썼다면 그 회사 사장은 그 날로 옷을 벗어야 할 대사건이었다. 전례가 없을 뿐더러 삼성이라는 이름과 이병철 회장의 자존심을 해치는 일이기 때문이다. 그래도 자금을 담당하는 입장에선 최악의 사태를 대비해 선을 끊을 수는 없었다. 차 대접을 하면서 은근히 자금 동원 능력을 떠 보니 큰손 중에는 당일 긴급자금 동원 능력이 30억이나 되는 사채업자도 있었다. 그들의 명함에는 이름 석 자와 전화번호만이 달랑 적혀 있었다.

자금의 안정적인 장기대책으로 회사채 공모 발행을 추진해 보기로 했다. 사채 발행을 꿈꿀 수 있는 것만 해도 삼성이란 이름 때문이었다. 총규모 50억 원을 발행키로 하고 검토에 들어갔다. 기간은 길어야 2년, 이자는 은행 정기예금 금리를 훨씬 상회해야만 다소 입질이 있을 것 같다는 시장의 반응이었다. 자본시장은 주식이건 회사채건 공급은 있어도 수요가 없던 취약한 시기였다. 발행 간사회사를 삼보증권으로 정했다. 발행 수수료를 받는 대가로 전액을 시장에 매각해야 하고 나머지 잔액에 대해서도 삼보에서 전액 인수하는 조건으로 계약을 맺었다. 성공리에 마치면 50억이 조달되어 어느 정도 자금의 숨통이 트일 것이라고 믿었다.

사채공모 마감일이 다가오는데 사채 매각이 50%에도 못 미치는 듯했다. 경험으로 보아 80~90% 소진이 되면 대성공이라 했다. 그럴 경우 사채 매각 주선 간사에서 나머지 사채를 자진 인수함으로써 발행 절차를 마감했다. 그러나 이번 경우는 자금 시장이 안 좋아 매각이 매우 부진했다. 결국 공모 마감일까지 겨우 30억을 밑돌았다. 계약대로라면 미 매각분은 삼보증권에서 전액을 인수해 줘야 맞건만 아예 인수금액을 책임지지 못하겠다고 버텼다.

최소한의 매각금액이 35억은 돼야 회사채발행이 취소되지 않는 하한선인데 할 수 없이 삼성 계열사에서 15억을 삼보에서 5억을 매입하기로 했다. 그러나 삼보측은 사채 마감일이 닥치자 약속한 5억도 삼성 측에서 더 해결하라며 배짱을 부렸다. 사채 발행 담당부장이나 임원도 삼보증권 회장만이 결정할 사항이라고 미루기만 했다. 회사는 거의 매일 '타입대'다 '꺾기 자금'이다 해서 숨이 넘어갈 지경인데. 할 수 없이 직접 명동

본사 건물의 회장실로 쳐들어가니 회장은 마침 부재중이었고 여직원만 이 방을 지키고 있었다. 무례하지만 돌아오실 때까지 회장님 방에서 기다리겠다고 했다. 삼보의 사채발행 담당임원이 달려와 나를 끌어내려 했지만 완강히 버티는 바람에 실랑이가 벌어졌다. 서로 밀치고 몸싸움까지 번지면서 분위기가 험악해졌다.

이때였다. 외출했다 돌아온 비서실장이 황급히 들어와 나를 껴안으며 막아섰다. 그런데 세상에 이런 인연이, 비서실장이 고교동창 전영남이 아닌가. 만나본 지는 오래 됐지만 증권계에 있다는 소식은 들어 알고 있었다. 할 수 없이 동창 손에 끌려나와 저녁에 둘이 회포를 풀 수밖에 없었다. 후에 이 친구는 삼성증권 전무이사를 거쳐 나래증권 사장까지 거쳤다.

당시 증권회사건 은행이건 비축된 자금이 없었다. 직접금융이 활발해야 증권회사도 여유가 있을 텐데, 은행도 정기적금에 매달려 자금조달을 하던 시기였다. 은행지점장들의 인사고과는 적금 예금 실적에 따라 평가되던 시절인지라 아무리 어려워도 지점장들의 실적을 위해 회사명의의 적금가입은 물론 회사 간부들의 개인명의 적금가입으로 은행을 적극 도와야 했다.

이런 연유로 어려운 가운데서도 여기저기 부어왔던 회사명의 정기적금 5억 원이 제일은행 명동지점에서 만기가 되었다. 정말 메말라 타들어가는 밭에 댈 수 있는 한 줄기 물꼬나 다름없었다. 손꼽아 기다림 끝에 마감일 자금인출을 위해 은행을 방문했다. 은행 차장이 난색을 표했다. 은행 실적이 너무 안 좋아 적금 만기인출은 월말을 지나야 가능하니 기다려 달라고 했다. 아니 은행에서 만기가 된 적금을 안 내주다니 말이 되는가.

회사는 부도위기의 기로에서 왔다갔다 하는데, 이런 개떡 같은 경우가 있느냐며 지점장실로 직행했다. 지점장도 똑같이 단호하게 거절했다. 워낙 은행 파워가 세던 시절이어서 이런 경우를 당해도 회사에서는 큰 소리 한번 못 치던 시절이었다. '와장창' 의자가 날아갔다. 직원들이 몰려와 나를 잡아 지점장실에서 끌어냈다. 그렇지 않아도 삼보증권 소문이 퍼진 후에 또 이런 사건이 벌어졌으니 이후 명동 금융가에서는 삼성전자 자금과장이 깡패라는 별명이 붙어버렸다. 사실 이렇게 일개 회사 자금과장이 세게 나가도 먹혀 들어갔던 것은 나의 출신 배경 때문이었으리라.

기억하기로는 1978년 말 기준으로 삼성전자 연 매출액이 약 3,300억 원, 금성사 매출이 약 3,500억 원으로 삼성전자가 근접 숫자로 금성사를 맹추격 중이었다. 전 사원들에게 텔레비전과 냉장고 매출 할당까지 떨어졌다. 그야말로 삼성전자가 금성사를 따라 잡기 위해 벌인 전 사원의 판매 촉진 운동이었다. 각 사무실 벽에는 막대그래프가 붙여졌다. 사원들의 제품별 판매량에 따라 매일 그래프 색깔을 칠해 올라갔다. 모두가 친지와 친구들에게 제품을 권유했고 이로 인해 회사는 상당한 매출 실적을 올렸다. 우리 자금부는 한 수 더 떠서 일요일 강화군 장날을 택해 장마당에서 어깨에 띠를 두르고 판매 활동을 벌였다. 그 날 판매 실적이 냉장고, TV 합해서 20여 대를 팔았던 것으로 기억된다.

회사채를 발행했음에도 자금사정이 확 풀리지는 못했다. 삼성전자 자금을 겨우 해결하고 한 시름 놓으면 영락없이 삼성반도체 자금이 다시 불거져 결국 두 회사 자금을 한 테이블에 올려놓고 대책을 세워야 했다. 한일은행 지점장은 고맙게도 주거래 은행 지점장으로서 폭넓게 전자와 반도체를 함께 걱정해 주었다. 그분은 삼성반도체를 이름이 반도체라서 맨날 자금이 부족하다며 삼성 온도체로 이름을 바꾸라고 농담을 하곤 했다.

이러는 중에 추석을 맞았다. 때가 때니 만치 거래처에 선물을 돌려야 했다. 각 은행, 단자회사, 증권회사, 선물이라야 회사에서 나온 손바닥만 한 건전지용 계산기와 제일제당에서 나온 백설표 설탕 한 포 중 하나를 배부처 리스트를 만들어 돌렸다. 설탕은 일일이 들고 다니는 대신에 물표 하나씩을 거래처에 나눠주고 동방빌딩 지하 슈퍼마켓에서 교환해 가라고 했는데 직원 누군가 배부처 명단 전부를 청와대 사정담당관에게 압수 당했다.

나는 이 일의 책임자로서 사정담당관 분실로 쓰던 시청 뒤 국제호텔로 호출 당해 3일간 고초를 겪었다. 추석에 작은 자사제품을 선물하는 것이나 동네에서 송편을 만들어 이웃에게 돌리는 것이나 무엇이 다르냐고 항변했다가 세 시간이나 캄캄한 골방에서 벽보고 서 있으라는 징벌을 받기도 했다. 그래도 다행히 잠은 집에서 자고 새벽 6시에 호텔 분실로 다시 돌아오도록 배려는 해주었다. 3일간을 같이 지내다 보니 사정담당관들과도 친해져 오는 연말에는 배부처 명단에 넣어드리겠다는 농담까지 하게 되었다.

그동안 내가 몸 담았던 은행감독원 관리국의 경영관리과가 여신관리국으로 크게 확대 개편되었다. 관장 업무도 크게 늘어나 은행의 모든 여신 업무를 종합 관리하게 됨으로써 은행들이 가장 무서워하는 감독기관이 되었다. 이에 따라 나의 위세도 덩달아 오르는 효과를 보았다. 삼성계열사 자금과장들이 상담을 하러 감독원엘 들러야 할 경우가 생기면 의례히 나에게 다리를 놓아 달라는 부탁을 해오곤 했다.

미국 주재원으로 가게 되다

1979년, 시월 가을 햇살이 정겹던 어느 날 오후, 김정석 부장과 나는 주거래 은행인 한일은행 본점에 일을 보러 동행하게 되었다. 그런데 갑자기 남대문시장 근처를 지나면서 김 부장이 나에게 넌지시 이야기를 꺼냈다. 얼마 전 미국에 설립한 현지법인이 이제 본격적인 영업에 들어가게 되는데 관리 쪽 말하자면 재무, 회계를 담당할 사람이 필요하다는 것이었다. 그 당시 삼성전자는 약 2년 전부터 컬러 TV를 생산하기 시작했는데 그 판로가 막혀 있었다. 정부는 우리가 아직 더 허리띠를 졸라매고 내핍생활을 해야 할 때이고 국내 컬러 TV 방송이 시작되면 국민들 소비성만 높아진다며 컬러 TV 국내 시판을 불허하였다. 그러니 판로는 오직 수출만이 살 길이었다.

국내에서는 당시 컬러 TV방송은 미군 AFKN만이 내보내고 있어 미군부대에서 흘러나오는 컬러 TV를 보면 가던 길을 멈추고 신기하게 바라보던 때였다. 국내 판매 길은 막혀있었고 생산 체제는 양산의 길로 들어섰으니 부득이 해외 판매를 위해 현지법인을 설립한 것이다.

사실 전날 강진구 사장님실에서 정재은 상무와 함께 미국 현지법인에 파견할 대상자를 고르는 회의를 가졌는데 몇 명 대상자 중 사실상 내가 내정된 상황이라서 의사를 타진하는 것이었다. 현지법인에 나가면 우선 진급이 늦어지는 것이 일반적이라고 했다. 내 경우 조금만 더 기다리면 당시 나의 업무 추진력이라든가 배경으로 보아 부장 진급 1순위라고 자부하고 있을 때였다. 내가 부장 진급이 되면 김정석 부장은 임원 승진에도 힘을 받게 돼있는 상황이었다.

현지법인은 미국 중부의 대도시 시카고에 설립되었다. 마침 미국 시카고에 있는 TV제조업체 애드미럴(Admiral)이라는 회사가 문을 닫았는데 그 회사의 사장, 임원을 비롯해 직원 40여 명을 영입해 시카고에 법인을 설립한 것이다. 영업은 현지 채용 직원들에게 맡긴다지만 재무, 회계 관리까지 그들에게 맡길 일은 아니니 급히 관리담당자를 선발해서 보내야 할 형편이었다.

미국 주재원 파견은 종합상사에서 누구나 갈망하는 꿈의 자리였다. 수출부 쪽에선 전 세계 대도시에 많은 지점을 설치하고 주재원을 파견하였으나 관리 쪽에서는 이런 기회가 처음이었다. 생각해 보나마나 이런 기회를 차버릴 이유가 있겠나. 기꺼이 나가겠다고 단호히 의사를 피력하였다.

얼마 후 정식인사 명령을 받았다. 박정희 대통령의 궁정동 시해사건으로 온 나라가 술렁거릴 때였다. 해외 발령이라 준비해야 할 일이 참으로 많았다. 내 개인의 일도 그러했지만 회사에서도 내 후임으로 한국은행에서 비슷한 경륜을 거친 후임자를 물색해 보라고 했다. 먼저 한국은행 입행 동기들부터 상담을 했다. 동기들은 이미 대리 진급을 한 후 각부서 책임자로 있어서인지 아무도 제안을 받아들이지 않았다. 결국 동기생들은 포기하고 다른 루트로 물색의 폭을 넓혔다.

개인의 정리사항도 한두 가지가 아니었다. 어렵게 장만한 삼성동 주택을 어떻게 할 것인가가 제일 큰 문제였다. 팔고 떠날 것인가, 전세를 놓았다가 3, 4년 후에 돌아와 살 것인가. 그동안 아내가 고생 끝에 지은 집이라 너무나 애착이 갔다. 가구도 모두 새로 들여놓았고 이층 서재엔 내 손때가 묻은 책만도 수백 권이 족히 되었다. 집을 팔면 홀가분할 수도 있었지만 정든 책이며 가재도구들을 어찌해야 하는지 대안이 없었다. 시골 형님 집에 옮겨놓을 생각도 해보았지만 농가 집이 좁아 불가능했고 어디 장기 보관할 창고도 그 당시엔 아예 없었다. 아내가 잘 아는 부동산에서는 좋은 대안책을 제시했다. 집값은 1억은 충분히 받을 수 있으니 팔아서 값에 맞추어 나대지를 사놓고 떠나라고 권했다. 부동산에서는 마침 역삼동 도로변 코너 대지, 92평짜리가 나왔는데 사놓고 3년 후에 돌아오면 큰 이득을 볼 것이라며 아예 집을 팔기를 원했다. 가재도구도 몇 년 지나면 아무것도 아니니 아는 사람들한테 그냥 나눠주라며 적극 권했다.

아내는 부동산 업자의 권유를 따르자고 졸랐다. 그러나 내 생각은 집을 판다는 것이 꼭 이민을 가는 것처럼 아예 조국을 등지는 것과 같다는 생각이 들었다. 강진구 사장께서도 발령장을 주면서 절대 현지에서 주저앉을 생각은 말라며 지금 나가는 발령장도 그냥 과장으로 수평 이동하는 것이 아니라 관리 담당 즉 임원급으로 발령 난 것으로 전 그룹에서 최초의 경우라며 현지 이탈 없이 꼭 돌아오기를 재삼 부탁하였다. 내 자신도 미국이 얼마나 좋을지 모르지만 현지에서 주저앉는 것은 조국에 대한 배신이라는 생각이 들었다. 결국 내 고집대로 집을 그냥 전세로 놓되 이층 방 하나에 쓰던 가구를 모두 넣고 문을 잠그고 떠나는 조건으로 계약을 하였다. 후에 이를 후회했지만 미래 일을 어찌 다 꿰뚫어 보겠는가. 재산 증식에 관한 판단은 항상 아내가 옳았음에도 모처럼의 내 결정은 크게 빗나간 것이었다.

한편 내 후임자를 찾기 위한 한국은행을 열불나게 드나든 끝에 드디어 은행감독원에 근무하는 고창일 대리를 만났다. 그 또한 나의 제안을 받고 많은 고민을 하다가 결국 수락하는 결단을 내렸다. 어려운 과제가 풀리고 나니 이제 운전면허며 미국 대사관의 비자 인터뷰 등 사소한 일들을 준비했다. 막상 떠날 준비가 착착 진행됨에 따라 어쩔 수 없는 아픔도 따랐다.

애들을 돌봐주러 아내 쪽 친척 중에서 데려온 숙경이를 떼어 놓고 가야 하는 문제였다. 세 아이들도 언니는 꼭 같이 가야 된다며 졸라댔지만 이게 우리 마음대로 되는 일인가. 숙경이는 그동안 거쳐 간 다른 애들과는 달리 영리했고 우리 애들을 친동생처럼 위했다. 더구나 그동안 어려운 환경에서 고생하며 지내다가 비록 애들 돌봄이로 우리 집에 왔지만 비로소 생활의 안정을 찾은 것 같았는데 다시 우리가 버리고 떠나는 것 같아 더욱 가슴이 아팠다. 줄 이은 송별회도 친구들이 많아 스케줄 잡기에도 바빴다. 기억나는 송별회 중 하나는 고교 동창들을 집에 초대했을 때 우리 집을 보고는 삼성전자 과장은 생기는 것도 꽤 많은 자리인가 보다라며 놀라던 모습이었다. 우리 나이에 그런 집을 가졌다는 게 도저히 믿어지지 않았기 때문이었으리라.

미국으로 떠날 일정을 조율하다보니 업무 인수인계와 사소한 정리를 마치더라도 12월 중순경이나 가능할 듯싶었다. 물론 가족들은 2, 3개월 후에 주택이며 자동차 등을 마련한 후에 들어오는 것으로 했다. 시카고 현지 지점에 타진을 하니 미국은 크리스마스 직전부터 연말까지는 모든 회사들이 휴무에 들어간다며 연말연시를 가족과 함께 보내고 연초에 부임하는 게 좋겠다고 했다. 그렇다면 매년 1월 10일경에 열리는 라스베이거스의 세계 가전제품 쇼에 삼성도 참여하니 이를 둘러보고 시카고로 가는 게 좋겠다며 수출부 참석자들과 함께 같은 일정을 잡으라고 했다.

결국 1월 3일 김포공항을 떠나 미국 LA공항을 거쳐 라스베이거스공항에 내렸다. 미국에 부임하는 보따리라서 다른 출장 직원들과는 달리 가방이 몇 배나 무겁고 여러 개였다. 공항에서 택시를 타고 예약된 숙소 시저스 팰리스호텔에 도착, 짐을 옮기고 보니 손에 들고 다니던 소위 007 가방이 없어졌다. 택시운전수가 가방 개수가 많아 쩔쩔매는 틈에 그대로 싣고 달아난 것이다. 도박 도시인지라 가방에 달러라도 가득히 들어있는 줄 알았으리라. 마침 택시 내에서 명함을 집어온 것이 있어 전화를 했는데 딱 잡아뗐다. 가방 속에는 취미로 모으던 기념 화폐와 영어사전, 그리고 당장 부임해서 사용할 업무서류 등이 있어 택시운전수는 아무짝에도 쓸데없는 물건들이었다.

컨벤션센터에 들어서니 전 세계 유명 전자회사들은 모두 망라되어 마지막 오픈 준비들을 하고 있었다. 미국의 RCA, 제니스 일본의 소니, 파나소닉, 도시바 등 유명 브랜드 회사들의 부스는 어마어마하고 휘황찬란한 반면에 삼성 부스는 그들의 몇 분의 일도 못되는 초라한 모습이었다. 삼성으로서는 이제 겨우 세계로 뻗기 시작한 초보회사였기에 큰 부스를 얻을 필요가 없었다. 겨우 컬러 TV 13, 17인치, 흑백 TV, 오디오 제품 등 중소기업 수준의 제품 진열에 그쳤다. 그러나 삼성의 출장 인원은 수십 명에 이르렀다. 주로 수원공장의 각 생산부서 엔지니어들이었다. 그들은 선진제품들을 집중적으로 관찰했다. 가능한 한 샘플을 모았고 모든 기술 정보 염탐에 여념이 없었다. 이때가 삼성전자가 몇십 년이나 앞선 미국, 일본 회사를 쫓아간다고 첫발을 내디딜 때였다.

전자 쇼가 끝나고 드디어 나의 부임지 시카고 오헤어공항에 도착하였다. 1월 중순 시카고는 온통 흰 눈으로 뒤덮여 설국에 내린 기분이었다. 연락한 대로 삼성전자 시카고지점장 박희종 과장이 마중을 나와 맞아주었다. 사무실은 공항에서 약 30분 떨어진 Oak Brook이라는 고급 동네에 위치한 비즈니스 단지에 있었다. 건물 2층 전체를 임대해서 현지법인과 시카고지점이 나눠 쓰고 있었다. 같은 건물 위층에는 IBM 사무실이 있어 항상 펭귄처럼 흰 Y셔츠에 검은 복장을 한 사람들과 자주 마주쳤다.

미국 현지법인

현지법인은 이태리계 미국인 Frank Dileo가 사장으로, 부사장은 사장보다 더 나이가 들은 엔지니어 출신의 Bonner, 판매담당 부장은 파이프 담배를 입에 물고 사는 James, 내가 맡은 재무 쪽은 회계부장으로 미국 CPA 자격을 가진 Daniel이 맡고 있었다. 본사 파견은 나보다 몇 개월 전에 회계과에서 나온 사원 강석기 씨와 단 둘이었다.

애드미럴의 직원 영입과 법인 설립에는 Tom Bingley라는 워싱톤 DC에 사는 미국인 노인이 깊이 개입하였다. 사실인지는 모르지만 소문에 의하면 Tom Bingley는 이병철 회장이 한창 골프에 집착했을 때 미국 어느 골프 연습장에서 잠깐 레슨을 해준 것이 인연이 되어 후에 서울 장충동에 있는 회장 댁에도 방문하는 등 가까워져 이번 현지법인의 회장직까지 맡게 되었다고 했다. 그야말로 길가다 산 로또가 당첨된 것이나 진배없는 사람이었다. 그는 회사 근처의 Hyatt호텔에 머무르며 주말마다 워싱톤 DC 자기 집에 다녀오곤 했다. 직함만 회장이지 회사 영업엔 아예 능력도 관심도 없는데다 시도 때도 없이 졸고 있는 모습이 안타깝기만 했다. 어려운 신설회사에서 매주 출장비며 호텔 숙식비를 대는 우리 입장에서 보면 그는 그저 식충이나 다름없는 존재였다.

현지법인 영업은 컬러 TV가 주종이었고 흑백 TV, 오디오 제품에 곁들여 차남 이창희 씨가 설립한 새한전자에서 만든 오디오 카세트 제품도 취급하였다. Sears나 JC Penny 등 유명 백화점을 비롯한 대형 거래처는 본사 지점망을 통해 본사 직거래로 공급하였고 현지법인은 제품을 미리 들여와 창고에 비축하였다가 전자제품 전문점이나 지방의 중소 전자상가에 빠른 공급으로 시장을 넓혀 가는 것이 주목적이었다. 판매는 미국 전역을 커버하려면 전국에 판매망을 구축해야 하는데 이것이 바로 Sales 랩(Representative) 조직이었다. 이들은 우리와 같은 제조, 공급회사와 계약을 맺고 전국의 중소형 판매점과 거래를 터서 매월 판매실적에 따라 일정비율의 커미션을 취하는 일종의 후리랜서(freelancer) 판매원 조직이다. 우리 현지법인은 관할 지역을 제외하고는 전국에 랩(Rep.)을 두어 주기적으로 랩 회의를 주재해 새 상품을 소개하거나 제품 설명회 및 회사 방침을 주지시키고 판매를 독려하였다.

부임 초부터 고민은 역시 영어 소통이었다. 읽고 쓰기야 그런대로 문제될 것이 없는 편이었지만 대화 특히나 전화 응대가 제일 어려웠다. 그동안 영어와 담 쌓고 지내온 세월이 너무 길었다. 근 10년간이나 영어를 접할 기회도 또한 필요성도 없어 너무 소홀했던 것이 후회스러웠다. 퇴근 후 인근 지역 대학에 마련된 이민자들을 위한 Language School에 등록하여 교습도 받았지만 그리 도움이 되지 않았다.

원주민과 구별이 없으려면 틴에이저(teenager) 이전에 이주해 와야 완벽하다는데 만 35세에 들어와 귀를 열자니 여간 힘들지 않았다. 게다가 한국에서 배운 영어가 생활영어가 아닌 읽고 해석 위주의 영어였기에 더욱 그랬다.

부임한 지 두 달이 지나고 가족을 맞을 준비가 거의 마무리되고 있었다. 거주할 아파트를 찾느라 시간이 걸렸다. 시카고 교외의 고급동네라 아파트(미국에서는 콘도)가 많지도 않았고 우리 가족 구성이 딸 둘에 아들 하나이다 보니 반드시 방 3개가 필요했기 때문이었다. 미국 아파트는 구조상 주방 거실 등 기본 시설은 동일하게 갖추어져 있고 침실 수에 따라

원 베드, 투 베드룸으로 구분했다. 거의가 투 베드 아파트여서 회사에서 좀 떨어진 곳에서 침실 세 개짜리 아파트를 겨우 찾아 계약을 마쳤다. 이름도 특이한 포인트 웨스트 아파트였다. 가재도구라곤 기본적으로 설치된 부엌의 오븐, 냉장고가 고작이었다.

무엇보다 차를 먼저 구입하여야 했다. 생전 처음 가져보는 차여서 가슴이 설레고 기대가 컸지만 운전이 걱정스러웠는데 서울에서 겨우 면허를 땄을 뿐 시내 주행 경험이 전혀 없었기 때문이었다. 차종을 고르는 데도 신중을 기했다. 일본 토요다가 미국 자동차 시장에서 인기몰이 바람을 일으키고 있었으나 일단 일본차는 고려 대상에서 빼기로 하였다. 미국에 왔으니 미국차를 구입하는 게 도리라고 생각했다. 결국 GM에서 만든 올스모빌 델타 88, 베이지 컬러의 대형 승용차를 현지법인에서 무이자로 빌려주는 자금으로 구입하였다.

서울 식구들에게 비행기예약을 하라고 연락했다. 드디어 1980년 3월 8일 공교롭게도 둘째 선미 생일날로 상봉의 날이 잡혔다. 내 운전 실력은 아직 몇 백 마일도 못 뛴 아직 초보운전 상태라 박희종 지점장이 자기와 같이 나가자고 했지만 식구들을 직접 공항에서 내 차로 맞고 싶었다. 시카고 오헤어공항까지 몇 번이고 왕복 시운전을 마쳤다. 식구를 오랜만에 공항에서 맞는 감회가 남달랐다.

드디어 온 가족이 미국에서의 새 생활 첫 출발을 하는 것이다. 공항 밖을 빠져나오자 아이들은 할 이야기도 많았고 바깥 풍물도 생소해서 연신 재잘거렸다. 아이들이 귀엽고 반가운 것은 어디로 가고 운전에 신경이 곤두서다보니 손에 땀이 날 지경이었다. 아이들한테 조용히 좀 하라고 버럭 소리를 질렀다. 오랜만에 만난 애들 생각을 헤아리지 못하고 참으로 멋대가리 없는 아빠였다. 이 일을 훗날 아이들이 기억하고 말했을 때 쥐

구멍에라도 들어가고 싶었다.

현지법인에는 우리의 판매량에 비해 턱없이 많은 물량이 쏟아져 들어왔다. 모두 본사의 수출 실적을 올리기 위한 수단이었으나 우리 창고에는 재고가 넘쳐났다. 모두가 DA 90일, 120일짜리 외상 매입이었다. 석 달, 넉 달 후면 대금을 본사에 갚아야 했다. 현지법인 또한 자금이 달릴 수밖에 없었다. 어디를 가나 자금 걱정은 내 운명이던가?

현지법인의 노조 사건

초창기 재고가 많지 않을 때에는 공용 창고를 썼다. 창고 전문회사에서 입출고 모두를 관리해 주고 관리비만 내면 되었다. 그러나 시간이 지날수록 보관물량이 많아지면서 직접관리 체제로 들어가는 것이 더 경제적일 듯 싶었다. 회사에서 약 30분 거리에 대형 창고를 임대해 여기저기 분산 위탁 관리하던 모든 재고를 한데 모아 관리하기로 했다.

그러던 어느 날 시카고영사관에 볼 일이 있어 들렀다가 젊은 청년을 만났다. 으레 한국 사람끼리 하는 인사를 건넸는데 넥타이를 맨 내 복장이 현지 교포와는 달랐는지 이야기를 청해 왔다. 이민 온 지 얼마 안 됐는데 지금 일자리를 찾고 있다고 했다. 내가 삼성 주재원이라고 밝히자 현지채용 계획이 없느냐며 자기 이력을 설명하기 시작했다. 이력서를 우편으로 보내라고 주소를 알려주었다. 며칠 후 이력서를 받아보니 광주에서 명문고를 마치고 서울 명륜동의 S대 경영학과를 졸업했다. 마침 직영 창고를 현지 채용한 미국인들에게만 맡겼던 터라 한국인을 섞어보자는 생각이 들었다. 제출한 이력서를 조회해 볼 수도 없었고 그냥 믿고 면접을 거쳐 그 사람을 채용했다.

제품의 입, 출고는 판매부서 쪽과 관련이 있지만 재고관리만은 분리해서 내 소관이었기에 수시로 재고 파악차 창고를 방문했다. 들를 적마다 제품별로 매달아 놓은 재고량과 실제 수량을 정확히 점검했고 한 번도 착오를 발견한 적이 없었다. TV는 높이가 12단, 가로, 세로 몇 줄, 그러니 부피를 계산하면 재고 파악이 수월했다. 시간이 감에 따라 창고 물량도 계속 늘어났고 이에 맞춰 창고 직원도 늘어날 수밖에 없었다.

그런데 어느 날 지역노동자협회 지부 사람들이 창고 책임자인 나에게 면담을 요청했다. 이유인즉 창고직원들이 노조 가입을 결의하고 예비신고를 마쳤다고 했다. 삼성에서 노조? 삼성은 창사 이래 어느 한 계열회사도 노조가 없었다. 미국 노동법에 의하면 직장 노동자 5명 이상이 서명을 하여 노조가입을 결의하고 이를 노조에 예비신고를 마친 후라면 노동법상 회사 측에서는 이를 강제 해산 시킬 수가 없다고 했다.

즉각 본사에 보고하자 비상이 걸렸다. 당연히 본사에서도 어떤 경우라도 이를 허용할 수 없으니 이쪽 현지에서도 방법을 찾아보라는 명령이 떨어졌다. 서명자들을 설득해 신고를 자진 철회시키거나 서명자 모두를 해고할 결정적 이유를 찾아야 했다. 자칫 이 과정에서 강압이나 회유 등 불법이라도 저지르면 더욱 일이 꼬일 수도 있었다.

우선 창고 현황 파악부터 하기로 하고 지점 주재원 전원과 함께 재고 정밀 검사에 착수했다. 전 품목 전수조사 몇 시간 만에 컬러 TV 재고에서 상당량이 부족한 것을 발견했다. 수법이 기묘했다. 종전의 재고 파악은 (가로×세로×높이) 해서 표시판과 대조하는 것으로 마쳤지만 이번에는 사다리를 놓고 TV박스 12단 높이까지 올라가 점검을 하였는데 안쪽에 우물을 파듯이 비워놓고 재고 물량을 빼돌렸다.

즉각 경찰에 창고의 전 직원을 형사 고발하여 조사가 시작되었다. 내가 영사관에서 만나 현지 채용한 한국인이 주동이 되어 사무직 여직원, 지게차 운전수 등 노조가입 추진자 전원이 벌인 끔찍한 절도사건이었다. 그들은 극구 부인했지만 경찰은 거짓말 탐지기까지 동원해 그들의 유죄를 추궁했다. 일단 해고 사유가 생겨 노조가입을 막을 수 있었다. 삼성에 유래없는 노조 결성의 큰 사건이 될 것을 창고 절도사건으로 해결본 것이 천만 다행이었다. 창고 직원 전원을 해고하고 직장을 폐쇄하는 선에서 그들의 형사고발은 취하시켰다. 이후 현지법인은 재고관리를 다시 공용 창고 회사로 넘겼다.

주재원들의 개인 생활

시카고에 파견된 삼성전자 주재원은 지점 소속 5명과 현지법인 소속 2명 도합 7명이었다. 연령대가 모두 30대여서 집집마다 고만고만한 초등학생들이 있었다. 내가 일찍 결혼한 관계로 우리 애들이 제일 큰 편이었다. 미국은 학기가 9월에 시작되므로 한국보다 취학이 6개월 빠른 셈이었다. 3월에 입국을 하였으니 모두들 한 학기를 빼먹은 셈이었다. 선미와 철용이는 나이에 따라 일학년과 프리스쿨에 넣었지만 2학년을 마치고 온 꼬꼬를 3학년에 넣느냐 2학년에 다시 넣느냐 결정이 어려웠다. 영어가 안 통하는데 그게 걱정스러워 2학년에서 다시 시작하기로 했다. 꼬꼬의 본명은 선영 그리고 둘째가 선미, 모두 영어로 표기하면 첫 발음은 똑같이 Sun이어서 꼬꼬는 미국명을 Sun으로, 선미는 Sandi로 그리고 철용이는 미국 발음과 비슷하게 짓는 다고 Charlie로 미국이름을 지어 학교에 보냈다.

이어서 아내 운전면허를 해결해야 했다. 한국에서 운전면허를 따왔지만 역시 도로 주행은 어려웠다. 틈틈이 쇼핑몰 넓은 공간이나 주말에 학교 운동장에서 운전연습을 하여 얼마 안 가 미국 면허를 취득하였다. 그 때까지도 주재원 부인들은 아무도 면허를 딴 사람이 없었다. 남편이 차를 가지고 출근하면 아파트에 갇힌 포로 신세였다. 아내가 면허를 따고 나를 출근 시킨 후 자유롭게 차를 몰고 다니자 그제서야 주재원 부인들도 운전면허를 딴다고 법석을 떨었다.

주말이면 각 가정이 시카고 시내 북쪽에 위치한 한인타운 동양 슈퍼마켓으로 장보러가는 일이 하나의 행사가 되었다. 동양 마켓에는 쌀과 라면, 기타 동양식품이 거의 다 갖춰져 별 불편이 없었다. 단지 쌀은 같은 캘리포니아산 미국 쌀이지만 일본 상표로 국보 쌀이 주류였고 라면 또한 일제 이찌방 라면이 대세였다. 어쩌다 장보러 못나가는 집 몫은 서로 대리 장보기로 도와가며 모두 일가친척처럼 지냈다.

미국은 토요일이 휴무인지라 현지 채용 미국 직원들은 토요일에 출근을 안했으나 우리는 본사와의 업무연락상 똑같이 반나절 근무를 지켰다. 한국의 휴일이라도 근무는 미국 직원들과 같이해야 하니 있으나 마나 했다. 그럼에도 주말이면 이 집 저 집 번갈아 모이거나 캠핑을 떠났다. 집집마다 텐트를 싣고 몇 시간씩 운전을 하여 시카고 인근과 때로는 위스콘신 주까지 좋은 캠핑장을 두루 찾아 다녔다. 줄줄이 텐트를 치고 밤이면 한

가운데 장작불을 피워 놓고 둘러앉아 맥주를 마시며 떠들던 추억이 지금도 그립다.

5월 고사리가 싹을 내밀 무렵이면 캠핑 겸 고사리 채취 여행을 인근 미시간주로 떠나기도 했다. 일리노이주는 야생식물 채취가 불법이었으나 미시간주는 법이 달랐다. 아무 제제가 없는 미시간 호숫가의 고사리가 많은 지역에 텐트를 치고 야영을 즐기며 고사리를 채취하였다. 고사리가 어찌나 많은지 낫으로 베어 낼 정도로 많아 차 트렁크에 가득 채워 왔다.

어느 해에는 몇 집이 당일 돌아오기로 하고 이른 새벽에 집을 나서 고사리 밭 근처 산길 도로 변에 차들을 나란히 세워놓고 오후까지 고사리를 채취하고 있었다. 그런데 갑자기 확성기로 숲을 향하여 외치는 소리가 들렸다. 숲에 사람이 있으면 길가로 나오라는 경찰의 경고 방송이었다. 필경 무슨 일이 벌어진 듯 했지만 위법을 저지른 것도 아니고 우르르 몰려 나가기보다는 내가 먼저 고사리를 꺾어들고 길가로 가서 웬일인가 물었다. 경찰 말이 이 근처 사는 주민이 신고를 해 왔는데 몇 시간이나 길가에 차가 줄줄이 서 있어서 숲 속에서 무슨 일이 있는 것 같다고 해서 조사차 나왔단다.

손에 든 고사리를 보여주며 이것이 한국에서는 아주 귀한 요리에 쓰이는데 지금쯤 채취해서 삶은 후 말려놨다가 다시 불려 양념을 해서 먹는다고 설명을 했다. 처음에 무척 긴장했던 경찰은 의외의 설명에 웃음을 터뜨리며 그렇다면 내년 이맘때는 아예 요리를 해 가지고 와서 맛 좀 보여 달라고 했다.

또 한 번은 채취해온 고사리를 삶은 후 말리려고 타운하우스 뒤 잔디 위에 널어 놨는데 느닷없이 경찰이 집을 방문하였다. 너희 뒤뜰에 널어놓은 게 무엇이냐며 보여 달라고 했다. 역시 옆집에서 수상하다고 신고를 한 경우였다. 옆집 사람이 보기엔 말린 고사리가 마치 대마초나 마약 원료로 보였을지도 모른다. 미국인들은 옆집에서 떠들어도 직접 불만을 대놓고 하는 법이 없다. 반드시 경찰을 불러 불만을 이야기하면 경찰이 나서서 해결해준다. 그러니 이웃 간에 맞대면해서 언성을 높이는 법이 좀처럼 없다.

꼬꼬가 어느덧 2, 3학년을 마치고 4학년으로 올라가게 되었는데 불만이 많았다. 3학년까지도 별로 배운 게 없다는 것이다. 한국에서 2학년 때 배운 것을 복습하는 정도였다며 나이대로 한 학년을 뛰어 5학년으로 올라갔으면 좋겠다고 했다. 학교를 찾아가 교장선생님과 상의를 했다. 바로 3학년 때 담임을 불러 한참 의논을 하더니 허락을 내렸다. 드디어 제 학년을 찾은 것이다. 처음 영어 때문에 다시 2학년에 눌러 앉혔던 내 실수가 이제야 정상화된 것 같아 기뻤다.

그리고 두 달 쯤 흘렀는데 담임선생이 학교엘 들르라는 연락이 왔다. 선생님은 4학년을 건너 뛰어 안 배운 과정이 많다며 다시 4학년으로 되돌아가면 어떻겠냐며 내 의견을 물었다. 사실 3학년까지는 유치원의 연장처럼 별반 새로운 공부가 없었지만 4학년부터는 내용이 달랐던 것 같았다. 난처하긴 했지만 좀 더 시간을 주십시고 했다. 아직 영어가 부족해 그런 것 같다며 한 학기 후에도 문제가 계속되면 담임선생이 이견에 따르겠다고 했다. 그 후 학교에서는 아무 부름이 없었다. 잘 적응하는 듯싶었다. 무사히 6학년에 진급하더니 꼬꼬는 날개를 달은 듯 전 과목 A로 모두의 주목을 받기 시작했다. 연극반에서도 주연을 맞는 등, 선생님의 칭찬이 자자했다. 드디어 졸업식에서는 졸업생 대표로 뽑혀 연설하는 영예를 안았다. 처음부터 순서대로 밟아온 선미, 철용이의 성적도 이에 질세라 반에서 상위권을 벗어나지 않았다.

미국인 사장의 부정행위

현지법인의 판매량보다 한국 본사에서 보내오는 제품이 훨씬 많기 때문에 자금은 여전히 부족했다. 격주로 나가는 직원들 급여에서부터 랩들의 커미션, 사무실 임차 관리비, 판매 경비 등 자금이 항상 빡빡하게 돌아갔다. 지불되는 수표액이 5,000달러 이하는 내 단독 사인으로, 5,000불이 넘는 수표는 미국인 사장과 공동 사인으로 발행했다.

청구하는 판매 경비지출은 대충 넘어가지 않고 구체적 설명을 첨부하도록 하는 등 깐깐히 통제하는 나를 현지인 간부들은 여간 못마땅하게 여기는 게 아니었다. 미국의 출장비 지출은 한국의 일당식 지불과는 다르게 항상 실비 정산인 관계로 영수증만 첨부하면 지불해 주는 것이 관례였다. 그러다보니 판매부서 간부들은 출장할 때 항상 비싼 호텔을 이용하고 비행기표나 식사비도 아끼지 않고 청구하곤 했다. 한 번은 전국 랩들을 위한 회의를 뉴욕에서 개최했는데 모든 숙박비, 행사비 등의 지불 청구서 중 어느 날 저녁식사 영수증이 일인당 500불이 넘게 청구되었다. 무슨 식대가 일인당 500불 넘는가? 제동을 걸었다. 틀림없이 정상적인 비용이 아니라고 생각해서 지불을 거부하고 미루었다. 사장 이하 간부들이 이에 대한 보복으로 서울 본사에 불만을 토로하면서 내가 미국을 너무 모른다. 나의 영어가 너무 서툴다는 등 역공격을 해댔다. 특히나 사장의 불만이 의외로 컸다.

현지법인의 주인은 삼성이다. 그리고 이를 관리하는 본사 파견직원인 내가 곧 주인이지 않은가. 삼성이 내 개인 회사라는 관점에서 회사 일을 판단하면 훨씬 매사의 결정이 쉽고 당당했다. 비록 영어는 서툴지만 그러니까 너희들을 쓰는 것이 아닌가. 이런 식의 사고로 대하니 위축될 이유가 전혀 없었다.

나로서는 본사 파견간부로서 미국인 사장에 대해서도 면밀히 관찰해야 할 책임이 있다고 생각했다. 평상시 사장 Frank는 매우 주도면밀해서 퇴근 할 때 사무실을 일일이 점검하고 자기 사무실도 반드시 잠그고 퇴근을 했다. 그런데 어느 날 저녁 늦게 사장실 문을 여니 그냥 열렸다. 항상 잘도 잠그더니 그날따라 깜박 했던 모양이었다. 사장 책상 서랍도 그냥 열렸다. 도대체 무엇이 있기에 철두철미 잠그고 다녔을까, 호기심 겸해서 서랍 속의 서류를 섞이지 않도록 한 장씩 꺼내며 뒤져 보았다. 그때 한 회사의 파일이 나왔다. 'Alliance Market Inc.'라는 회사로 사장은 Frank 본인으로 부사장은 다른 이름이고 재무 관리인의 성이 또한 Dileo인 이름이었으니 아마 Frank의 부인인 것 같았다. 흥미로워 한 부를 복사해서 간수하고 모든 서류를 있던 그대로 되돌려 놓고 나왔다.

사장 Frank Dileo는 연봉이 10만 불에 매년 성과급을 지불하기로 하고 영입된 사람으로 키도 크고 외모도 영화배우 못잖게 잘생긴 카리스마가 넘치는 사람이었다. 직원 통솔력도 돋보였고 퇴근 시 사무실 소등을 일일이 점검하고 다녀 참 괜찮은 사람을 뽑았다고 생각해 왔었다.

백화점이나 마트 시장에서는 경쟁업체인 금성사와 사사건건 마찰이 있었다. 대부분이 가격 싸움이었다. 일본 회사 제품들은 품질면에서 우위에 있고 인지도도 높다 보니 삼성 제품은 그들의 경쟁 상대가 아니었다. 그러다보니 결국 같은 동족끼리 제살 깎아먹기 경쟁이 될 수밖에 없었다. 만약 극비리에 단합했다가 적발되면 가격 단합혐의로 끝장이라 그럴 수도 없었다. 경쟁 업체라야 금성사가 유일했지만.

해가 바뀌고 현지법인이 자리를 잡아가면서 판매 증대를 위해 필요한 지역은 랩을 점차 늘려 나갔다. 사장은 법인 영업부에서 직접 관장하던 일리노이, 시카고 시장에도 랩을 하나 더 늘리는 게 좋겠다고 본사에 건의해 허락을 받아냈다. 나는 그렇다면 사장, 부사장, 영업팀 직원들은 무엇을 할 것인가. 현지법인 관할 지역까지 랩에게 의지하고 놀고먹자는 이야기인가. 본사의 승인을 받았다지만 찝찝하기만 했다.

물론 나의 소관 밖의 일이라 제동을 걸 입장이 아니었다. 첫 달 새로 계약한 시카고 랩의 판매실적과 지급해야 할 커미션이 올라왔다. 첫 달 실적치고는 제법 많은 6,500불이 올라왔다. 새로운 랩의 회사명, 대표 이름과 주소 등을 확인해보니 위치가 멀지 않은 곳이었다. 다른 랩들의 커미션 수표들은 그날로 처리하고 새로 계약을 맺은 회사의 커미션을 검토하는데 무언가 꺼림칙했다. 잠재의식 속에 어디선가 들은 이름인 것만 같았다. 며칠을 붙잡고 검토를 하며 지불을 미루었다. 그런데 순간 무언가 떠올랐다. 한 일 년 반 전쯤 Frank 사장실에서 몰래 복사해둔 회사와 동일회사? 서둘러 책상 서랍 속 어딘가에 묻혀있던 복사본을 꺼내보니 법인번호가 같은 'Alliance Market Inc.'이었다. 회사 이름이야 경우에 따라 중복될 수 있겠지만 법인번호는 아니지 않는가. 물론 대표자 이름은 생소한 이름이었다.

모두가 퇴근한 다음 주소를 들고 현장을 찾아 나섰다. 주소대로 찾아간 사무실도 모두 퇴근하고 문은 잠겨 있었지만 창문을 통해 안을 훤히 들여다 볼 수 있었다. 판매회사라면 당연히 전자제품이 진열되고 사무실 형태를 갖추어야 했는데 그곳은 화학시험소 아니면 연구소 같아 보였다. 벽은 온통 선반이고 각종 유리병과 실험도구가 진열되어 있었다. 가슴이 쿵쾅거렸다. 그날 밤으로 모든 전말을 서울 본사에 긴급 보고하였다. 본사에서는 사장이 눈치 채지 못하도록 일단 커미션을 지불할 것과 좀 더 상세한 증거를 수집해 DHL 속달로 보내라고 했다. 사진까지 첨부한 일체의 정보를 보낸 얼마 후 본사에서는 사장에게 본사 방문 출장을 지시했다.

사정을 전혀 모르는 Frank Dileo 사장은 오랜만에 다시 서울 구경을 하게 됐다며 기쁜 마음으로 비행기에 올랐을 것이다. 다시 돌아온 그는 예상대로 부사장 Bonner, 판매담당 James 와 함께 보따리를 싸서 회사를 떠났다. 적잖은 연봉에 성과급까지 받으면서 거기다 커미션까지 속여서 챙기려다 첫 번 시도에 들통이 나서 쫓겨났으니 삼성을 물로 보다 큰코다친 얼간이들이었다.

사장, 부사장을 해고하고 본사의 고민도 깊어졌다. 당초 현지법인은 미국인 경영자로 하여금 회사를 키워보자는 본사의 계획은 첫 번 시도부터 틀어졌다. 곧바로 다시 삼성인 사장이 부임하는 것으로 결론이 났다. 미국에서 공부하고 미주 중앙일보에도 근무했던 Q이사를 현지법인 사장으로 그리고 부사장에는 Defelio라는 이탈리아계 영업 전문인을 새로 영입하여 잠간의 공백을 수습하였다. 신임 사장은 삼성의 근무경력이나 또는 영업 경험이 전혀 없음에도 단숨에 현지법인장으로 발령이 난 것이 고개를 갸우뚱하게 만들었다.

본사의 자금사정이 매우 긴박하게 돌아가고 있는 듯했다. 현지법인 창고에는 상품이 산더미같이 쌓여 있는데 계속 밀려 들어왔다. 일단 수출로 선적이 되면 은행의 수출금융을 지원 받을 수 있기 때문이었다. 본사에서는 자금 숨통이 일시적으로 트일지 몰라도 현지법인의 재무구조는 악화될 수밖에 없었다. 이때 한국의 상업은행이 시카고지점을 개설할 움직임을 보여 모든 수입업무와 판매자금을 집중 협조한 결과 무사히 오픈하고 영업을 시작했다. 우리는 D/A 방식 외상으로 들여온 일부 수입대금을 상업은행의 도움으로 해결해 나갔다.

물품의 수입 단가도 이중적이었다. 단가를 높여 들여오면 본사의 수익이 좋아지고 낮추면 현지법인이 이득을 보는 주머닛돈 쌈짓돈 개념의 수출입 거래이니 현지법인의 수익성은 거론할 입장이 못 되었다.

어떻든 컬러 TV를 생산하여 해외시장을 개척한 이래 본사 조직도 수출부장 아래 몇 개의 과(課) 조직에 불과했는데 그동안 해외사업본부로 확대되었다.

조기 귀국 발령

해외에서 근무하면 진급에 다소 불리하다더니 나의 진급도 서울 본사 동급들보다 몇 개월이 늦게 부장 진급 통보를 받았다. 진급이 기쁘기는커녕 뒤로 처진 발령이 그리 달갑지 않았다. 협지법인 설립 3년차 처음으로 비서실의 감사를 받게 되었다. 특검식의 어떤 목적이 있어 받는 감사가 아니라 연례감사라고 했다. 몇 주간 정밀감사를 마치고 감사팀이 돌아갔다. 삼성 비서실의 감사팀은 정부의 감사원 감사만큼이나 철두철미하고 권위가 있다는 건 비서실 근무 때부터 이미 알고 있던 바였다. 비리가 발견되면 액수의 고하를 막론하고 누구나 해고되는 서슬 퍼런 감사팀이었다. 개인비리 감사는 상대방은 물론 주변사람 특히 운전수나 조직의 아랫사람으로부터 상향식 조사까지 주도면밀하게 조사했다. 삼성 같은 거대 그룹을 건전하게 이끄는 방부제 역할을 하는 조직이 바로 감사팀이었다. 사회전반에 부정부패가 난무하여도 삼성만큼 깨끗이 움직이는 조직이 있다는 건 대한민국의 자랑이라고 항상 생각해 왔다.

얼마가 지나자 감사보고서가 나왔고 문제점으로 그동안 누적된 적자가 8백만 불에 달하는 것이 최대 문제라는 보고가 나왔다고 했다. 제품 구입단가를 우리가 정하는 것이 아니라 본사에서 정해 밀어내기 식으로 보내는 구조에서 무슨 손익개념을 따진다는 건가, 그냥 지적하고 지나가겠지 했는데 무슨 낌새가 이상했는지 Q사장이 서울 출장을 다녀오겠다고 하며 몇 주간 머물다 돌아왔다. 돌아와서도 감사 결과나 기타 본사 분위기에 대해선 아무런 언급이 없고 별일 없다고만 얼버무렸다.

그런데 며칠 후 새벽에 서울의 해외사업본부장으로부터 전화가 왔다. 본사 관리 쪽에서 당신이 필요해서 발령을 내니 당황하지 말고 마음의 준비를 하라는 이야기였다. 어안이 벙벙했다. 분명한 이유를 캐물었으나 직답을 회피했다. 그제서야 알만했다. Q사장이 서울에 급히 들어갔던 이유를. 이어서 발령장이 도달했다. 부임지는 수원본사 컬러TV 사업부 관리부장 자리였다.

아하, 이런 공작이 있었구나, 감사 결과에 대한 문책이 있다는 걸 알고 Q사장이 급히 귀국해 손을 썼다는 짐작이 갔다. 누적 적자가 이유라면 책임은 영업을 총괄하는 사장이 지는 게 이치에 맞는다. 관리부장은 영업에 관여하는 위치가 아니라 단지 내부 운영관리 책임자일 뿐 회사 손익에 직접적 책임이 없음에도 내게 문책성 발령이 떨어진 것이다.

주재원 생활 겨우 2년 반, 아무리 짧아도 3, 4년 길면 5년 이상, 현지 적응을 위해 넉넉한 시간을 주는 것이 일반적인데, 엉뚱한 문책성 조기발령이라니 내면에서부터 분노가 치밀어 왔다. 어떻게 받아들여야 하나, 그동안 얼마나 삼성을 정의로운 기업으로 여기고 내심 자부하면서 한국은행을 떠난 아쉬움을 달래 왔는데, 이런 것이 토사구팽이라는 거구나,

한국은행에서 후임까지 데려다 놓아야 내보낸다고 해서 그대로 하고 여기까지 왔는데, 나올 때 어디서 굴러온 돌이 박힌 돌을 제치고 해외로 나간다고 얼마나 질투하는 사람이 많았는데, 당장 서울의 집은 어떻게 전세 계약을 파기해야 하며 이제 막 영어에 익숙해져 가고 있는 아이들 학교는, 또한 귀국하면 서울 삼성동에서 수원까지 출퇴근해야 한다? 끊임없는 생각이 뒤엉켜 한동안 주체할 수가 없었다.

마음을 추스르는 데도 시간이 걸렸다. 은행을 떠나자마자 가정과 등진 생활하다가 몇 년 만에 미국으로와 겨우 회복한 가정의 행복도 이제 끝이 나게 된다. 비서실에서 현업으로 내려온 첫 새해 삼성전자 사장의 신년사가 우리 삼성전자 직원은 가정과 회사를 병립시켜 나갈 수가 없다. 하나를 택하여야 한다고 했을 때 아차 내가 어찌 이런 길을 택했을까 하면서도 시간이 지남에 따라 나의 도전적 성격이 나를 삼성맨으로 만들어 버렸었다.

미국에 들어온 주재원들은 누구나 한번쯤 해보는 고민이 있었다. 임기를 마치면 귀국할 것인가. 남아서 미국 교포생활을 할 것인가. 이것은 비단 주재원뿐만이 아니라 공무원이건 공부하러 온 학생들이건 마찬가지였다.

나도 때가 닥치니 심각하게 고려하게 되었다. 사표를 내고 미국에서 새 출발을 해볼까. 먼저 나이를 헤아려보았다. 아직 나이 40세가 안 넘었다. 한창 겁 없이 도전할 나이 아닌가. 인생 전환의 적기라는 생각도 들었다. 아직 미국을 알기에는 너무 짧은 2년 반, 영어도 아직 익숙하지 못했다. 이 점도 못내 아쉬웠다. 그리고 미국이 너무나 좋은 건 사실이었다. 한 번 사는 인생인데 새로운 삶에 도전해 보자. 삼성에서 아무리 높이 올라간다 한들 결국 월급쟁이 아니겠는가.

영주권 신청

가족회의를 열었다. 이제 몇 달 후면 한국으로 돌아가야 한다는 배경 설명을 아이들에게 해 주고 각자의 의견을 들었다. 아이들이 미국을 선호할 것은 짐작했던 일이다. 큰애가 역시 리더였다. 논현초등학교 화장실 이야기며 스쿨버스가 없어 매일 아침 비좁은 일반 버스를 타던 얘기, 한 반에 학생 수가 미국보다 두세 배나 되는 좁은 교실 등 이야기를 하며 미국이 좋으니 여기 미국에서 우리 가족 모두가 살자고 했다. 아내의 의견이 가장 중요했지만 이미 우리는 의견의 일치를 본 지 오래였다. 아내로서는 한국을 포기하면 나보다 아쉬운 것이 훨씬 많을 텐데, 우선 자기가 일궈놓은 삼성동 주택도 포기해야 하고, 게다가 미국에 살려면 여자도 남자만큼이나 일을 해야 하는데. 미국의 정착이 얼마나 험난한지 짐작도 못하면서 우리 식구들은 모두 미국에서 살아보자고 했다.

그 해에 삼성물산 시카고지점장이 사표를 냈다는 이야기를 들은 적이 있어 수소문을 해서 만나봤다. 그만 둔 지 얼마 안 돼 아직 자리가 잡히지 않은 듯했다. 찾아온 이유를 설명하자 손사래를 치며 절대 딴 마음 먹지 말라고 했다. 현재 햄버거 숍을 운영하는데 자기가 받는 자존심에 대한 고통과 불투명한 장래, 힘겨운 육체노동 등을 솔직히 설명하면서 마음을 돌리고 귀국하라고 권했다. 진심에서 나온 고마운 충고였다.

그러나 기울어진 나의 마음은 쉽게 받아들여지지를 않았다. '저분과 나는 자라온 과정이 확연히 다르다. 유복한 가정에서 성장해 고생 없이 살아온 사람이고 내 경우는 파란만장 다 겪으며 살아와 현실을 적응하는 데 차이가 있는 것이다.' 그가 현재 겪는 교포로서의 고통이 내게는 대수롭지 않게 생각되었다.

미국에 정착하려면 영주권 해결이 첫 관문이다. 정식 이민자를 제외하고 많은 교포들은 체류 기한을 넘겨 불법체류자가 되었다가 나름대로의 방법을 찾아 영주권을 취득하는 게 일반적이었다. 그 기간도 운이 좋으면 몇 년, 길게는 10년이 넘어도 영주권 해결을 못하는 사람들이 부지기수였다. 우리도 그들처럼 불법체류자로 이곳에 머물 수는 없는 일이었다. 발령을 받고 귀국하기까지는 약 3개월의 기한이 주어진다. 그렇다면 3개월 내에 영주권 취득 수속을 끝내야 한다. 그것이 여의치 못할 경우 본사 발령에 따라 귀국할 수밖에 없다고 생각했다.

서둘러 자문 법무법인 베이커 맥캔지 로펌에 유능한 이민 변호사를 찾아달라고 부탁했다. 소개 받은 변호사는 Fiertag라는 유태인계 변호사로 다른 업무는 취급 안하고 오로지 이민 관련 업무만 하는 사람이었다. 그는 나의 경력사항을 소상히 훑어보고는 석사학위라도 있으면 한결 수월하겠는데 아무튼 최선을 다해보자고 했다. 일반 이민 신청으로는 몇 년이 걸릴지 모른다며 전문직, 3순위로 신청을 할 테니 첨부할 수 있는 모든 보완자료를 준비하라고 했다. 미국의 연방은행격인 한국은행의 경력을 보강하기 위해서 중앙은행으로서의 각종 영문 간행물과 졸업한 연세대학교 비즈니스 스쿨 영문소개서, 4년간 성적증명서까지, 삼성에 대해선 그룹 전체의 애뉴얼 리포트, 내 원고가 실렸던 사보(私報)까지 모두 망라하니 백업 서류가 한 보따리가 되었다.

아내는 서류접수 전에 목사님 기도를 꼭 받고 제출하자고 했다. 한인교회인 시온장로교회에 등록한 지 일 년 남짓, 신앙 초보자였지만 정말 하나님의 도우심이 꼭 필요한 시기였다. 목사님을 모시고 간절한 소망기도를 마쳤다. 사실 우리 식구가 이곳에 살자고 결심하는데 큰 힘을 준 것은 교회에서 만난 성도들 덕분이 아니었나 싶다. 그들을 통해 교포들의 생활을 미리 볼 수 있었고 미국 정착에 자신감도 생겼다.

접수 후 약 2주가 되었는데 변호사로부터 기쁜 연락이 왔다. 서류 심사가 통과되어 인터뷰 날짜를 잡아야 되는데 상의하자고 했다. 인터뷰는 금요일이 좋은 날이라며 다음 주 금요일을 잡아 놓았으면 좋겠다는 의사를 타진해 왔다. 인터뷰는 온가족이 함께 받는다고 했다.

변호사와 함께 이민국 사무실에 다섯 식구가 들어서니 우리 부부보다는 또랑또랑하고 귀여운 우리 아이들을 봐서도 인터뷰를 통과 시켜 줄 것만 같았다. 어느새 영어가 자유로워진 아이들은 이민국 직원과 한참 노닥거리는 귀여움도 보였다. 전문직에 걸맞는 질문이라도 던지면 어쩌나 싶었는데 때마침 책상 위의 전화벨이 울렸다. 전화를 받더니 인터뷰는 제쳐놓고 한참을 떠들었다. 아마 참석자들 이름도 나오는 것으로 보아 친구들 모임에 관한 이야기였던 것 같았다. 그제서야 변호사가 금요일이 인터뷰에 좋은 날이라고 한 이유를 알 것 같았다. 아니나 다를까 우리를 앉혀놓고 사적인 전화를 너무 오래해 미안하다며 모두 지문을 찍으러 다른 방으로 가자고 했다. 우리 변호사 얼굴을 쳐다보니 환히 웃기만 했다.

지문을 찍고 나니 각자 영주권 번호가 부여되었다. 이런 기적 같은 행운이, 가슴이 터질 것만 같았다. 남들은 십년이 가도 어렵다는 영주권이 이제 3개월 후면 집으로 배달된단다. 오, 주님 감사합니다. 나도 모르게 터져 나온 감사였다. 이제 마음의 흔들림은 없을 것이다. 입 다물고 후임이 올 때까지 열심히 일해 주자. 그리고는 사표를 제출하고 회사를 떠나리라. 무엇을 할까는 그때 가서 생각하자. 평온한 마음으로 돌아가 평상시처럼 일에 몰두했다. 그리고 근 3개월, 후임자가 들어올 시기가 되었는데도 소식이 없었다. 드디어 날아온 소식은 후임자가 미 대사관 인터뷰에서 영어 소통 문제로 비자가 거부되었다는 것이었다. 사실 관리 쪽 사람들은 대학을 졸업하고 통 영어를 쓰지 않아 대화에 어려운 것이 오히려 정상이었다.

난처해진 것은 내 입장이었다. 후임자 입국이 거부되었다면 어떻게 되는 것인가, 어수선하기만 하였다. 회사 로펌과 상의하니 연방 상원의원의 초청장을 만들어 보내는 방법이 있다고 했다. 사무실에 현지법인 명의로 합법적인 선거지원금으로 500불을 보내면 초청장 발급이 가능하다고 했다. 참으로 공개적이고도 편리한 청탁 방식이었다. 영주권이 아직 도착하지 않아 후임자의 귀국도 미뤄준 것일까? 얼마 후에 학수고대 하던 다섯 식구 모두의 영주권이 드디어 집으로 배달되었다. 색깔이 초록색이라 그린카드라고 불리는 영주권이 드디어 손에 쥐어진 것이다.

상원의원의 초청장을 보냈음에도 후임자의 부임은 오리무중이었다. 그리고 어쩐 일인지 지금까지 본사 단독으로 움직이던 현지법인 운영이 삼성그룹 미주 총괄사장 관장 하에 들어갔다. 그는 시카고로 내려와 장기간 머물면서 법인 일들을 꼼꼼히 챙기기 시작했다. 나와의 개인적 상담도 여러 차례 있었다. 그간의 회사의 흐름을 세세히 파악하고는 황황히 서울로 출장을 떠났다.

귀국발령 취소와 사표 제출

몇 주 만에 돌아온 그는 새로운 인사발령을 발표하였다.

첫째 현지법인 Q 사장은 삼성그룹자동차사업 준비팀으로 귀국하고 후임으로 그룹 계열사의 A 상무가 현지법인 사장으로 온다. 둘째 권응구 부장의 귀국 발령은 취소한다. 그러나 후임자의 발령은 그대로 유지되었다. 내가 부장 진급을 했으니 자리 문제는 없었다는 생각이 들었다. 몇 개월 동안 부글거리던 갈등, 분노가 한 순간에 풀렸다. 말도 안 되는 발령에 얼마나 속이 터졌었나. 그는 후임 사장이 오기도 전에 서둘러 귀국했다.

삼성은 전 세계로 뻗어 나가야 할 그런 시점이었지만 사람이 귀했다. 나를 내보낸 것도 외국의 현지법인 관리에 대해 경험을 쌓아 인재를 확보하자는 조치의 일환이었다.

이어서 취임한 법인사장은 미국에 대하여 전혀 문외한이었고 나약해 보이는 외모에 아래 사람을 긁어대는 잔소리형 사람이었다. 마치 맹호부대에서 귀국 당시 신임 사단장의 통솔 방식을 다시 보는 듯 했다. 부임하자마자 업무 파악보다는 사장 대우부터 바랬다. 랩들에게 지불한 커미션 수표에 대해 왜 영수증이 없느냐며 왜 이런 중요한 걸 안 받느냐고 트집부터 잡았다. 미국엔 영수증을 안 받아도 지불된 수표가 되돌아오면 그것이 영수증보다 더 확실한 증거가 된다고 해도 굳이 영수증은 따로 챙겨야 한다고 우겨댔다. 한마디로 미국에 왔으니 미국의 합리적인 걸 배우려 하기보다는 한국식으로 직위를 내세워 통솔하려는 사람이었다. 삼성에 그렇게도 인물이 없나 한심한 생각이 들기도 하였다.

미주 총괄사장은 현지법인 영업체제 전반에 대하여 서울 본사와 그룹 비서실에 무언가를 심각하게 상의하는 듯 했다. 연말이 다가오자 주재원들에게만 극비리에 발표를 하였다. 현지법인을 금년 말 곧 1982년 12월 말까지 시카고에서 뉴저지로 옮긴다. 정식 발표 전까지 현지 채용 직원들이 전혀 모르게 회사를 옮기는 데 필요한 모든 준비를 끝내라. 이사(移徙) 관련 업무는 모두 내 소관이었다. 이삿짐 회사 계약에서부터 해고되는 직원들의 퇴직급여, 정산해야 할 경비 등 준비할 사항이 한두 가지가 아니었다.

드디어 크리스마스를 5일 앞두고 직장 폐쇄 공고문을 붙였다. 일 년 이상 근무자에게는 퇴직금으로 3개월 치의 급여를 지급하며 뉴저지로 옮기는 데 합류할 직원이 있으면 전원 받아준다. 따라올 사람이 있을 리 없지만 명분은 세워야 했다. 성탄을 앞두고 할 짓이 못됐지만 회사의 방침이니 낸들 무슨 힘이 있으리오. 내 사무실 문 앞에는 성난 직원들이 아우성을 쳐댔다. 이것이 코리안들이 주는 크리스마스 선물인가. 눈물을 보이는 여직원도 있었다. 가슴이 아팠지만 어쩔 수 없었다. 크리스마스가 지나자마자 회사 짐들을 이삿짐 회사의 대형트럭에 실어 미리 임대해 놓은 뉴저지 링컨 터미널 근처 산업단지 매도우 랜드에 사무실을 겸한 창고 건물로 보냈다.

가족은 시카고에 두고 뉴저지에 도착한 나는 인근 힐튼호텔에 거처를 정하고 새로이 회사를 꾸릴 준비에 들어갔다. 먼저 분야별 직원 모집이 급선무였다. 인력회사의 도움을 받아 파트별로 소개를 받아 이력서를 검토하고 간단한 면접을 통해 급한 인력부터 채워갔다. 그냥 짐짝에 싸가지고 온 모든 서류를 내놓고 새로 채용한 직원들에게 인계를 시작했다. 회사를 새로 설립하는 것이나 별반 다름없는 일이니 업무가 혼란스러운 것은 어쩔 수 없는 일이었다. 이때 드디어 내 후임과장이 도착했다.

이런 판국에 신임 사장은 나름대로 새로운 체계를 잡으며 사업준비를 해야 함에도 매사에 나를 대놓고 볶아대기만 했다. 몇 번이고 마찰이 있었다. 아직 회사가 새 직원들로 우왕좌왕하는 판인데 사장이 갑자기 본사엘 다녀오겠다며 출국을 하였다.

상당한 이유가 있을 법하여 본사 후배들에게 그의 행적에 대해 정보를 부탁하였다. 아니나 다를까 나와는 근무하기가 어려우니 전에 같이 일했던 모 부장을 대신 미국으로 데려오려고 인사부에 청원을 했다고 했다. 앞으로 이런 사람과 어찌 일을 할까. 심각하게 내 장래를 다시 시작하게 되었다. 이미 몇 달 전에 마음을 굳혔고 영주권도 이미 취득한 상태에서 귀국 발령이 취소됐으니 삼성에서 계속 근무해도 좋고 삼성을 떠나도 상관없다고 생각하던 때였다.

이제 결단의 시간이 왔다고 생각했다. 주말에 시카고에 있는 가족들을 만나러 간다고 총괄사장에게 보고를 드리고 시카고행 비행기에 올랐다. 아내와 다시 앞길에 대해 상의를 했다. 그동안 알아본 결과 뉴저지의 주거비는 시카고 외곽의 주거비에 비해 약 3배나 비쌌다. 사표를 내더라도 미국 교포로서 첫 출발은 시카고에서 하자고 했다. 주말을 틈타 왔으니 월요일 아침엔 뉴저지로 돌아가야 했지만 의사 진단서를 끊어 2주간의 병가를 신청하였다. 서울 본사까지 출장을 가서 나를 교체할 후임을 데려오겠다는 신임 사장에 대한 거친 항의의 표시였다.

새로운 곳에서 새로 시작해야 할 회사를 팽개치고 서울까지 날아간 사장까지 있는데, 그리고 내 후임이 골라지면 나는 다시 귀국 발령을 받는단 말인가. 일 년 사이에 잘못된 발령, 그래서 취소발령, 그리고 다시 귀국 발령? 만약 그렇게 된다면 이것도 회사인가, 삼성이 이렇게 중구난방 움직이는 회사란 말인가.

총괄사장은 당장 뉴저지 회사로 돌아오라고 야단을 쳤다. 그래도 법인 사장의 행태는 받아들일 수 없다고 버텼다. 드디어 서울에서 사장이 전화를 걸어왔다. 일말의 소문은 사실이 아니라며 일단 회사로 복귀해 달라고 간청을 해서 뉴저지로 돌아왔다. 드디어 사장도 서둘러 돌아왔다. 그리고 나의 후임 이야기는 입도 뻥긋 안했다. 자기 의지대로 인사요구가 관철되지 않은 것을 몹시도 못마땅해 하는 것이 들여다보였다.

장래 회사운영에 몰두하기보다는 이미 처리된 업무 중에 무슨 부정이나 과오가 있는가에만 신경을 쓰고 있었다. 무슨 적폐사실이라도 캐 낼 요량으로. 자존심만 더욱 상해갔다. 난 회사 돈을 한 푼이라도 아껴야 된다는 생각에 머물던 호텔도 가깝고 좋은 힐튼에서 모텔 급으로 옮기며 회사 돈을 아끼고 있는데 나를 견제하는 태도는 전혀 고쳐지지 않았다. 주머니 속의 영주권은 더 늦기 전에 네 갈 길을 찾으라고 부추기고 있었다.

삼성을 떠나기로 결심했다. 한국은행을 떠나 삼성에 합류한 지 5년 8개월 만이었다. 사직서를 간단히 작성하여 제출했다. "현재와 같은 업무 여건 하에서는 본인의 직을 수행할 수 없으므로 사직서를 제출하오니 수락하여 주시기 바랍니다." 사장이 사표를 수리할 테니 사직 이유만은 일반적으로 쓰는 '일신상의 이유로'로 바꿔 달라고 했다. 두말없이 그 자리에서 고쳐 써주고 나왔다. 떠나는 날 미주 총괄사장이 나를 부르더니 '권 부장, 미국에 살려면 대단한 각오가 필요해. 주유소에서 펌프질을 해도 감내할 정도로.' 그러면서 훗날 잘 됐다는 소식이라도 전해 달라고 했다.

Bye, Bye! 삼성이여.

06

도전

도전

주재원에서 교포로

사표를 내고 일단 식구들이 있는 시카고로 돌아왔다. 이제는 아파트 임대료며 월급을 주는 회사도 없다. 대학 졸업 이래 월급쟁이로 직장생활만 하던 내가 이제는 자력으로 이국땅 이곳에서 무엇을 하든지 식구들을 책임져야 한다는 가장으로서의 기본적인 중압감이 밀려왔다. 미국은 땅덩어리가 어마어마하게 큰 나라인데 어디에 정착하는 게 좋을지,

한 달을 가족 자동차 여행 겸 돌아볼 생각으로 디트로이트, 뉴욕, 버지니아, 덴버, LA를 잇는 코스를 정했다. 첫 도착지 디트로이트에선 소개받은 청바지 소매상을 하는 교포 집에서 머물며 가게를 이틀간 지켜봤다. 처음으로 교포의 자영업을 실감 있게 관찰했다. 흑인을 상대로 장사를 하는데 장사는 잘되는 것 같았지만 미국에서 범죄율이 가장 높다는 디트로이트에서 흑인들을 상대한다는 데 나도 자신이 없었지만 아내는 더했다.

뉴욕, 뉴저지에서는 사표 내기 전 약 2개월을 보냈음에도 당시 주재원으로서 보던 것과 교포의 눈으로 보는 것과는 상당한 시각차가 있었다.

특히 맨해튼을 둘러보고는 시카고와는 비교가 안될 만큼 역동적임을 새삼 느꼈다. 브로드웨이 도매상은 특히나 인상적이었다. 그러나 점포세가 시카고와는 비교가 안 되게 비싸다는 데 더럭 겁부터 났다. 아직 경험도 없이 큰 판에 낀다는 건 너무 위험하다고 느꼈다.

다음 행선지 덴버로 가는 도중에 미국의 수도 워싱톤 DC에서 백악관, 스미소니언박물관들을 둘러보고 버지니아와 캔사스의 광활한 평야에 들어섰을 때는 이것이 우리가 선택한 새 정착지 미국의 모습임을 새삼 깨닫게 하였다. 중간에서 묵는 모텔까지도 훗날 해볼 만한 사업이 될 수 있을 듯하여 여러 면으로 눈여겨 보았다.

당시 교포들이 모여든다는 콜로라도 덴버에서도 교포들이 운영하는 여러 종류의 비즈니스를 둘러봤다. 영업규모가 시카고 교민들의 것에 비해 훨씬 작은 편이었다. 도시 전체 인구로 보아서도 시카고와는 비교가 안 되고 역시 비즈니스도 마찬가지일 거라는 생각이 들었다. 기후 또한 건조하고 고지대여서 4계절 기후에 길들여진 우리에게는 맞지 않았다. 다시 록키산맥을 넘어 LA, 샌프란시스코까지 가보느냐 아니면 이쯤에서 시카고로 돌아갈 것인가 고민하다가 여행을 접고 시카고로 돌아가기로 했다. 그래도 약 보름간의 색다른 모습을 돌아보고 나니 어느 정도 마음의 정리가 되는 듯 했다.

시카고에 돌아오니 역시 교회를 중심으로 아는 사람들도 많고 주변 지리도 밝으니 꼭 고향에 다시 돌아온 느낌이었다. 그래, 익숙한 지역에서 새 출발을 하자. 지난 삼년 간 겉으로만 보아오던 교포들의 삶이 다시 비쳐지기 시작했다. 교회에서 주일날 깨끗이 차려 입고 찬송가를 부르던 교포들의 모습과는 전혀 다른 그들의 일상 생업이 새롭게 눈에 들어왔다. 앞으로 내가 가야 할 길 또한 그들과 같을 것이라 생각했다.

통장의 잔액을 보니 기껏해야 몇 달이나 버틸까, 다행히 미국에는 실업 수당이라는 것이 있어 퇴직 전에 냈던 보험금에 따라 실업 급여를 신청할 수 있다는 사실을 알았다. 3년간 삼성에서의 급여 덕분에 실업 급여도 제법 많은 편이었다. 6개월간 매 격주로 나오는 실업 급여가 많은 도움이 되었다. 아무튼 서둘러 서울의 집을 팔아야 했다. 미국에 살기로 결단을 내렸으니 서울 집이 의미도 없을뿐더러 무엇을 하든 내 사업을 시작하기 위해서는 자본이 필요했다.

부동산 중개소에 연락을 하고 집 시세를 알아보니 3년 전 떠날 때 1억까지 부르던 것이 오르기는커녕 그간 5·18사태 등으로 떨어졌단다. 파는 사람의 사정이 빤히 드러났으니 가격 흥정도 쉬울 리가 없었다. 게다가 전세로 집을 남에게 맡겼으니 여기저기 트집 잡힌 곳이 많아 제값을 고집하기도 어려웠다. 결국 7천 3백만 원에 거래가 이루어졌다. 달러로 환산하니 약 십만 불 정도였다. 이것이 미국에서 새 삶을 시작해야 할 종자돈이었다. 그래도 다른 이민자들과 비교해서는 결코 적은 돈이 아니었다.

지금이나 그때나 한인 교포들의 주 업종은 세탁소였다. 특별한 기술이 필요하지도 않고 어느 정도 숙달하면 쉽게 할 수 있으며 또한 투자 위험성이 가장 낮은 업종이라고 했다. 마침 대학 동문회에서 만난 후배가 우리가 사는 아파트 근처에 두 개의 세탁소를 가지고 있었다. 종업원도 너댓 명씩이 있는 제법 규모 있는 세탁소들이었다. 며칠을 들락거리며 과연 내가 할 수 있는 업종인가, 수익성은 괜찮은가를 탐색했다. 후배의 생활은 풍족해 보였다. 사는 집도 고급 동네에 좋은 집을 가지고 있었다. 세탁소를 택해도 그리 나쁠 것은 없다는 생각이 들었다.

한편 우리가 처음 시카고에 부임했을 때 이곳에는 이미 이민 와서 살던 고등학교 동창 죽마고우 박상덕이 있어 자주 만났다. 그는 시카고 북부 백인 지역에서 햄버거 가게를 운영하고 있어 교포들이 운영하는 업종에 관하여 많은 이야기를 들을 수 있었다. 세탁소 외에도 슈퍼마켓, 잡화점, 무역업, 식당, 옷가게 등 교포들이 운영하는 업종이 다양했으나 내게 맞는 업종을 찾는다는 게 쉽지 않았다.

먼저 무역업을 하는 대학 동문 사무실을 찾았다. 주로 타이완, 한국, 중국에서 일상 생활용품을 수입해 백화점, 체인 할인점, 기타 소매점에 납품을 하고 있었는데 마진도 박하고 경쟁도 심하다고 극구 만류하였다. 명색이 무역업이지 규모도 영세하고 때때로 시원찮은 중국제품이나 못된 바이어의 고의적인 클레임이라도 걸리면 상당한 손해까지 감수해야 하는 빛 좋은 개살구가 무역업종이라고 했다. 삼성에서 겪어봐서 이해할 만 하였다.

교민들의 자영업은 세탁소를 빼면 대개 흑인 밀집 지역에서 다양한 종류의 소매점을 운영하고 있었다. 교외 백인들이 사는 중, 상층 사회는 3년이나 살면서 겪어봤기 때문에 대략 알고 있었지만 서민층 흑인들이 사는 지역은 별로 가보지도 않아 알지를 못했다. 시카고 다운타운 남쪽지역은 사우스 1가에서 150가까지 거의가 다 흑인들 거주지였다. 20번가 쯤에 있는 시카고대학교, 대학촌에 슈퍼마켓이 어쩌면 내놓을지도 모른다는 이야기를 듣고 무작정 주위도 들러 볼 겸 아내와 함께 나섰다.

대로변 코너에 위치한 점포는 제법 규모도 크고 첫눈에 영업이 괜찮아 보여 가게 안도 살펴보고 싶었다. 먹을 것도 살 겸 차에서 내리자고 했더니 아내는 겁에 질려 문짝을 꽉 잡고 도리질을 해댔다. 앞으로 미국에 뿌리를 내리려면 찬밥 더운밥 가릴 것도 없이 많은 일을 겪어야 할 텐데 은근히 염려가 되었다. 결국 흑인촌에서는 차에서 내려 보지도 못하고 집으로 돌아왔다.

다음으로 관심이 많았던 잡화가게(디스카운트 스토아)를 둘러보기 위해 역시 남부 흑인가를 찾았다. 이번에는 아내와 동행치 않았다. 역시 시카고 사우스 지역에서 가장 번화하고 흑인 인구가 밀집된 지역으로 교포들의 각종 가게들이 밀집되어 있었다. 기대를 가지고 지인이 운영하는 가게에 들어섰다. 한 백 평은 될 정도로 큰 가게에 다양한 일상 생활용품이 꽉 차게 진열되어 있었고 손님들도 북적거렸다. 계산대도 여럿이 설치되어 연신 찍어대기에 바빴다. 처음 보는 광경이지만 이정도면 돈도 많이 벌겠다는 생각이 들었다.

주인이 반갑다고 소리치는데 어디 있는지 분간이 안 갔다. 점포를 휘둘러보다가 깜짝 놀랐다. 그는 점포 안 쪽 한 모퉁이에 높은 사다리를 놓고 그 위에서 장총을 들고 웃고 있었다. 며칠 전에도 권총 강도가 들어와 계산대를 털렸다고 했다. 별로 대수롭지 않게 이야기하는 것이 이상하기만 했다. 강도가 들어와도 계산대 돈만 순순히 내어주고 얼굴을 제대로 쳐다보지 않으면 별 큰 사고는 안 난다고 했다. 계산대는 기본 거스름돈만 넣어 놓고 그 이상은 바로 바로 밑에 설치된 붙박이 박스에 넣는다고 했다. 털려봤자 계산대 거스름돈인데 이걸 아끼려고 강도에게 대들거나 얼굴을 기억하려고 똑바로 쳐다보면 큰 사고로 이어질 수 있다고 했다.

총을 들고 사다리 위에 앉아 있는 것은 강도 예방 차원도 있지만 수많은 좀도둑이 물건을 주인 모르게 훔쳐 주머니에 넣는 것을 감시하기 위해 일부러 높은 곳에 앉아 내려다본다고 했다. 전혀 예기치 못했던 이야기에 몸이 으스스 떨렸다. 당시 미국 생활 3년을 온실 속에서 보낸 내가 받아들이기엔 큰 충격이었다.

첫 사업 – 세탁소

시카고판 한국일보를 구독하고 있어 수많은 업종의 매물 광고는 물론 이를 취급하는 한인부동산 중개인들을 매일 접할 수 있었다. 항간에는 새로 온 이민자들을 등쳐먹는 교포들도 많다는 이야기도 들렸다. 많은 검토를 해봤으나 그래도 세탁소가 첫 사업으로서 괜찮다는 생각이 들었다. 먼저 아내가 지극히 꺼리는 흑인 지역에 안 들어가도 된다는 점, 특별한 경험 없이도 쉽게 시작할 수 있다는 점, 투자한 돈을 날릴 염려가 없고 수익성도 비교적 높다는 점 등을 고려하여 일단 세탁소에 방점을 찍었다.

그런 후 좀 더 확신을 갖기 위해 일전에 눈여겨보았던 대학 후배 세탁소에 들러 직접 실습을 해보기로 하고 무보수 견습생으로 며칠을 보냈다. 손님의 물건을 받아 기계 세탁을 끝내고 다림질을 하여 포장할 때까지의 모든 공정과 종업원들의 시급제 관리, 수익성 등을 파악하고 나니 꽤나 괜찮은 비즈니스라는 생각이 들었다. 그 후배는 주 매상으로 5천불만 올리면 괜찮은 세탁소가게라고 했다. 부부가 함께 일한다면 점포 임대료, 인건비, 재료비 등을 빼고 순이익이 40%는 된다고 했다. 연매상 25만불, 그렇다면 연 10만 불 수입이 되지 않나. 이 정도 수입으로 환경 좋은 교외에서 산다면 미국 사람들 생활의 중류 수준은 될 듯싶었다.

세탁소 가격은 점포의 일 년 매출액이 요구하는 가격이었다. 이를 달러 대 달러($ to $)라고 불렀다. 매매 대금은 일반적으로 50% 미만을 인수자금으로 내고 나머지는 보통 5년간 모기지로 분할 상환하는 것이 관례여서 내가 가진 자금으로 아파트를 얻고 차를 한 대 더 사도 될 것 같았다. 미국은 주거지에 전세 개념이 없이 두세 달치 월세에 해당하는 임대보증금을 예치하고 다달이 월세를 내야 한다. 그러나 매매가 기준이 되는 세탁소 매출액을 어떻게 믿느냐가 중요했다. 정직하게 일 년 매출을 공개하는 사람이 얼마나 될까, 특히 한국 사람이 운영하던 세탁소 매물에서보다는 결국 미국사람의 세탁소를 구입하는 게 좋겠다는 생각이 들었다.

매물을 미국 사람들 거래에서 찾기로 하였다. 시카고 트리뷴지 광고란을 계속 주시하고 있었는데 어느 날 괜찮은 광고를 발견했다. 광고를 낸 브로커에게 전화를 했는데 발음이 한국인인 것 같았다. 미국사람 점포였지만 한국 사람이 구입자가 될 거라는 계산으로 한국인 브로커에게 매물을 내놓은 것이었다. 미국에서 부동산 브로커는 매물을 독점 계약한 후 자기가 전권을 가지고 광고를 내는 등 판매 활동을 한다. 후에 그 매물은 어느 브로커가 팔든 수수료의 반은 독점 계약자의 몫이 된다. 사업 소개료는 10%까지도 올라간다. 굉장히 높은 수수료였다.

만나보니 부동산 브로커를 할 사람 같아 보이질 않았다. 그는 서울에서 대학을 졸업하고 유학을 와 경제학박사 학위를 받은 후 시카고 모 경제연구소에서 일하다가 사표를 내고 나온 분이었다. 세탁소 소개보다는 내 신상을 더 궁금해 했다. 왜, 그 좋은 삼성을 그만 두었는가, 미국을 택하고 후회하지는 않았는가, 더욱이 내가 앞으로 세탁소에서 일하면서 잘 적응할 수 있겠는가 등 나에 대한 질문이었지만 실상은 자기 자신의 고민을 털어 놓는 것이 분명했다.

박사학위를 무난히 받고 연구소 경력도 오래 쌓았는데 한국의 일자리가 마땅치 않아 돌아가기를 주저하던 사람이었다. 결국 그는 몇 년 후 귀국해서 한국의 국책연구원 부원장까지 올라갔다. 한국에 들르면 항상 만나 많은 이야기를 나눴는데 지금은 어디서 노후 생활을 보내고 있는지 궁금하기만 하다.

그가 소개한 세탁소는 시카고 시내에서 남쪽으로 약 두 시간 거리 인디애나주 경계 근처로 거리 이름을 따서 Burnham Cleaner라는 상호였다. 쇼핑몰 대형 슈퍼마켓과 붙어 있어 세탁소 위치로는 좋은 자리였다. 영국 아일랜드계의 '오 데이'라는 노부부가 오랫동안 운영하던 곳으로 아주 고급스런 설비를 한 대형 세탁소였다. 세탁기계가 없는 일명 '드랍 숍'의 세탁물까지 취급하느라 밴 트럭 운전수까지 종업원이 13명이나 되었다. 여러 요소들을 점검하고 결국 세탁소를 매입하기로 했다. 종업원 중에 세탁물을 분리하고 기초 손질을 해서 드라이 크리닝을 담당하는 Bob 아저씨는 6·25전쟁 때 한국 참전용사이기도 했다. 보통 세탁소에서는 볼 수 없는 사무실과 옷을 갈아입는 방(Fitting Room)까지 깔끔하게 꾸며져 있어 마치 양장점이나 양복점 분위기가 났다.

세탁소는 공정이 모두 분업, 기계화되어 세탁물 관리가 아주 효율적으로 이루어지고 있었다. 관례대로 전 주인 부부가 무보수로 한 달을 봐주기로 해서 그동안 각 공정별로 세세히 업무를 익혀갔다.

세탁소 주인은 옷을 받을 때 세탁비를 얼마로 책정하느냐가 가장 중요하다. 남자들 옷이야 양복바지와 상의로 구분해 몇 가지 형태로 가격표에 정해져 있으니 여자들 옷은 하도 다양해서 가격을 정하기가 무척 어려웠다. 이를 구분하기 위해 다른 세탁소들의 가격 일람표를 다수 모아 비교해가며 나름대로 세분화된 '세탁소 표준가격표'를 옷 모양의 설명을 곁들여 얇은 책자로 만들었다. 이 가격표를 훗날 한인시카고세탁소협회의 권장가격표로 배부하였다. 이 과정에서 눈에 띄는 것이 있었다. 바로 미국의 성조기 세탁은 무료로 한다는 항목이었다. 비록 변두리 세탁소였지만 미국인들의 나라 사랑 애국심이 배어 있음을 알 수 있었다

종업원들의 작업 속도는 그 날 작업 분량에 따라 매우 신축적이었다.

일감이 많을 때는 남자 바지를 한 시간에 오, 육십 개도 다리지만 많지 않을 때는 엿가락처럼 작업 시간을 늘려 일을 하였다. 일반 회사와 같이 고정 주급제라면 그러려니 하겠는 데 모두가 시간제로 일하는 직원이라 그들의 움직임이 모두 급여와 연결되니 신경을 안 쓸 수가 없었다. 주인은 최소한 아침 6시면 세탁소에 도착해서 기계를 작동시켜 놓아야 7시 출근하는 종업원들이 일을 시작할 수 있다. 그러다보니 작업이 거의 끝나는 오후 두세 시가 되면 다리가 천근처럼 무거웠다. 항상 걸상에 앉아서 일해 온 습성이 갑자기 서서 하는 일로 바뀌니 적응하기가 어려웠다.

전주인과 한 달간의 수습기간이 끝나고 그야말로 자립의 걸음마를 시작했다. 종업원들이 상전이나 다름이 없었다. 우리 부부는 둘다 숙달이 안 된 초보자들이니 그들이 하는 대로 비위를 맞추며 몇 달을 보냈다. 다달이 손익을 맞춰보니 기대했던 수익률에 훨씬 못 미쳤다. 쇼핑몰이라 건물 임대료도 비싼데다 '트리플 네트'라 하여 한국과는 달리 월임대료 외에 건물 재산세, 건물 화재 보험료, 쇼핑몰 관리비까지 배분해서 부담해야 하고 계절의 영향도 받아 손익이 매월 유동적이었다.

어느 날 사건이 터졌다. 일감이 얼마 되지도 않는데 역시 작업시간을 늘리려고 모두가 노닥거리며 일을 하고 있었다. 참다못해 작업량에 알맞게 끝낼 시간까지 정해서 끝내라고 지시를 내렸다. 평소 눈치만 보며 비위를 맞추던 주인이 그날따라 강하게 나오니 태도들이 심상치 않았다. 아니나 다를까 다림질(프레스) 직원들이 단합하여 오늘은 일을 못하겠다며 조퇴하겠다고 압박을 해 왔다. 오케이, 단호하게 마음대로 하고 싶은 대로 하라고 소리를 질렀다. 덩달아 다른 파트 사람들도 동조해서 내일 보자, 서로들 인사를 나누고 떠났다.

덩그러니 아내와 단 둘이 남았다. 일거리가 반도 안 끝났는데 난감했다. 하지만 여기서 밀리면 앞으로 더 감당하기가 어려울 것이라고 생각되었다. 아내가 먼저 우리 둘이 일을 끝내자고 했다. 밤늦게 안 되면 날을 새서라도 해내고 저들의 콧대를 꺾자고 했다. 그동안 경험으로 우리가 못할 것은 없었다. 단지 작업 속도가 느린 게 문제여서 언제 끝낼지 가늠하기가 어려웠다. 점포 마감시간이 되자 앞문을 잠그고 밀린 일을 계속해 나갔다. 자정 무렵에서야 모든 일이 끝났다.

다음날 새벽 여느 때처럼 문을 열고 기계를 돌렸다. 출근시간에 맞추어 들어서는 직원들에게 오늘도 조퇴를 하려면 직장을 그만 두고 돌아가라고 압박했다. 어제 일거리가 그대로 쌓여 있을 줄 알았는데 깨끗이 정리가 된 걸 보고는 눈들이 둥그레졌다. 이 일이 있고부터는 더 이상 대들지 못했다.

세탁소는 어쩔 수 없는 인건비 싸움이었다. 전 주인 노부부처럼 모든 걸 종업원한테 맡기면 그냥 밥은 먹고 살겠지만 그러려고 미국에 남은 건 아니지 않는가. 우선 내가 대신할 수 있는 일부터 교체했다. 밴 트럭 운전수 Rudy 아저씨부터 내보내고 내가 핸들을 잡았다. 아내는 여자 옷 담당 종업원 한 사람을 내보내고 그 일을 맡아 처리하더니 세탁작업이 끝난 오후부터는 옷수선 작업도 외주를 완전히 끊고 모두 감당했다. 각자 종업원 2인 몫을 감당하고 밀고 나갔다.

나이 40세 전이니 육체적인 고단함은 어떻게든 이겨 나갈 수 있었는데 더 큰 어려움이 있었다. 그놈의 자존심이었다. 세탁물을 분리하다보면 별별 세탁물이 다 있었다. 여자들의 달거리한 옷, 너무 더러워 물빨래나 해야 할 옷들을 드라이클리닝을 해달라고 천연덕스럽게 가져왔다. 심지어 싸구려 옷을 맡기고 드라이클리닝으로 인해 색깔이 변했으니 변상하라고 요구하는 사람도 있었다. 그때마다 밖에 나가 한동안씩 앉아 한숨을 쉬어야 했다.

아, 아, 그래도 내가 대한민국에서는 최고의 학벌에, 최고의 직장 엘리트 간부였는데. 이 짓이 과연 내가 택한 올바른 길인가. 장래의 내 모습은 도대체 어떤 모습일까. 이대로 세탁소 주인으로 미국생활이 계속되는 것은 아닐까. 이럴 때마다 개구리도 더 멀리 뛰기 위해선 움츠리는 거야. 참고 견디자, 언젠가 기회가 올 것이다. 스스로 다짐하고 다시 들어와 일을 계속하였다.

시간이 감에 따라 점점 자신감도 생겼고 나름대로 최선을 다했지만 매상이 기대치에 못 미쳤다. 매출액을 속일 사람들이 아니라고 믿었는데. 거기에는 나름대로 이유가 있었다. 이 세탁소는 원래 몇 블록 떨어진 큰 도로 Burnham Street상의 단독 건물에 있었다. 몇 십 년을 해 와서 단골손님도 많아 대형점포로 성장했는데 내가 인수하기 일 년 전에 현재의 위치에 슈퍼마켓을 낀 쇼핑몰이 건립되자 옛 자리를 폐쇄하고 옮겨온 사연이 있는 점포였다.

그런데 우리가 세탁소를 인수하고 얼마 안 되어 그 옛날 자리에 다른 사람이 다시 세탁소를 연 것이었다. 우리가 아무리 잘해도 영향이 아주 없을 수는 없다는 생각이 들었다. 그러던 중 매상이 급격히 하강세를 타서 원인을 알고 보니 그들이 갑자기 30% 할인 특별행사를 열고 있었다. 아무런 대책도 없이 있다가는 저들에게 상권을 빼앗길 수도 있겠다 싶었다.

시급한 입장이었다. 우리도 특단의 조치를 마련하였다. 우선 우리는 기계 용량도 그들보다 몇 배나 크고 종업원 수도 훨씬 많다는 장점을 이용해 전 품목 50% 할인을 결정하고 전단지를 1만 장이나 인쇄하여 주위 몇 킬로 반경 주택가에 뿌렸다. 학교 수업이 끝난 중학생들을 매일 몇 명씩 차에 태우고 한 장도 손실이 없게 주택 문고리에 접어 꽂도록 하여 거의 1만 장을 며칠 만에 다 돌렸다. 전쟁이 시작된 것이다. 선전포고는 상대방에서 했으니 보복으로 융단폭격을 가해도 가책 받을 일이 아니라고 생각했다.

전단지를 뿌리고 며칠 후부터는 카운터 종업원이 교대제로 2명뿐이었으나 긴급히 배로 증원해 4명이 이 일을 해야 했다. 옷을 받으면 고객별로 인식표를 만들어 자루에 넣어 한가한 시간에 다시 풀어 옷마다 번호표를 달아 왔는데 그럴 시간적 여유도 없이 일감이 밀려 들어왔다. 평상시 자루수가 50개면 충분했지만 일감이 갑자기 불어나니 번호표 처리를 못하고 쌓여 슈퍼마켓에서 대형 비닐봉지를 사와야 했다. 거의 몇 백 개를 사올 정도로 고객이 밀려들었다. 프레스 종업원들에게도 양해를 구해 오후 4시쯤 귀가시켰다가 6시에 다시 나와 밤 11시까지 작업시간을 늘렸다.

틈틈이 쉴 공간도 있다고 좋아했던 사무실은 미처 번호표 작업을 못 끝낸 옷 보따리가 입구부터 산처럼 쌓여갔다. 하루 300파운드 내외로 빨던 세탁물이 하루 1500파운드까지 늘어났다. 약속 날짜가 지나도록 못 끝낸 고객들의 옷도 점점 늘어났다. 할인기한은 우리를 상대로 싸움을 걸어온 상대방이 그칠 때까지로 잡았다. 일주일, 열흘이 지나니 세탁물이 근 80평이나 되는 점포를 가득 채웠다. 결국 우리가 지쳐서 몇 주 만에 중단할 수밖에 없었다. 물론 흔들리던 상대방 점포는 임대료도 감당 못해 몇 개월을 버티다 결국 문을 닫았다. 잠자는 호랑이 코털을 누가 건드리라고 했나.

무역업의 시도와 음주운전 사고

세탁소가 안정기에 들어섰다. 그러자 내 머릿속엔 다시 잡념이 스며들기 시작했다. 세탁소를 끝내고 이쯤에서 전환점을 찾아보는 게 어떨까. 무역업에 대한 미련이 잠재의식으로 남아있어 한 번 시도해 보고 싶었다. 세탁소를 처분하기보다는 무역업을 겸해 나가다가 자리가 잡히면 갈아타자고 아내와 의논했다. 그렇지 않아도 내가 가끔 소리 안 나게 한숨 쉬는 걸 눈치로 알고 있던 터라 아내도 순순히 따라주었다.

시카고 북부 한인타운 근처에 회사이름을 Goldmax, Inc.로 등록하고 조그만 무역회사 사무실을 오픈했다. 사무실 집기는 대부분 쓸 만한 중고품들로 구입했으나 텔렉스만 신품으로 들여놨다. 주로 중국, 타이완 등지에서 생활 잡화를 수입해서 소매상에 파는 도매업으로 시작하여 판매처를 백화점과 대형 체인점으로 확대하면 궤도에 오르는 것이 무역업이었다. 마침 햄버거 집을 처분하고 잠시 무역회사에서 일하던 친구 박상덕을 파트너로 영입하여 함께 키워보자고 하였다. 처음부터 신용장을 열어 상품을 수입하지 않고 타 무역상의 물건을 떼다가 거래처 확보에 나섰다. 여행용 가방, 장난감, 의류, 모자 등의 샘플을 들고 소매점을 돌면서 주문을 받으니 주문량이 많을 리도 없고 지역은 광범위하게 퍼져있어 쉬운 일이 아니었다.

역시 대형 백화점이나 체인 소매점을 확보 못하면 지탱하기가 어려웠다. 기존 공급처가 있는 이들 대형 거래처를 신규 회사가 겨우 샘플을 들고 찾아가 확보한다는 것은 요행을 바라는 것에 지나지 않았다. 몇 달을 시도했지만 직접 신용장을 열고 상품을 수입할 만한 거래처 확보도 못했고 전망도 좋지 않았다. 역시 처음 사표를 내고 찾아 갔을 때 동문이 들려준 무역업에 대한 설명이 사실이었음을 다시 확인한 셈이었다. 상덕이가 갑자기 자기 형제들이 있는 LA로 이주하겠다는 계획을 털어놨다. 말릴 입장도 못되었다. 그날 저녁 우리는 양주잔을 기울이며 이별의 허전함을 달랬다.

그런데 집으로 돌아오는 고속도로에서 경찰 단속에 걸려들고 말았다. 크리스마스를 앞두고 시카고의 추위는 유난히 혹독해서 차의 히터를 한껏 올려놓고 달렸다. 자정이 넘은 시간에 집까지 약 한 시간 넘는 거리를 달리다보니 어느새 졸음이 몰려왔다. 몇 번을 깜짝, 깜짝 놀라며 바퀴가 휘청거림을 느꼈음에도 계속 페달을 밟았다. 아뿔싸, 뒤에서 경찰 순찰차가 불을 번쩍이며 쫓아오고 있었다.

차를 갓길에 세우니 2명의 경찰이 다가와 음주측정기를 들이댔다. 수단껏 약하게 불었더니 일단 차에서 내리라고 했다. 그러더니 숫자를 1041부터 순서대로 세어 보라고 했다. 혀 꼬부라진 소리가 났는지 내가 테스트를 하는 사이 한 경찰이 갓길에 하얗게 2,3미터 직선을 그어놓았다. 겨우 숫자를 세자 이번에는 나더러 한 손은 귀를 잡고 외다리로 선을 따라 뛰라고 했다. 비칠거릴 수밖에 없었다. 순간 손목에 수갑을 채우더니 백차 뒷좌석으로 밀어 넣었다. 내 차는 도로가에 그냥 놔두고 경찰서로 끌려갔다. 운전석과는 두꺼운 차단 유리막이 설치되어 있었다. 본서에 도착하여 음주측정을 다시 한 결과 바늘이 운전면허 취소 기준치인 0.07~0.08을 오르락내리락 하였다. 그나마 고속도로에서 한동안 차가운 공기를 마셔 술이 많이 깬 덕분이라고 생각했다. 수갑을 풀어준 다음 흑인 경찰이 나를 책상 앞에 앉혀놓고 질문을 해가며 조서를 작성했다.

혐의는 음주운전, 속도위반, 지그재그 위험운전 이렇게 세 가지 티켓을 발부받았다. 본드 예치금 200불을 현금으로 예치하면 귀가할 수 있고 그렇지 않으면 철장에서 돈이 될 때까지 있어야 한다고 했다. 다행히 회사 돈이 있어 납부하고 경찰서를 나왔다. 도로변에 세워 두었던 차는 이미 견인되어갔고 거기까지 가려니 콜택시를 불러야 했고 견인비가 예치한 본드 금액만큼이나 되었다.

새벽 동틀 무렵, 집에 들어가니 밤새 뜬 눈으로 기다리던 아내가 어쩔 줄을 몰라 했다. 미련이 남아 시도했던 무역업은 이렇게 상처만 남기고 끝을 맺었다. 아내에게 미안하고 부끄러웠다. 그러나 소중한 경험이었다. 아예 무역업에 대한 미련을 깨끗이 쓸어버리고 더 이상 잡념이 없어졌으니까.

걱정은 앞으로 남은 음주운전 재판이었다. 재판이 있기 일주일 전쯤 카운티법정에 변호사를 고르러 나섰다. 각 법정 방을 돌며 변호하는 모습을 지켜보고 제일 맘에 드는 변호사를 선임할 요량이었다. 피의자들은 거의가 흑인들이었다. 깨끗이 정장을 하고 예의를 지키는 사람도 없었고 신발도 아무렇게나 끌고 나와 판사 앞에 서있었다.

이 방 저 방 재판 모습을 둘러보다가 정장차림에 가방을 든 한 변호사를 만났다. 티켓 3장을 보이며 다음 주가 법정일인데 맡아줄 수 있는가 물었다. 티켓과 나를 번갈아 훑어보더니 힘든 케이스라며 변호비로 2천 불을 요구했다. 터무니없는 가격이라 돈도 없고 금액이 너무 비싸서 안 되겠다고 돌아섰다. 잠시 후 쫓아오더니 그냥 1,000불에 맡아주겠다고 나를 잡았다. 변호비를 상대방을 보고 흥정하는 모습에 실망했다. 역시 도리질을 치고 돌아섰다. 변호사는 멈칫대더니 변호비를 현금으로 결제해 주면 500불에 맡아주겠다고 했다. 어디나 세금을 피해가려는 속셈은 똑같았다. 현금이 되는 대로 계약금을 치르자 몇 가지 조심할 사항을 일러 주었다. 무조건 no guilty(무죄)를 주장할 것이며 판사가 어떤 상황을 물으면 대답에서 maybe(아마)라는 모호한 답변을 하지 말고 명료하게 답변하라고 당부했다.

다음 주에 재판정에서 만나기로 하고 헤어졌다. 재판날 정장에 버버리 코트를 걸치고 방청석 앞자리에 미리 나가 앉아서 차례를 기다렸다. 웬 교통법규 위반자들이 그렇게 많은지 후줄근히 차려입은 흑인들이 홀을 꽉 메웠다. 나는 동양인인데다 의상도 깨끗이 입었으니 자연히 판사 눈에 띌 수밖에 없었다. 차례가 되어 앞으로 나가자 고용한 변호사가 나와 변론사항을 말하며 담당경찰에게 질문을 퍼부었다. 그날 밤 지그재그 운전자를 얼마나 추적했느냐는 변호사의 질문에 경찰이 약 3마일이라고 대답하자 변호사는 즉각 당신 경찰경력이 얼마나 됐느냐고 물으니 6개월 됐다고 대답했다. 그러자 변호사는 지그재그 운전으로 위험에 처한 시민을 3마일이나 따라 갔다면 당신은 직무유기라고 몰아치며 정확히 말하라니 경찰이 오히려 당황해 'maybe 1마일' 하며 갈팡질팡하였다.

판사는 내게 어떤 일을 하느냐고 물었다. 얼마 전까지 삼성에 재무담당으로 일하다 뜻이 있어 사표를 내고 무역업을 시작했는데 실적이 좋지 않아 그날 저녁을 먹으며 반주를 했다고 했다. 판사는 삼성이란 말을 듣더니 자기 집 전자레인지가 삼성제품이라며 품질이 좋다고 덕담까지 해주며 사업하는 사람이 저녁을 먹으며 술도 할 수 있다고 생각한다며 그런데 과속티켓은 어떻게 생각하느냐 물었다. 이때 변호사가 옆구리를 툭 쳤다. 받아들이라는 신호였다. '시간이 늦어 과속한 것은 맞다.'고 대답했다. 마지막 판결에 음주운전과 지그재그 운전은 무혐의, 오직 과속운전에 대해서만 벌금 50불이 부과되었다. 미국 생활 처음으로 수갑까지 차봤고, 미국 재판에는 티켓을 발부한 경찰도 참석하여 쌍방 발언 기회를 준다는 사실도 알게 되었다. 역시 민주법정이라는 생각이 들었다. 많은 걸 배우고 느끼게 한 사건이었다.

한번은 밴 트럭을 몰고 고객인 Sears백화점의 커튼을 Bob 아저씨와 떼러갔다. 몇 십 개나 되는 대형 창문의 커튼이어서 작업량이 꽤나 많았다. 백화점 모든 창문의 크기가 모두 똑같아 보였다. 설마 건축 설계하는 사람들이 같은 벽에 나란히 있는 창문 크기를 각각 다르게 설계했겠나 싶어 커튼마다 붙여야 할 번호표를 지레짐작 생략해 버렸다. 그런데 세탁을 마치고 커튼을 다시 달려고 하는데 창문과 커튼의 크기가 맞지 않았다. 그제야 창문 크기를 재어보니 제각각이었다. 그날 커튼을 다는데 한나절을 보냈다.

시카고의 교민들의 연말 파티는 고국의 유명 연예인들을 매년 초청해 성대하게 열었다. 조용필, 이주일 씨도 이때 처음 봤다. 여기에 곁들여 각 직능별 협회 연말 파티도 교민들의 외로움을 달래주는 즐거운 모임이었다. 특히 세탁인협회 파티도 규모에 걸맞게 성대하게 열리곤 했다. 세탁협회 평상시 모임은 회원수가 워낙 많아 지역별로 부회장을 두고 별도로 모임을 가져야 했다. 세탁소 규모가 제법 크다보니 경험도 많지 않은 내게 남부지역 부회장직이 맡겨졌다.

협회의 주요 업무는 교포 업소끼리의 과도한 경쟁을 없애고 친목을 다지는 일이었다. 한인 업소간의 경쟁이 도를 넘어 서로 죽기 아니면 까무러치기 식으로 심한 곳도 있었다. 타 민족들은 단합해서 상생을 도모한다는데 우리 교포들은 왜 이렇듯 서로 싸우는 걸까. 소모임으로 친목을 다져 이를 해소해 보려했으나 그다지 효과를 보지는 못했다. 역시 지기 싫어하고 남이 잘 되는 꼴을 못 보는 우리 민족의 유전자는 어쩔 수 없는 것 같았다.

타운하우스 생활

삼성에 사표를 내고도 한동안 주재원 시절에 임대한 아파트에 머물렀지만 세탁소를 인수하자마자 세탁소에서 멀지 않은 곳에 타운하우스로 이사를 했다. 1층은 주방과 응접실, 화장실이 2층에는 침실이 세 개 그리고 지하실도 카펫을 깐 잘 꾸며진 연립주택이었다. 뒷마당 담장 너머로는 드넓은 옥수수 밭이 펼쳐져 있어 시골풍이 물씬 풍겼다.

세탁소 인수 절차로 아이들 학교 전학이 일주일쯤 늦어졌다. 꼬꼬는 중학교 1학년으로, 선미와 철용이는 초등학교 학년에 맞추어 전학 절차를 마쳤다. 모두 스쿨버스로 등하교를 해야 하는 거리였다. 시카고 시내에서 멀리 떨어진 곳이어서 종전의 학교에 비하면 훨씬 시골학교였다. 그래서인지 아이들이 학교 공부가 쉽다고 하였다.

교회는 두 시간 이상 운전거리였지만 시온장로교회에 계속 다녔다. 예배가 끝나면 동갑내기들 선교회 모임을 가져 즐거운 시간을 가지거나 시내에 들러서 동양 슈퍼마켓에서 장을 보고 내려왔다. 시카고에서 제일 큰 한인마켓으로 '한국마켓'이 있었다. 어느 날 장을 보고 있는데 기가 훌쩍 큰 사람이 멀리서 나를 발견하고는 어이가 없었던지 그 자리에 우뚝 서 있었다. 나는 영문도 모르고 지나치려는데 내 이름을 부르는 소리에 깜짝 놀랐다. 세상에 이런 일도, 파주 문산중학 선배로 파주도서관에서 같이 공부하던 고찬열 선배가 내 손을 꽉 잡았다. 육군 장교로 원주에 근무한다는 이야기를 들은 지도 10년이 넘어 서로 안부를 몰랐는데 이렇게 이국땅에서 만나게 될 줄이야.

그날로 근처에 있는 선배 집에서 시간가는 줄 모르고 옛이야기 꽃을 피웠다. 고 선배는 간호사인 부인과 결혼하여 이민을 왔고 컴퓨터 기술자로 IBM에서 근무하고 있었다. 외지에서 고향 선후배로 이웃이 되었으니 이 어찌 기쁘지 않겠는가. 아이들은 아이들대로 친구가 되어 주말을 함께 보내곤 했다.

타운하우스가 우리에게 적합했던 것 중의 하나가 있었다면 방음이 저절로 되는 지하실이 있었다는 것이었다. 지하실에서는 매일 자정이 넘도록 아내의 재봉틀 소리가 그칠 날이 없었다. 원래 아내 쪽 사람들이 손재주가 많지만 아내의 바느질 솜씨가 프로 수준으로 발전할 줄은 꿈에도 몰랐다. 간단한 바짓단 줄이기야 기본이고 남자들 양복 칼라까지 줄이고 늘리고 하니 주문받은 옷을 외주로 내보낼 필요가 전혀 없었다. 아이들이 자라면서 잠결에 들은 엄마 재봉틀 소리를 어른이 돼서도 어려움에 처했을 때에 문득 문득 들리는 듯 하다고 했다. 가정교육은 부모들이 말로 하는 것보다 실제 삶과 행동이 큰 효과가 있음을 보여준 셈이다.

주재원 옷을 벗으니 3년간 그렇게 가깝게 지냈던 옛날 시카고지점 사람들과도 전혀 교류가 없었다. 다만 뉴저지에서 가끔씩 전화가 올 뿐이었다. 모두가 새로 뽑은 직원들이니 간간이 내가 있을 때 업무처리 내용을 묻기도 하고 때로는 조언을 구하기도 했다. 모두들 사표를 내고 떠나면 전화연락도 없이 잠적해 버렸지만 나는 그럴 필요가 없다고 생각해서 한동안 내 거처가 옮겨지는 대로 알려주었다. 후에 뉴저지로 이주하였을 때에는 현지법인 후배 직원들을 파시페니 우리 집에 초대하여 파티를 열기도 하였다. 모두들 사표를 낸 삼성맨이 어떻게 사는가 보려고 호기심을 가지고 왔다가 모두 놀라는 표정이었다.

꼬꼬가 어느덧 중학교 졸업을 맞았다. 졸업을 앞둔 어느 날 담임선생이 말해줬다며 "네가 요번에 졸업생중 성적이 수석인데 이 학교에 전학 온

날이 약 일주일이 늦은 관계로 수석 졸업생을 다른 아이로 바꾸게 되어 미안하다."고 말했다는 것이었다. 곰곰이 생각하니 어처구니없는 이야기였다. 학교를 찾아가 자세한 경위를 알려달라고 했다. 교장선생과 담임선생은 다소 긴장을 하더니 교장선생이 설명을 해 주었다. 학교 첫 학기는 9월 첫 월요일 노동절 다음날이 시작이어서 그날 전학 등록을 했어야 하는데 며칠 후에 등록을 해서 수업일수가 모자라 어쩔 수가 없다는 궁색한 변명이었다. 인종 차별에서 나온 발상이었거나 교장 개인의 특별한 이유가 있거나 상식적으로도 말이 안 되는 소리였다.

마침 세탁소 손님 중에 지방지 신문기자 한 분이 있었다. 사회면 담당 기자라서 이 사실을 문의하였더니 있을 수 없는 처사라며 학교 측에 정식 항의를 하라고 했다. 그러면서 이 경우를 의제로 학교운영위원회(Board of Directors) 소집을 요구하는 방법까지 가르쳐 주었다. 그에 따라 위원회가 소집되었고 위원 10여 명이 참석한 가운데 먼저 나에게 발언권을 주었다. 미리 준비한 내용으로 항의를 하였다. 이번 결정의 부당성을 몇 가지 예를 들며 반박했다.

"첫째, 이런 경우가 대학에서 발생했다고 칩시다. 중학교는 수업료가 없지만 비싼 수업료를 내는 대학에서 등록금 준비가 어려워 등록이 며칠 늦었는데 그 학생이 전교 수석을 했을 경우 수업일수 미달을 이유로 당신들은 이를 인정 안 하겠는가. 둘째 수석을 한 학생이 학기 중에 교통사고로 며칠간 병원에 입원하느라 수업 일수가 모자랄 경우도 그리하겠는가. 끝으로 이번 결정이 특히 학교에서 절대로 있어서는 안 되는 인종 차별에서 비롯된 것이 아닌가. 이에 대한 답변을 듣고 싶다."며 발언을 끝냈다.

한동안 침묵이 흐른 뒤에 한 분이 말을 받았다. 너의 둘째딸 Sandi가 자기 딸 친구라서 자기 집에 자주 놀러 오는데 Sandi도 반에서 공부가

1등이니 내년에 Sandi가 수석을 하면 되지 않겠느냐, 이번은 이미 결과가 공표되어 번복하기가 어려우니 양해를 해달라며 내게 간곡히 부탁을 했다. 나는 할 말을 다했으니 결정은 알아서 하라 하고는 회의장을 나와 버렸다. 그래서인지 졸업식 날 학교에서는 적절한 안배를 해 주어 우리 식구들은 불만 없이 참관할 수 있었다. 졸업생 대표 발언은 이른바 수석 학생이 그리고 전체 졸업장 및 우등상 대표 수령자로는 꼬꼬를 내세워 주었다.

마침 서울 집을 지을 때 많은 도움을 주었던 아내의 작은오빠 형우 형님이 관광 비자로 미국에 왔다. 우리가 떠나고 서울에서 계속 목수 일을 해왔지만 미국에 와서 정착하고 싶다고 해서 그만한 손재주면 미국 교포들만 상대해도 곧 자리를 잡을 수 있을 것 같아 여행 비자를 받아서라도 오시라고 했었다.

다행히 아무 제재 없이 들어와 합류할 수 있었다. 그때만 해도 한인사회 교포들 대다수가 이렇게 연줄을 이용해 들어와 살면서 몇 년을 걸려 수단껏 영주권을 해결하는 것이 관례였다. 형우 형님의 손재주는 어디를 가나 인정을 받았다. 단지 불법체류 신분이어서 운전면허를 딸 수 없어 기동력이 문제였다. 그래도 미국에는 우리 쪽이나 아내 쪽이나 아무 친척도 없다가 처남이 들어오니 한결 마음이 든든하였다. 몇 년 후 처남은 플로리다 농장의 일일 노동자들에게 특별히 영주권 문호가 열렸을 때 목화밭 노동자로 서류를 꾸며 영주권을 받았다. 이때 한국인 불법체류자들 상당수가 이런 편법으로 영주권을 취득하였다.

세탁소의 매각

세탁소를 운영한 지도 어느덧 2년이 지났다. 세탁소 일에도 익숙해져 어려움이 별로 없었으나 세탁소에 안주해서는 안 된다는 내면의 요구는 한 번도 뇌리를 떠난 적이 없었다. 이제는 세탁소 말고 딴 길을 찾아볼 때가 된 듯싶었다. 한편 이쯤이면 미국 어디에 내려놓아도 살아나갈 자신이 붙었다. 어쩌다 정 안 되면 다시 세탁소라도 하면 굶어 죽지는 않을 것 아닌가.

아내와 나는 그동안 각기 2사람 이상의 몫을 하느라 심신이 지칠 대로 지쳤다. 점포를 인수할 때 오너 모기지를 조기 상환하고도 상당한 저축을 했으니 조용히 때를 봐서 가게를 자연스럽게 넘겼으면 좋겠다고 생각했다.

내가 남부지역협회 부회장을 맡은 데다 잘 되는 가게라는 소문이 나 있는 만큼 중개료가 비싼 부동산 중개인에게 내놓지 않아도 가능할 것만 같았다. 이런 생각을 하며 지내고 있는데 우연일까 행운일까 협회원으로부터 은근한 제의가 들어왔는데 세탁소를 하고자 하는 사람이 있는데 가게를 팔 의향이 있는지 넌지시 물었다.

대화는 일사천리로 진행됐다. 사고자 한 사람은 뜻밖에도 현직 의사였다. 마취과의사였는데 의료사고가 몇 번 겹치자 의사 보험을 얻기가 힘들어 병원에 다시 들어갈 수가 없어 부인과 함께 운영하려고 괜찮은 세탁소를 찾고 있던 중이었다. 부부는 대학 선교회에서 만나 결혼 후 미국으로 왔다는데 갑자기 남편의 건강에 문제가 생겨 의사 일을 못하게 되었다는 가슴 아픈 사연이 있었다.

우리 세탁소는 많은 노력을 해왔음에도 불구하고 연간 매상은 비슷한 수준에 머물렀다. 그동안 돈을 저축할 수 있었던 것은 우리 부부가 인건비를 그만큼 줄였기 때문이었다. 결국 매매가는 우리가 사온 가격과 같은 값에 팔 수밖에 없었다. 오히려 와이셔츠 기계를 새로 설치해 깎아준 셈이었다. 아무튼 2년 만에 종자돈이 배로 불어났으니 실망할 일이 아니었다. 세탁소가 우리의 종착역이 결코 아니지 않는가.

팔자, 그리고 떠나자, 더 넓은 곳으로.

2년간이나 일에 찌들어 살던 세탁소를 무난히 넘겨주고 아내와 함께 외출도 하고 좋아하는 나물 캐는데도 동행하니 한동안 잊었던 인생의 새로운 향기를 맡는 듯했다. 이렇게 편안한 삶이 우리에게 있었던가 싶었다.

그런데 아내는 한동안 행복에 젖어 있다가도 갑자기 화들짝 놀라곤 했다. 처음엔 아내에게 무슨 병이 난 줄 알았다. 이유는 스트레스성 잠재의식 때문이랄까. 항상 자정이 넘도록 옷 수선을 하면서 손님과의 약속 날짜를 못 지킬까봐 마음을 졸여 왔는데 갑자기 그 일을 안 하니 때때로 잠재의식이 갑자기 머리를 때린다는 것이었다. 이런 증세는 몇 년 동안 이어졌다.

아내의 취미를 손으로 꼽으라면 음식 만드는 것을 빼놓을 수 없다. 항상 다양한 음식을 푸짐하게 마련하고 이웃을 부르는 게 즐거움이었는데 세탁소를 하면서는 마음뿐이지 할 수가 없었다. 그때 우리 타운하우스 단지엔 한국인 가구가 두 집이 더 있었다. 몇 집 건너편에 김봉국 씨 내외분이 노모님을 모시고 살면서 무슨 소매상 두 개를 운영하고 있었다. 그냥 길에서 인사하는 정도로 그분들이 어떤 일을 하는지는 자세히 알지도 못했다. 아내가 주말에 가끔 음식이라도 만들면 노인 할머니 잡수시라고 들고 가 인사정도 하는 사이였다.

가게를 처분하고 나니 아내의 음식 만드는 취미가 다시 시작되었다. 자연히 옆집과의 교류가 잦아지고 우리의 과거도 털어놓고 또 앞으로의 진로도 상의하는 사이로 발전하였다. 그때 우리는 애초 삼성에 사표를 냈을 때처럼 시카고를 떠나서 뉴욕, 또는 뉴저지를 새로운 정착지로 정하고 다른 비즈니스를 해 볼 작정이었다. 김봉국 사장은 나보다 몇 살 연배였고 공대 건축과 출신답게 성격이 차분한 분이었다. 우리가 곧 이곳을 떠나 동부로 간다고 하자 드디어 그분이 의미심장한 조언을 하였다. 자기 사업장에 내일 한번 와서 보고 생각해 보라고 했다. 교포들은 교포들을 경계하게 마련이었다. 좀 잘된다 싶으면 의리 같은 건 아랑곳없이 이웃을 치고 들어간다는 소문을 한두 번 들은 게 아니었으니 그동안 우리에게 비즈니스 이야기를 전혀 하지 않았던 것이다.

다음날 오전 약 반시간 거리의 하비(Harvey)라는 타운에 위치한 그분의 가게에 들렀다. 타운 중심에서 다소 떨어진 번화한 곳도 아닌데 매장도 크고 진열된 상품도 엄청나게 많았다. 게다가 매장 뒤 창고와 지하실에 재고가 매장의 몇 배나 되도록 어마어마하게 많은데 놀랐다. 희한한 장사도 있다고 생각하며 매장을 꼼꼼히 둘러봤다. 계산대 앞에 줄이 거의 문 앞까지 이어졌다. 캐슈어의 손놀림이 보통 빠른 게 아니었는데도 줄이 줄어들지 않았다. 종업원들은 계속 비어가는 진열대에 가격표를 붙이며 물건 채우기에 바빴다. 매장에는 전부 흑인 손님들뿐이었다. 점심 먹을 시간도 없어 일을 하면서 햄버거로 점심을 서서 해결하였다.

밖의 간판은 노란 바탕에 빨간 글씨로 'Mid-K beauty supply'라고 써서 아주 강한 느낌을 주었다. '아, 이거구나.' 앞으로 내가 선택해야 할 업종이. 바로 결론이 내려졌다.

다음날부터 노트 한 권을 준비해서 김사장을 따라 나갔다. 무엇을 어떻게 효율적으로 배울 것인가. 먼저 취급해야 할 품목부터 파악해야 될 것 같았다. 품목 수가 얼추 잡아 수백, 수천 종이 넘어보였다. 제품은 대부분 흑인들이 머리에 쓰는 용품들이었다.

전 품목의 이름을 적어가면서 이왕이면 상품을 하나하나 닦아가면서 적으면 바쁜 종업원들도 도와주는 것이라 생각했다. 김사장은 안쪽 선반에 진열된 먼지 쌓인 상품들을 정성들여 닦는 걸 보더니 전에 몇 사람이 거쳐 갔는데 역시 다르다며 꼭 성공할 거라고 힘을 실어 주었다. 일주일에 걸쳐 만든 노트 한 권이 앞으로 내 새로운 사업을 지켜 줄 것만 같았다.

새 정착지를 찾아서

새로 시작할 업종이 결정되자 한시바삐 새로운 정착지로 정한 뉴저지에 가보고 싶었다. 미국생활을 시작할 때부터 앞으로 우리가 집을 사면 교포들이 모여 사는 복잡한 곳보다는 완전한 백인 동네에 널찍한 터를 잡으리라 염두에 두고 있었다. 마침 뉴저지 교외 모리스 카운티에 삼성에 잠시 근무했던 후배가 살고 있어 방문했던 차에 주위를 둘러보았는데 지역이 마음에 들었다. 사업 대상지를 뉴왁 아니면 패터슨 인근의 흑인 밀집지역으로 정하더라도 차로 2, 30분 거리라서 별 문제가 안 될 것이라 생각했다. 네 번째로 집을 보러갔다가 딱 우리가 좋아하는 스타일의 집을 발견하였다. 매물로 나온 지 며칠이 안 돼 아직 부동산 매물 정보 책자에 사진이 오르기 직전이었다.

부동산 중개인을 따라가 집안을 보기 전에 우리는 집 주위부터 둘러봤다. 총대지 1.54에이커(1,980여 평)에 주택 앞뒤로 잘 가꿔진 1,000여 평의 잔디밭과 뒷마당 끝에 테니스장만한 넓은 텃밭, 포도밭, 이웃과 경계를 이룬 싸리나무 담장은 마침 4월 말 제철이라 하얀 꽃이 마치 흰쌀을 뿌려 놓은 듯 환상적이었다. 남들은 집안부터 보고 바깥은 나중인데 우리는 바깥을 먼저 보고 이미 반해 버렸다.

집안에 들어서니 천정이 나지막한 랜치 스타일로 지은 지 약 30년이 넘는 오래된 집이었다. 위치는 신규 주택단지 가운데 제일 높은 자리에서 다른 집들을 굽어보고 있었다. 집의 내력도 우리가 좋아하는 역사를 지녔다. 원래 주인은 이 동네 일대의 지주로서 전구(電球) 공장을 운영해오던 사람이었는데 은퇴와 함께 몇 십 에이커나 되는 일대 토지를 개발업자에게 매각하여 자신이 살던 집 하나만 오래된 집이었고 주위의 집들은 모두 새로 지은 집들로 비교적 부촌 단지였다.

아내는 주택은 앞으로 돈 벌면 개축을 하든지 증축을 하면 된다고 집터가 맘에 든다며 그냥 결정짓자고 했다. 나도 마다할 이유가 없었다. 약 30% 다운페이를 하고 구매 계약을 체결했다. 이사 날짜는 두 달 후 7월 초로 잡고 시카고로 돌아갔다.

뉴저지로 이사 온 첫날 밤에 희한하게도 우리는 똑같이 이른바 길몽을 꾸었다. 아내는 끝자락을 묶은 몸빼 바지에 대변이 가득 차 털어도 털어도 안 털렸다는 꿈을, 나는 파도가 넘실대는 푸른 바다를 보고 서 있는 꿈을 꾸었다. 마치 우리의 앞날이 바다처럼 넓게 트이고 재물의 축복이 넘치리라는 어떤 예감이 들었다. 이삿짐을 정리하고 자리가 잡히자 아이들이 긴 여름방학 중이라 비즈니스 자리는 나 혼자 돌아다니며 찾을 테니 아내랑 아이들 모두 지난 3년간이나 못 나갔던 한국에 다녀오라고 들여보냈다.

가족이 돌아올 때까지 Beauty Supply(미용 재료상)를 개점할 장소를 찾는 일이 나의 중요한 과제였다. 아침에 휘발유를 가득 채우고 나가면 기름이 다 떨어지도록 뉴저지 동서남북을 누비고 다녔다. 괜찮아 보이는 후보 지역은 몇 군데로 압축됐지만 정작 점포는 얻지를 못하고 망설이기만 했다. 역시 장소를 고르는 데는 업종을 운영해본 경험이 필요함을 절실히 느꼈다. Beauty Supply 간판도 별로 눈에 띄지 않았다. 이 비즈니스가 아직 시카고에서만 잘되는 업종이고 이쪽 동부에선 별로인가 의심이 들기도 했다.

이런 상황을 시카고 김 사장과 상의했더니 시카고에 제조업체가 몰려 있어 업계를 선도하고 있지만 뉴욕 일대 동부는 이사업이 본격적으로 퍼지기 전이라서 지금이 적기라며 한 점포를 알려 주며 가보라고 했다. 몇 번 지나쳤던 기억이 있어 찾아 들어갔다. 주인에게 우선 내 소개부터하고 업종에 대해 자문을 구했다. "이거요, 아예 생각을 마세요, 미국에서 해서는 안 될 비즈니스가 바로 이 업종입니다. 동서가 한 사람 있는데 하지 말라고 극구 말렸고 나도 곧 다른 업종으로 바꿀까 생각 중입니다."

나는 솔직한 조언을 주셔서 감사하다고 거듭거듭 인사를 하고 나왔다. 자기가 하고 있는 일이 그렇다는데 안 믿을 수가 없었다.

거의 달포를 헤매고 다녔는데도 Beauty Supply 점포 위치를 보는 눈이 열리지를 않았다. 점차 그 업종에 회의가 생기기 시작했다. 끝내는 다시 세탁소라도 좋은 곳이 있으면 시간을 더 끌지 말고 빨리 시작해야겠다는 생각마저 들었다. 그래서 세탁소 자리로 괜찮을 듯 싶었던 빈 가게를 다시 훑어보기 시작했다. 그 중에 한 점포가 괜찮아 보여 부동산중개인을 찾았다. 반갑게 가게 조건들을 설명해 주었는데 막상 점포주인은 세탁소로는 절대로 줄 수 없다고 했다. 바로 직전에 세탁소가 영업부진으로 문을 닫고 나갔다는 것이다. 그래도 내가 보기엔 정말 좋은 자리로 보였다. 거듭거듭 설득을 해서 주인과 다음날 중개인 사무실에서 만나기로 겨우 약속을 잡았다. 계약 보증금을 챙겨 넣고 중개인 사무실에서 한 시간도 넘도록 기다렸는데 끝내 점포주인은 나타나지 않았다. 이 일에 대해서는 몇 십 년이 지난 지금 생각해 보아도 기이한 생각이 들곤 했다. 그때 내가 그 점포를 임대해서 세탁소를 다시 했다면? 오늘의 내가 여기에 있겠는가. 잘못 디딘 발걸음도 바로 잡아주시는 분이 계셨구나 하는 생각을 지울 수 없다.

업종을 바꾸어 눈을 다시 돌리니 가볼 곳이 너무 많았다. 세탁소건 잡화점이건 업종에 관계가 없이 비어있는 가게가 있으며 무엇을 차리면 될까를 궁리하며 가게들을 살피고 있는데 뒤에서 경찰 순찰차가 불을 번쩍이며 따라왔다. 내게 무슨 위반사항이 있나보다 해서 길가에 세우고 차에서 내렸다.

멀찌감치 세운 백차에서 경찰이 권총을 겨누며 소리를 질렀다. 'Get back' 차 안으로 도로 들어가란다. 잔뜩 겁이 나 운전대에 손을 얹고 기다렸다. 수상하게 자세를 취했다간 총을 쏠지도 모른다는 생각이 들었다. 권총을 든 경찰이 먼저 운전면허를 내놓으라 했다. 꼭 영화에서 보던 장면 같았다. 뒷주머니에서 지갑을 꺼내 일리노이 운전면허를 내보였다. 들은 바로는 한국에서처럼 양복 안 주머니에서 지갑을 꺼냈다가는 겨드랑에서 권총을 꺼내는 줄 알고 오인 사격을 받을지도 모르니 지갑은 반드시 바지 뒷주머니에 넣어야 한다는 건 이민 초기에 터득했으나 왜 그래야

하는지를 그때 처음 깨달았다.

경찰은 네가 지금 시내를 몇 바퀴째 돌고 있는지 아느냐, 왜 두리번거리며 무얼 살피냐고 물었다. 그제서야 이해가 갔다. 경찰은 내가 무슨 범죄 장소를 물색하고 있는 줄 알았다는 것을. 웃으며 설명을 해주었다. 면허증을 보면 알 테지만 시카고에서 새로 이사를 와서 비즈니스 장소를 물색하느라 돌고 있다고 했더니 고개를 끄덕이며 미안하다고 했다. 화가 나기보다는 이 정도의 치안이라면 자영업을 하더라도 안심할 수 있겠다 싶어 미국사회에 더욱 신뢰감이 들었다. 결국 가족들이 들어 올 때까지도 사업장을 찾지 못해 좌불안석이었다.

Rosalee Beauty Supply의 개업

어느 날 몇 번 들렀던 East Orange타운의 Main Street 끝자락에 그냥 문 닫힌 가게가 있어 창문을 통해 안쪽을 들여다보니 주방에서 쓰는 그릴, 오븐 등이 여기저기 놓여 있었다. 한참을 두리번거리고 있는데 뒤에서 어깨를 툭 치는 사람이 있었다. 내가 건물 관리인인데 이 가게에 관심이 있느냐고 물었다. 그는 권리금만 내면 임대가 가능할 수도 있을지 모르니 다시 보자고 했다.

이때가 절묘하게도 일 년에 한 번 열리는 미 전역 Beauty Supply Show가 마침 필라델피아에서 열려 시카고에서 김봉국 사장 일행들이 대거 동부로 왔다. 전시회 쇼가 끝나자 반가운 마음에 우리 집으로 모두를 초청해 환영 파티를 열었다. 다음날 당연히 장소에 대한 검증을 부탁했다. 내가 안내하는 대로 타운 전체를 둘러보고 몇 군데 빈자리도 보여 주었다. 그러자 전에 들러 조언을 받았다던 미용재료상 점포가 어디 있는지 거기부터 알려달라고 했다.

시카고 업자 일행이 그 점포에 친구의 안부를 전하며 안으로 들어서려니 한국 사람은 살 물건이 없다며 모두 나가달라는 요구를 받았다고 했다. 두말 못하고 나왔지만 일행 중의 한 분은 벌써 둘러볼 건 다 둘러봤다며 이미 상당한 돈을 벌었을 거라고 했다. 그 후 내가 봐 놓은 자리를 둘러보고는 두말 말고 얻으라고 했다. 점포를 몇 개씩 가지고 있는 분들의 조언이라 용기를 다시 얻었다. 건물 관리인이라고 연락처를 준 Fritz를 다시 만났다. 작달막하고 다부지게 생긴 흑인이었다. 해당 점포는 이미 건너편 피자 가게가 비좁아 옮겨오려고 이미 계약을 마친 점포인데 2만 불의 권리금을 주면 양보 시키고 나와 계약을 다시 하겠다고 했다.

근처에 다른 빈 점포도 없고 조언을 받은 이 점포를 놓치고 싶지 않아 권리금 조정에 들어갔다. 피자가게 주인인 아르헨티나 사람 Alberto는 Fritz 말대로 2만 불을 고집했다. 무언가 좀 이상하다는 생각이 들었다. 이사도 안한 빈 가게에 2만 불을 요구하는 근거가 무엇이냐고 따져 물으니 이미 개점 준비를 하느라 에어컨을 설치하는 등 투자액이 많다고 둘러댔다. 밀고 당기면서 권리금이 1만2천 불까지 조정됐을 때 건물 주인의 소재를 물었다. 정식 계약을 맺으려면 관리인보다 건물주의 승낙이 먼저라고 생각했다. 다음날 건물주 Mr. Maratea를 만나서 Alverto가 옥상에 설치된 센트럴 에어컨에 대한 권리금을 요구하니 계약서에 에어컨은 만기 때 내가 떼어가겠다고 명시하자고 했다. 그러자 건물주 이태리 영감님은 에어컨은 내가 설치한 것인데 권리금이 무슨 소리냐며 펄쩍 뛰었다.

Alberto와는 점포 계약서를 작성한 적도 없고 자기 가게가 비좁아 잠시 주방기기를 옮겨 놓았을 뿐인데 자기가 설치하지도 않은 옥상의 중앙 집중식 에어컨까지 거짓말을 해서 권리금을 받아먹으려 한다며 노발대발하였다. 결국 Mr. Maratea는 내게 권리금도 없이 점포를 아주 싼 월세 1천2백 불에 중간에 인상 조건도 없이 10년간 계약으로 가게를 넘겨주었다. 그것도 옆에 붙은 빈 가게가 오랜 동안 방치된 듯 보여 벽을 트면 한 가게로 쓸 수 있겠다 싶어 덤으로 요구했는데 그것까지 포함해서 계약을 하였다.

새 사업 개업장소를 드디어 잡았다. 상호는 미리 생각해 둔대로 'Rosalee Beauty Supply'로 정했다. Rosalee는 시카고 세탁소에서 거래했던 고급 여성 옷가게 이름을 따온 것이다. 가게는 두 개가 붙은 걸 한 번에 얻었으나 가진 돈으로는 한 쪽 가게도 상품을 채우기가 힘들 것 같아 우선 한 쪽만 쓰기로 하였다. 내부공사를 하면서 바닥은 화장품이 진열대에서 떨어져도 깨지거나 손상이 안 가도록 카펫을 깔았다. 색깔도 붉은 카펫을 골랐다. 천정에는 바깥보다도 더 밝은 조명을 넣었고 진열대는 중고도 많았지만 새 가게의 이미지를 살리도록 신품으로 주문을 하였다. 누가 봐도 백화점만큼이나 고급스러운 가게가 꾸며졌다. 물건만 들여놓으면 개업을 할 만큼 준비를 마치니 수중의 자금이 겨우 2만 불 남짓 남았다.

간판은 마침 가게 전면과 옆면이 글자를 낱개로 붙여 달 수 있도록 되어 있어 재료를 사다가 신문지로 대형 글자본을 만들어 붙이고 톱으로 글자를 하나씩 잘라 붙였다. 목수인 형님이 글자를 전기톱으로 썰어주어 맞추기는 어려운 일이 아니었다. 마치 그 옛날 나비 미용실 개업간판을 친구와 손수 만들 때 생각이 났다.

시카고에서 제법 많은 돈을 들고 왔다고 생각했으나 그동안 쓴 돈을 계산하니 그럴 수밖에 없었다. 남은 자금으로는 텅 빈 진열대를 채울 상품 대금이 턱없이 부족해 보였다. 체면을 무릅쓰고 SOS를 시카고 김봉국 사장에게 보냈다. Mid K Beauty Supply는 마침 도매업을 시작한 관계로 2만 불을 선금으로 보내면 꼭 있어야 할 전 품목을 골고루 보내주고 부족한 자금은 몇 개월간의 여유를 주겠다고 했다. 앉아서 기다릴 수가 없었다. 2만 불을 가지고 시카고로 날아갔다. 직접 물건을 골라서 실어 보내든가 트럭을 빌려 싣고 올 생각이었다.

일주일을 머물면서 직접 물건을 골랐다. 여유 재고가 필요한 인기 품목은 몇 박스씩 더 넣어 집계를 해보니 3만2천 불어치가 되었다. 결국 1만2천 불이 외상인 셈이었다. 염치가 없어 좀 더 달라고 하지도 못한 채 그것만 가지고 오기로 했다. 전국 체인인 임대 트럭 'Rider'를 편도로 빌렸다. 반납은 뉴저지에서 하기로 하니 임차료가 8백 불이었다. 화물 회사를 통해 부치면 비용이 두 배를 넘었고 운송 기간도 2주일은 더 걸린다니 직접 가지고 갈 결심을 했다. 하루라도 빨리 개업을 해서 시장의 반응을 보고 싶었다.

내일은 물건을 싣고 뉴저지로 떠난다. 잠자리에 들어서 그동안 머릿속에 새겨온 새 출발의 결심들을 떠올렸다. 새로운 각오들 중에 첫 번째 실천사항, 금연! 1967년 맹호부대에서 양담배로 시작한 흡연을 20년이나 지속하다가 끊기로 했다. 막연히 새해부터는 담배를 끊어야지 결심도 수없이 했었지만 매번 작심삼일에 그쳤다. 절박한 마음이 없으니 실천할 의지도 약했다. 이번이야말로 내 생의 전환점이자 위기 아닌가. 이제 이 사업으로 미국에서의 꿈을 이루어야 한다. 최소한 삼성에서 월급쟁이 하는 것보다는 나은 장래를 만들어 나가야 하지 않겠는가. 엎치락뒤치락

거리다가 잠이 들었다. 나는 그 날 금연을 시작한 후 지금까지 담배는 한 대도 입에 댄 적이 없다.

아침 일찍부터 서둘러서 짐을 다 실으니 9시가 되었다. 시카고에서 뉴저지까지 거리가 750마일, 당시 60마일 최고 속도로 달려도 13시간, 중간에 식사와 휴식을 취하면 최소한 열대여섯 시간 이상은 잡아야 했다. 평상시 같으면 중간쯤인 펜실베이니아와 오하이오주 경계에서 하룻밤을 잤겠지만 이번엔 달랐다. 벌써 6개월을 허송한데다 미래가 궁금하고 불안하기만 했다. 그냥 내달리기로 했다. 중간 중간 적당한 휴식을 취하며 뉴저지에 도착하니 새벽 2시였다. 아내가 놀래서 뛰어나왔다.

평상시 두 시간만 운전하면 졸려서 운전대를 바꾸자던 사람이 시카고에서 뉴저지까지 혼자 당일치기를 하다니 남편이 독하다는 걸 새삼 깨달은 듯했다. 몇 시간 눈을 붙이고 트럭을 몰고 가게로 나갔다. 첫날은 트럭을 반납해야 되니 이미 진열대에 써붙인 회사별 또는 제품별로 상품들을 차례차례 옮겨 들여 놓는 일로 하루를 보냈다.

그랜드 오픈! 진열장에 물건을 꽉꽉 채워 넣고 밖에 요란한 만국기 줄을 내걸고 개업기념품도 준비하였으면 얼마나 좋을까. 그렇게 준비하기는커녕 진열대 선반이 썰렁할까 봐 그것이 걱정이었다. 다음날 우리 부부는 문을 굳게 잠근 채 프라이스 건으로 가격을 매겨가며 상품 진열에 들어갔다. 지나가는 사람들이 가게 안이 환히 불이 켜져 있어 연신 들여다보고 지나갔다.

몇 주 전에 'Rosalee Beauty Supply'라는 글자 간판을 전면과 옆면에 큼지막하게 붙여 놨으니 사람들이 드디어 가게를 여나보다 호기심을 가졌을 것이다. 점심시간이 임박하니 밝은 조명아래 형형색색 상품이 제법 들어차 붉은색 바닥 카펫과 어울려 그야말로 보기에 좋았다.

문을 잠근 채 햄버거로 점심을 때우고 있는데 밖에서 지나던 손님들이 노크를 해댔다. 문 좀 열어 달란다. 아직 안 된다고 손사래를 쳤지만 손가락을 펴 보이며 하나만 사가겠다고 했다. 그래 앞으로 단골손님이 될 사람들인데 매정하게 거부하고 꼭 격식을 갖추고 절차를 밟은 후에 팔아야 될 이유가 없지 않은가, 파는 게 바로 장사인데. 여기까지 생각이 미치니 오후부터는 아예 가게 문을 활짝 열어놓고 진열 작업을 하자고 했다. 손님이 오면 얼른 카운터로 올라가라고 아내에게 일렀다. 오전에 마수걸이도 하였고 파는 게 장땡이라는 생각이 들었다.

아니나 다를까, 오후에는 아내가 카운터를 지켜야 할 만큼 손님들이 가게 안을 드나들었다. 세탁소를 할 때는 내 물건이 아닌 손님 옷을 다룬다는 중압감도 있었으나 내 물건을 내 맘대로 가격을 정해 판매하니 또 다른 느낌을 주었다. 계산기 열리는 소리가 댕댕 울릴 때마다 진열장을 채워가는 내 손길도 덩달아 흥이 솟았다. 처음 찾는 손님들의 얼굴을 살펴보니 모두들 동네에 이런 가게가 들어와 좋다는 듯 흐뭇한 표정을 짓고 있었다. 몇 년 전 시카고 대학촌에서 벌벌 떨며 차에서 내리지도 못하던 아내가 흑인 손님들에게 지극정성 미소를 띠며 대하는 모습을 보니 역시 환경이 사람을 바꾼다는 생각이 들었다.

이렇게 등 떠밀려 가게를 열고 첫 매출을 기록했으니 개업 첫날임에는 틀림없다. 이 날이 Rosalee의 개업일인 1986년 10월 21일이었다. 그 날 틈틈이 판매한 돈을 세어보니 264불이었다. 다음날부터는 아예 아침부터 문을 활짝 열어놓고 진열 작업을 계속했다. 매출이 하루에 100불 단위로 오르더니 전 상품이 물건 진열을 끝냈을 즈음에는 하루 매상이 1천불 대에 도달했다. 그러나 시카고에서 가져온 물건을 모두 진열했는데도 한쪽 벽은 텅 비어 있어 을씨년스러웠다.

미용재료상이라도 관련 잡화는 모두 맨해튼 브로드웨이의 잡화 도매 상가에 직접 나가 사와야 했다. 브로드웨이 일대에는 각 품목별, 예를 들면 귀걸이, 목걸이, 모자, 가방, 액세서리 등 다양한 미용 관련 상품들을 전문으로 취급하는 한국인 도매상들이 29가와 32가 일대에 상권을 형성해 포진해 있었다. 그들은 '한인경제인협회'를 조직할 만큼 규모가 컸다. 그중에는 박지원 국회의원의 'Daily Fashion' 모발 도매상도 있었고 김혁규 전 경남지사의 '혁 가방' 도매상도 있었다. 텅 빈 벽면을 가릴 수 있는 상품은 바로 가방 종류가 적격이었다. 특히 혁 가방에서 들여오는 여성용 핸드백은 명품처럼 고급스러운 디자인에 가격도 저렴해 흑인들에게 인기도 좋았다. 모두가 한국산 제품들이었다. 텅 빈 벽면에 못을 박고 길게 늘여 걸었다. 한 쪽 벽이 감쪽같이 가방, 핸드백 코너가 돼 버렸다. 빈 공간을 가리기 위한 위장 전략이었는데 예상외로 주력 상품인 화장품과 콤비를 이루어 불티나게 팔렸다. 가격을 원가의 두세 배를 붙여도 상관하지 않았다.

소매업을 해보니 세탁소와 확연히 다른 면들이 맘에 들었다. 세탁소는 완전히 남의 옷을 관리하는 업으로 약속한 시간도 있고 개점시간도 반드시 지켜야 할 의무가 있지만 소매업은 이런 제약이 없는 점, 그리고 세탁업은 거의가 노동관리업인데 비해 장사는 상품관리업이라 종업원에 대해 신경을 덜 써도 된다는 점, 그리고 무엇보다도 수익성이 세탁소보다도 훨씬 좋다는 점이었다.

화장품 종류의 판매가는 원가의 1.5배가 업계 통상적인 기준이었고 미용관련 잡화는 원가의 두세 배는 기본이고 경우에 따라서는 그 이상의 가격도 업주 마음에 달렸으니 모든 게 자유로웠다. 상품의 평균 이익율을 따져보니 매출액의 40%를 상회하였다.

매출액이 늘어나니 선반의 물건이 쑥쑥 빠져 나갔다. 몇 몇 도매상에서 다녀가긴 했는데 모두가 cash & delivery, 곧 배달과 동시 현금지불 조건으로만 물건을 판매했다. 신규점포니 그럴 수밖에 없다고 생각했다.

이런 와중에 동부에서 제일 큰 도매상 'Beauty Enterprise'라는 회사의 세일즈맨이 들렀다. 간판을 보고 들어왔다며 Gary라는 이름이 박힌 명함을 건네고는 가게를 세세히 둘러보기 시작했다. 그는 가게를 참 잘 꾸몄다고 했다. 궁금했는지 내 개인 신상에 대해서도 자연스레 질문을 해왔다. 취급하는 물품 목록표를 보니 업계의 거의 전 종목을 취급하고 있었다. 제품에 대한 지식도 많아 초보자인 내게 정말 필요한 사람이었다. 어느새 일부 상품은 선반이 텅 비어 있었다. 제법 많은 양이 필요했다. Gary는 그동안 판매실적을 보더니 파격적인 호의를 베풀었다. 첫 거래에서 신용한도를 5천 불, 한 달 기간으로 주겠다고 했다. 물론 회전성 한도이니 5천 불 한도 내에서는 종전의 잔액을 갚으면 횟수에 관계없이 물건을 보내줄 수 있다는 것이다.

일단 숨통이 트였다. 가게의 매출은 생활비 빼고 몽땅 재투자에 들어갔다. 옆 가게 벽을 터놓고도 활용하지 못했는데 차츰 밀고 들어가기 시작했다. 진열대는 형우 형님한테 부탁해서 맞춤형으로 짜 맞추니 가게가 점점 대형 점포로 탈바꿈해갔다.

어떤 흑인고객의 애정 어린 격려를 평생 잊을 수가 없다. 그 손님의 말이 "이 가게 자리는 2년을 못 버티고 수없이 주인이 바뀌는 가게였는데 당신만큼은 제발 끝까지 마지막 주인이 되기를 기원한다."는 격려였다. 그렇게 무서워 떨던 흑인들이 이렇게 인정 많고 선량할 줄이야.

몇 달이 지나서는 거리에 사람이 없어도 우리 가게에는 사람들이 항상 북적거렸다. 특히나 정부에서 매월 나오는 영세민들 무료식품구입권

(Food Stamp)이라도 나오는 날이면 바깥까지 긴 줄이 이어질 정도로 사람들이 붐볐다. 식품 업소가 아닌 우리가 식품 구매권을 받는 것은 불법이라 절대로 금지했는데 손님들은 어디서 그것을 현금으로 바꾸었는지 그 돈을 우리 가게에서 몽땅 써버리는 것 같았다.

미용 재료업은 시카고 김 사장 말대로 미국 동부의 경우 우리가 개업할 무렵부터 붐이 일기 시작했다. 쇼핑몰마다 하나 둘씩 신규 점포가 들어오기 시작했는데 모두가 한국 사람들이었다. 서서히 한국인끼리의 골육상쟁이 시작됐다. 선의의 영업 경쟁이 아니라 주로 가격 경쟁이었다. 같은 원가에 들여왔더라도 이웃보다 싸게 해서 하나라도 더 팔겠다는 의도였지만 거기에 무릎 꿇을 한국 사람이 어디 있겠는가. 줄줄이 가격을 내리며 싸우다보니 결국 제살 깎아 먹는 꼴이 되곤 했다.

미국의 모든 상권은 거의 유태인들이 좌지우지하고 있다는 것이 상식이듯이 우리 미용재료업계도 역시 유태인의 영향력 아래 있었다. 일선 소매업은 한국인이, 도매업은 유태인이, 제품 제조업은 흑인이 그리고 제조 원료는 다시 유태인들이 장악하고 있었다. 소매업도 한국인이 들어오기 전에는 유태인들이 많이 하고 있었으나 점점 한국인들한테 밀려나고 있었다.

우리 Rosalee의 강점이라면 구색(具色)과 가격에 있었다. 구색이야말로 정말 중요한 요소였는데 다행히 나는 이를 일찍 깨달았다. 고객들이 각기 개성이 다르듯 사용하는 화장품도 개개인에 따라 달랐다. 한번 왔다가 자기가 쓰는 물건이 없으면 다시 찾아오지 않는 법이다. 나는 손님 하나라도 놓치지 않으려고 카운터 옆에 노트를 비치해 놓고 그냥 나가는 손님이 있으면 찾는 물건은 반드시 물어서 손님 전화번호와 함께 기록하였다가 구비한 후 전화로 연락을 하곤 하였다. 많은 손님들이 고마워하였다. 결국 우리 가게는 제조업체들이 생산하고 있는 화장품을 거의 다 취급하게 되었다. Rosalee에 가면 찾는 모든 것이 있다는 소문이 퍼지게 되었다.

구색(具色)이 아무리 잘 갖춰져 있더라도 더 중요한 것은 역시 판매가격이었다. 그렇더라도 사업 방침은 절대로 업계 기준가격을 무너뜨리지 않고 싸게 파는 것이었다. 그러기 위해서는 남보다 구매가격을 내려야 했다. 도매상들은 아무리 규모가 크다고 하여도 자기가 취급하는 물건 모두를 경쟁 업체보다 싸게 팔 수는 없다. 자기네들도 제조업체에서 구입한 가격에 따라 도매가격을 정할 수밖에 없었다. 도매상마다 매월 인쇄 배분하는 근 200 페이지에 달하는 가격목록을 비교해서 가장 싼 제품만 골라내는 작업도 쉬운 일이 아니었다.

도매상의 판매가격도 역시 소매상에서 구입하는 구매량에 따라 공급가격이 확연히 달라졌다.

따라서 구매력을 높이기 위해선 가게를 여러 개 가지는 게 절대적으로 필요했다. 경험이 쌓이다보니 가게 위치를 찾는 눈도 밝아졌다. 장래 점포수를 늘리기 위해 가능성 있는 위치를 조사하기 시작했다. 괜찮을 듯싶은 곳인데도 아직 미용재료상이 없는 곳이 꽤나 많았다. 그러나 대부분 임대 사인을 붙인 빈 가게가 나지 않았다. 그런 관계로 찜해 두었던 곳은 틈만 나면 둘러보곤 했다. 이동 중에는 시간이 걸리더라도 일부러 그런 곳을 경유해 지나가곤 했다.

Rosalee II의 개점

첫 가게를 연 지 일 년 반이 됐을 무렵 습관대로 뉴왁 다운타운으로 직결된 S. Orange Ave.를 지나가는데 슈퍼마켓 단독 건물 코너에 있던 피자가게 출입문에 조그만 종이쪽지가 붙어 있는 것을 발견했다. 차에서 내려 살펴보니 피자가게를 옮긴다는 쪽지였다. 그 주위는 이미 가게를 오픈할 여건이 된다고 생각해 빈 가게가 나오기를 주시하던 곳이었다. 다음날 바로 건물주 Joan을 만났다. 이태리계 미모의 여성으로 아주 활동적인 사람이었다.

동양 사람을 처음 상대해 보는 것 같았다. Beauty Supply을 차린다는 이야기에 반신반의하는 눈치였다. 자기네는 슈퍼마켓과 관련 있는 생선가게를 할 사람을 찾고 있었다. 우리 사업을 설명했는데도 여전히 믿지를 않는 것 같았다. 명함을 건네며 Rosalee에 와서 보면 알 것이라고 한번 들르라고 했다. 슈퍼마켓 매니저와 함께 온 건물주 Joan은 눈을 휘둥그레 겼다. 북적대는 손님이며 진열된 상품을 보고는 그 자리에서 5년 임대계약을 약속했다. 임대료도 종전 피자가게에 준해서 싸게 합의를 보았다.

본점을 차린 지 얼마 안 되어 2호점을 차리기는 훨씬 수월했다. 채울 상품도 Rosalee(I)의 물건이 넘쳐 지하실이 비좁을 정도로 늘어나 있어 차근차근 물건을 빼내 옮기니 따로 개업을 위해 물건을 구매할 필요도 없었다.

이번에는 전에 못했던 개업식을 제대로 갖추어 열기로 하였다. 밖에 요란하게 만국기 줄도 늘이고 초기 방문 고객들에게 기념품도 돌렸다. 이들 서비스 물건은 도매상들로부터 신규 매장 오픈기념으로 찬조를 받거나 비축해 놓았던 프로모션 상품들을 앞세워 성대한 개점 세일을 할 수 있었다. 그 결과 개점 후 한 달도 안 돼 예상 손익분기점 매출을 훌쩍 넘겼다.

날이 갈수록 2호점포도 본점에 질세라 계속 상승세를 탔다. 평당 매출 수준으로 보면 본점보다도 높은 편이었으나 가게 면적이 Rosalee(I)의 절반에도 못 미친다는 점이 항상 맘에 걸렸다. 큰 가게가 나오면 옮겨야겠다는 생각에 인근 건물을 유심히 살피곤 했다. 빈 점포는 없지만 샛길 건너에 돌로 지은 단독 건물이 맘에 들어 혼자 군침을 흘리곤 했다. 그 건물에는 뉴왁 시의원 사무실과 불어를 원어로 하는 아이티계 미국 이민 교회 두 개가 나란히 들어 있었다. 뜻이 있는 길에 길이 있다고 어느 날 의원 사무실이 시내 쪽으로 옮길 예정이고 가운데 있던 교회도 새 건물을 사서 나간다는 이야기가 들렸다.

기회이다 싶어 건물 주인을 찾았는데 역시 팔 의향이 있었다. 그러나 건물 등기상 소유권이 타인과 공동으로 되어 있었다. 오래전 갑자기 공동 소유자가 사망했는데 아직도 정리가 안 되어 있었다. 우리 쪽 변호사는 건물을 사서 이전한다 하더라도 점유에 문제될 것은 없고 법적 절차를 순조롭게 밟으면 수년 내 등기이전이 가능하다고 했다. 가격 흥정에 들어갔지만 역시 유대인이었다. 요구하는 금액에서 한 치도 물러서지 않았다. 5년간 오너 모기지 이자율을 은행보다 배나 비싸게 요구했다. 그렇다고 등기가 안 끝난 건물을 담보로 은행 모기지를 얻을 수도 없었으니 방법이 없었다. 그러나 Rosalee(II)를 넓은 데로 옮기고 싶은 욕심이 무엇보다도 앞서 요구하는 금액에 건물을 사버렸다. 그런 후 시의원사무실과 교회 자리를 터서 Rosalee(I)의 두 배 면적크기로 Rosalee(II)를 재오픈하였다. 이는 결과적으로 미국에도 임대용 건물을 소유하는 계기가 되었다.

Rosalee III의 개점과 친구 가족의 비극

두 개의 점포가 흑자 행진을 계속하며 단단한 뿌리를 내리자 말 타면 마부 잡히고 싶듯이 흑인들이 사는 각 타운에 직영점을 20개쯤 열고 본부 창고를 중심에 두고 관리하면 대기업으로 성장시킬 수 있을 것 같았다.

그래서 틈만 나면 가게 오픈 예정지를 조사했다. 먼저 시청에 들러 관심 지역의 정보를 먼저 입수하는 것이 중요했다. 전국적으로 5년마다 조사하는 인구센서스 결과는 항상 주민들에게 공개했다. 이 통계 중에는 지역별로 인종별 구성과 가구당 소득이 있어 예비지 선정에 절대적으로 도움이 됐다. 이렇게 조사한 결과를 가지고 실제로 돌면서 사업의 타당성을 조사하였더니 몇 년 내에 20개 이상의 점포 오픈이 가능할 듯싶었다.

이런 과정에서 Irvington 타운 대형 아파트 단지 입구 대로변 상가에 임대 사인이 붙은 걸 발견했다. 그 점포는 한 유대인이 점포를 장기 임대해서 직접 장사를 하다가 자기 사업을 접고 재 임대를 해서 임대료 차액을 남기려는 가게였음에도 임대 조건이 비교적 좋은 편이었다. 일단 5년 계약에 5년 옵션으로 10년을 계약했다. 또다시 대형 면적의 Rosalee(III) 간판이 붙었다.

이제 대형 점포가 셋으로 늘어나니 점포마다 매니저를 두어야 했다. 그러나 이민 사회에서 매니저급 사람 구하는 것이 쉬운 일이 아니었다. 조금만 경험이 있어도 자기 자신의 점포를 원하는 코리안 근성 때문이라고 봐야 할까. 능력 있는 매니저를 구하기 위해 여기저기 부탁을 했다. 그러던 중, 전혀 뜻밖에 한국에서 갓 이민 온 아내의 친구, 재숙 씨 가족을 만났다. 남편 쪽 형제 초청으로 미국에 들어 왔지만 아직 자리를 못 잡아 조바심을 하고 있었다. 남편 최용기 씨는 한국에서 부동산 중개업을 할 때 수원 남단 발안 인근의 제약 단지 예정지에 붙은 좋은 땅을 소개해 준 적도 있어 내가 어떻게든 도움을 주고 싶었다. 우선 Rosalee(III)에서 매니저로 경험을 쌓게 한 후 점포를 차려 내보내든지 원하면 그 가게를 넘겨 줄 생각도 있었다. 최용기 씨를 불러 며칠간 오리엔테이션을 하고 맡겨 봤는데 능력도 있고 업종도 자기 적성에 맞는다며 흡족해 했다.

이로써 Rosalee는 뉴저지에서 소매업계 리더로 자리를 잡게 되었다. 세 개의 대형점포 매상 규모는 빠르게 뉴저지 선두권으로 들어섰다. 마침 아이들이 여름방학 중이라 한동안 못 나가 봤던 한국에 온 식구들이 다니러 나갔다. 모처럼 한가하게 한국의 명승지를 돌며 즐기고 있는데 난데없이 비보가 들려왔다.

최용기 씨는 토요일 Rosalee(III)에서 일을 끝내고 온 가족이 곧바로 나이아가라 폭포 관광을 위해 떠났다. 가게 문 닫는 시간이 오후 7시여서 여름에는 그리 늦은 시간도 아니었다. 뉴저지에서 캐나다 국경 폭포까지는 최소한 8시간은 운전대를 잡아야 한다. 중간에 휴식을 취하면 그만큼 시간이 더 걸리겠지만 교포들의 나이아가라 폭포 관광은 대략 1박 2일로 잡는 게 일반적이었다.

마침 큰딸 영순이도 면허를 따서 아빠와 교대로 운전을 했다고 했다. 북으로 올라가면서 타야 할 펜실베니아 81번 고속도로는 거의가 산길이다. 여름철 밤에는 낮에 접근하지 못했던 도로변에 무성히 자란 풀을 보고 사슴들이 빈번히 출몰한다. 마침 영순이가 운전을 할 때 사슴이 뛰어들었다고 했다. 운전 경험도 많지 않은 데다 사슴이 차 앞을 가로 지르니 당황해서 이를 피하려다 차가 낭떠러지로 굴렀다. 운전대를 잡은 영순이, 뒷좌석엔 아빠 최용기 씨가 타고 다른 쪽엔 앞에 작은딸 혜진이, 뒤에는 재숙 씨가 탔는데 운전하던 영순이와 아빠는 현장에서 목숨을 잃었다. 나머지 두 식구는 천행으로 목숨을 구했지만 오랫동안 병원에서 치료를 받아야 했다. Rosalee(III)를 최용기 씨가 맡았으면 더 번창하고 나도 더 큰 동력을 얻어 계획하던 Rosalee 20호 점포까지 갔을지도 모른다. 누가 알겠는가. 부평초 같은 인생길을.

귀국하자마자 사고수습에 나섰다. 변호사를 선임해 보험 배상금이며 병원 치료비, 사회보장 혜택 등을 받기 위해 동분서주했다. 이 와중에 교포 사기꾼이 끼어들었다. 재숙 씨 교회의 나이 지긋한 한 사람이 적극 돕겠다고 나서서 잘 됐다 싶어 그에게 돕던 일을 인계하였다. 그런데 몇 달이 지났는데도 보험 배상금이 한 푼도 나오질 않았다. 답답해서 내가 다시 추적에 나섰다. 아니 이럴 수가, 1차 보상금 5천 불 수표가 버젓이 한글 배서까지 해서 자기 통장에 입금되었음에도 한 푼도 나온 게 없다고 잡아뗐다. 할 수 없이 초강수를 두어 내일까지 돈을 안 가져오면 우선 교포 양대 신문 한국일보와 중앙일보의 기자를 부르고 다음 변호사에게 고소를 의뢰하겠다고 통첩을 했다. 교인으로서 여태껏 쌓아온 모든 것이 무너질 것이 두려웠던지 다음날 전액을 토해 놨다. 어그리 코리안의 한 모습이었다.

Rosalee 각 점포의 매상규모는 해마다 두 자리수 이상 상승으로 그것도 10년 이상이나 연속되었다. 타운 인구는 신축되는 주거 건물도 없어 고정되어 있는데 매출이 신기하게도 계속 올라가니 내가 생각해도 이해하기가 어려웠다. 남의 점포 손님을 끌어 들였더라도 이렇게 지속적으로 증가하는 것은 말이 안 되는 것이다. 그러나 곧 답이 나왔다. 통계를 보니 타운 인구의 이동률이 17%에 달했다. 이사 온 손님은 당연히 우리 손님이 되었고 다른 곳으로 이사 간 사람도 단골이 되어 멀리서도 Rosalee를 다시 찾아 주었다.

한번 온 손님을 반드시 다시 오게끔 하는 것이 영업의 비법이다. 이런 면에서는 아내의 역할이 컸다. 여자 손님이 주류인지라 여주인이 각별히 신경 써주면 모두들 고마워했다. 손님들은 아내를 아예 Rosalee 또는 Rosa라고 불렀다. 장미라는 뜻을 가진 쉬운 여자 이름이라 발음이 어려운 한국이름보다 손님들이 붙여준 대로 미국이름으로 사용하게 되었다.

판매 물량이 많으니 제조회사나 도매상에서 보내주는 판매 촉진용 샘플이나 보너스 상품이 항상 넘쳐흘렀다. 이런 제품도 대부분의 가게에서는 적정가격을 붙여 파는 게 일반적이었지만 아내는 이를 항상 손님들에게 아낌없이 퍼주었다. 어떤 손님은 이 타운의 시장으로 출마하면 찍어주겠다는 농담도 했다. 거리에 지나는 사람보다 우리 가게 안의 손님이 더 많았다. 커피나 점심을 사려고 이웃 가게에 들어서면 점포 주인들은 이름 대신에 나를 '미스터 머니'라고 불렀다. 내가 이 타운 돈을 다 긁는다며 붙여준 별명이었다. 그만큼 메인 스트리트 점포 중 우리 Rosalee는 부러움의 대상이었다.

소매업의 장점은 현금장사라는데 있다. 아예 외상 기록부 자체가 없다. 오로지 도매상에 갚아야 할 외상 매입 기록만이 있을 뿐이다. 반면에 도매업은 매출액 규모면에서는 소매점에 비교가 안 될 정도로 월등히 크지만 모두가 신용거래여서 외상매출금이 가장 큰 문제라고 했다. 미국의 상 관례가 소매상에 물건을 팔면 'net 30days'라 해서 보통 30일은 외상이라 외상대금이 누적될 경우 도매상은 자금 문제에 쉽게 봉착하게 마련이었다. 소매상 대부분이 한인 소유인데 한인들의 셈 습관이 그리 좋은 편이 아니라고 했다. 장사가 잘 되건 안 되건 외상 잔액을 항상 습관적으로 끌고 간다고 도매상들의 불만이 상당히 높았다.

소매업의 경우 매출액은 전액 모두 현금매출이니 주말이면 돈 세는 일도 만만치 않았다. 어쩌다 각 점포 매상금 봉투를 제때 수거해 오지 못해 밀리면 몇 시간을 돈 세는 일에 매달릴 때도 있었다. 50, 100불짜리 고액권은 일반 소매점에서는 거의 쓰지를 않고 주 통용 지폐가 20불짜리이다 보니 분량이 꽤나 됐다. 자금면에서는 항상 여유가 있어 어느 외상 매입이건 도매상이 30일이 되는 날 받도록 맞춰서 결제 수표를 우편으로 띄웠다. 그런데다 때때로 도매상에서 착오로 물건을 더 보내오거나 하면 즉시 보고를 해 정정토록 하니 Rosalee에 대한 신뢰성은 미 동부 소매상에서 제일 순위로 꼽혔다.

덕분에 좋은 조건의 제품이 나오면 맨 먼저 우리에게 대량 구입의 기회를 주었다. 예를 들면 때때로 제조공장에서 'One get One free' 같은 판촉품이 있을 때는 우리는 거의 몇 달 동안 팔 물건을 구입할 수도 있었다. 다른 점포에서는 몇 주면 동나는 물건을 연중 내놓고 팔면 고객들의 신뢰가 쌓이게 마련이었다. 특히 도매상 중 제일 선두업체 Beauty Enterpise는 겨울이면 Florida에 있는 회사 임원용 콘도까지 거의 매년 일주일씩 나에게 제공해 주었다.

좀도둑 이야기

Rosalee(I)은 East Orange High School이 도보거리에 있었다. 한창 사춘기 학생들이라 그들은 대부분 떼거리로 우르르 몰려와서 북적대다가곤 했다. 사는 학생은 어쩌다 한두 명에 불과했지만 학교 선생도 통제하기가 어려울 나이의 학생들을 강제로 내쫓을 수도 없었다.

어느 날 아내를 잘 따르던 한 학생이 학교에 이상한 소문이 퍼졌다고 걱정스럽게 말해 주었다. 교실에서 어느 학생이 화장품을 어디서 얼마에 샀다고 하니까 모두들 그애를 바보라고 놀리며 요 앞에 있는 Rosalee에 가면 얼마든지 훔쳐 쓸 수 있는데 왜 돈을 주고 샀느냐고 했다는 것이다. 그렇지 않아도 좀 도둑이 점점 심해져서 골머리를 앓고 있던 차였다. 그들 학생들은 수업을 빼먹고 와서 빈들거리며 도둑질할 기회를 엿보는 경우가 많았다. 그렇다고 가게에 들어오는 걸 거부할 명분이 없었다.

문득 이들을 물리칠 좋은 생각이 떠올랐다. 학교 교장선생이 모든 상가에 협조 공문을 보내 왔는데 학교 수업시간에 들르는 학생이 있으면 무조건 교무실로 연락을 해달라고 했다며 만약 들어오면 학교에 전화를 할 수밖에 없다고 학교로 돌아가라고 했더니 효과만점이었다.

학생들이야 그렇게 해결을 봤지만 전문 좀도둑들은 정말 다루기가 어려웠다. 도둑과의 전쟁은 가게가 번창할수록 치열해졌다. 경우에 따라서 경찰을 부르기도 하지만 노골적으로 도둑 편을 들어 옹호하는 경찰도 간혹 있었다. '가재는 게 편'이라고, 이럴 때는 경찰 배지 넘버를 적으며 공평치 못한 처사를 경찰서장에게 보고하겠다고 으름장을 놓았다.

훔쳐가는 물건을 금액으로 따지면 거의 무시해도 좋을 액수지만 방조하면 사업에 더 큰 영향을 받을 것 같아 매번 단호하게 대처했다. 경찰을 불러 조서를 꾸미고 경찰서 구치소에 넘기는 일은 비일비재했고 종종 재판장까지 가는 경우도 있었다. 한번은 덩치가 풋볼 선수만큼이나 큰 두 남성이 가게에 들어왔는데 긴 외투를 입은 하나는 앞서고 또 하나는 바짝 그 뒤를 따라다녔다. 뭔가 이상해 접근해 봤는데 손에 든 바스켓엔 물건이 두세 개밖에 없었다. 계산대에 왔을 때 입은 코트가 울룩불룩 이상했다. 출입구를 잠그라고 소리치며 외투를 낚아챘더니 누벼서 만든 옷 안에 물건이 두 바스켓도 넘게 나왔다. 지구대가 멀어 경찰을 부르면 30분 이상씩 걸리니 그 사이가 문제였다. 통제불능 상태에서 유리문을 깨기도 하고 주먹질을 하는 자도 있어 오래 끌 수는 없는 노릇이었다. 끝까지 제압해서 경찰에 넘겨도 보았지만 조서 꾸미러 다니는 것이 더 골치가 아픈데다 대부분의 경우 몇 시간 후 다시 풀려나왔다. 적당히 압박을 준 후 다시는 안 오겠다는 다짐을 받고 풀어주는 것이 최선책이었다.

종업원을 협박하는 도둑들도 있었다. 흑인 종업원을 협박하여 저녁때 내놓는 쓰레기통에 비싼 화장품, 이발 기계 따위를 넣어 놓으라는 협박범들도 있었다. 종업원들이 이를 거부할 경우 밤에 동네에서 폭행을 당하는 일이 벌어지곤 했다. 이런 경험을 겪은 후부터는 같은 동네에 사는 사람은 종업원으로 절대 채용하지 않았다.

종업원들과 얽힌 이야기

점포수를 늘려가면서 되도록 많은 흑인 종업원들을 쓰려고 노력했다. 한 점포에 한인 매니저 아래 카운터는 한국 여자 종업원 그리고 나머지는 모두 흑인들을 고용했다. 많은 종업원들이 들어오고 나가고 했지만 그 중에 몇 명은 오래 오래 기억에 남는다.

Jean Nel이라는 휴학 중인 대학생을 고용했다. 그는 Rosalee(II) 인근에 있는 농구 명문대학 Seaten Hall University에서 음악을 공부하다가 휴학 중이었다. 그의 아버지는 Rosalee 건너편 교회의 목사로서 아이티(Haiti) 섬나라에서 이민 온 분이었다. 대학물을 먹은 흑인 종업원은 그가 처음이었던 것 같다. 지금까지 일했던 흑인 종업원들과는 달리 매장에 진열된 상품의 가격은 물론 지하실에 있는 물품 재고량을 단숨에 파악했다. 손님 대하는 태도도 맘에 들었고 일하는 속도도 빨라 우리 신임을 듬뿍 받았다. 그는 2년 넘게 일하고 학교에 복교한다면서 그의 사촌을 추천 해주고 떠났다.

나는 흑인 종업원을 인터뷰할 때 그 자리에서 고용여부 확답을 않고 항상 일주일간 일하며 서로 기회를 갖자고 제안을 하곤 했다. 며칠 안 가서 수준이 안 맞아 부득이 채용할 수 없을 경우 그들이 마음의 상처를 받을까 봐서였다. 인터뷰한 흑인들 중에는 업무 인지도가 너무 느린 데다가 일하는 태도가 기대 이하인 경우가 태반이었기 때문이었다.

Nel은 퇴직 후에도 가끔씩 아버지 교회를 찾아오면 사촌도 볼 겸 가게에 들러 인사를 하고 갔다. 학교를 그간에 Boston으로 옮겨서 자주 못 들렀다고 했다. 어느 날은 자기가 취입한 음반을 가져오기도 했으나 랩음악이라 별로 관심을 안 가졌다. 몇 년이 지나고 우리 아이들이 유명한 '와이고프'라는 보컬그룹이 TV에 자주 나오는데 그 그룹의 리더가 Nel이라고 했다. 얼마 후에는 그의 그룹이 챠트 1위를 달린다고 했고 그들은 일본까지 가서 공연을 한다는 이야기도 들렸다. 한번은 내가 한국에 나와 있을 때 나도 만날 겸 자기가 일하던 곳이라 들렀다는데 경찰들이 주위 블록을 차단, 인파를 정리했다고 했다. 그러더니 그가 아이티 대통령 출마 후보에도 올랐다는 소식이 들려왔다.

또 다른 흑인 종업원 Hershel을 만난 것은 Nel과 그의 사촌이 떠난

지 한참 후였다. 인터뷰할 때 아내가 한국인이라고 해서 정상적인 가정인 줄 알고 채용하였다. 한국인 아내와 아들이 둘이었는데 전혀 동양 티가 나지 않았다. 흑인이 동양인에 비해 우성이기 때문에 머리가 꼬불꼬불하고 피부도 검은 완전 흑인이었다. 어느 날 장모라는 분이 가게엘 들렀다. 물론 한국 여인이었다. 우리가 놀란 것은 그의 모습이나 태도였다. 저런 한국 여자도 있나 싶을 정도로 외모나 남을 대하는 태도가 실망스러운 여자였다. 딸 하나를 가진 상태에서 한국의 미군 기지촌에 있다가 흑인과 결혼해 미국에 온 후 이혼해서 혼자서 산다고 했다. Hershel의 아내가 그 여자의 딸이었으니 보나마나 마찬가지라는 생각이 들었다.

종업원 급여는 주급제라서 매주 토요일 지급했다. 일반적으로 주급은 은행이 오픈하는 금요일에 지급되는 것이 상식이었지만 수중에 돈이 있으면 가게가 가장 바쁜 날 토요일에 결근하는 예가 많아 거의 모든 흑인 지역 자영업자들은 주급 일을 토요일로 정했다. 그럼에도 월요일은 흑인 종업원들의 결근일이거나 출근을 하더라도 가불하는 날이다. 주급을 타서는 토요일 밤부터 일요일까지 다 쓰고 월요일 점심값도 없이 나오는 것이 비일비재했다.

Hershel도 그 부류였으나 우리와 함께 일하면서 차츰 변화되기 시작했다. 자기 과거가 금고 전문털이 전과자였음을 솔직히 털어놓을 정도로 우리를 의지하고 따르게 되었다. 기억력도 좋은 편이라 지하실의 수백 종 상품 재고를 거의 정확하게 외울 정도였다. 매출이 많은 날은 하루에도 수십 번 지하실을 오르내리며 선반을 채워야 하기에 재고 수량 파악이 그만큼 중요했다. 도매상의 세일즈맨이 오더라도 재고 물량을 정확히 알아야 주문량을 적정하게 조절할 수 있어 Hershel은 점점 나의 주요 보조자가 되어 갔다. 타주에서 열리는 Beauty Supply Show에도 데리고 다니며 그의 사기를 돋아주곤 했다.

좋은 인연으로 끝난 종업원이 있는가 하면 파렴치한 종업원 도둑도 있었다. 흑인 도둑들이야 집에서 쓸 물건을 훔치는 정도지만 한국인 도둑은 그야말로 차떼기도둑이거나 주인을 물겠다는 악질적인 경우가 많았다. Rosalee(II)에서 마지막 매니저로 썼던 사람은 한국에서 상고를 나온 사람이었다. 미국에 온 지 오래되어 비즈니스 경험도 있고 외관상으로도 상당히 성실해 보였다. 그는 내가 한국에서 뉴욕플라자 상가 건물을 짓느라 장기간 머물 당시 매니저로 일했던 사람이었다. 건물이 완공되고 미국 비즈니스를 접고자 했을 때 자기가 일하던 Rosalee(II)를 인수하고 싶어 했다. 승낙을 하자 망설임도 없이 점포 인수 계약을 했다. 무려 3년 이상을 일해 왔으니 영업 상태를 누구보다 더 잘 알았을 것이다. 영업 양도 예정일이 정해지고 정산을 위한 재고 파악 절차에 들어갔다. 며칠간 점포 문을 닫고 인계인수를 해야 하지만 이로 인해 인수자가 영업에 지장을 받을까봐 영업을 하는 상태에서 모든 절차를 마무리하기로 하였다.

결국 매장의 재고 파악은 영업을 하지 않는 일요일을 택할 수밖에 없었다. 재고 파악이 끝나면 다음날 바로 영업 승계를 하도록 하였다. 수천 종의 매장내 재고를 하루 만에 끝내야 했으므로 재고 파악 전문회사를 불렀다. 용역회사는 재고 파악 프로그램이 장착된 컴퓨터를 들고 10여 명의 직원들이 한꺼번에 동원되어 몇 시간 만에 그 많은 종류의 매장에 진열된 상품 재고가격을 계산해 냈다. 한편 우리 가족과 인수자 측 가족들은 매장 외의 창고 재고를 나누어 파악했다.

거의 모든 작업이 끝나갈 무렵 아내가 쓰레기통에 버려진 종이를 들고 와서 무언가 이상하다고 했다. 살펴보니 내가 이미 조사해서 그 재고량을 박스에 붙였던 종이였다. 그들은 내가 부착한 재고 조사 양식을 모두 떼어버리고 자기들이 수량을 축소해서 다시 붙여 놓았던 것이다.

모발(毛髮)은 개당 원가가 몇십 불에 달해 몇 백 개가 박스에 담겨 있으면 박스 당 가격은 수천 불에 달한다. 그런 박스가 수십 개에 달하는데, 믿었던 신뢰가 와그르르 무너지는 순간이었다. 의심이 들자 전문회사가 보고한 매장의 재고 보고서를 점검해보니 교묘히 전문회사도 속인 품목이 다량 발견되었다. 선반 재고는 맨 앞의 가격표를 보고 뒷줄의 총 개수를 세어 곱하기해서 계산하는데 어느새 맨 앞줄 상품의 가격만 고쳐서 새로 붙여 조사원들을 속인 것이다. 속인 금액을 추정해보니 수만 불은 족히 넘었다. 다음날 인계하기로 한 가게의 계약을 그 즉시 무효화시키고 집으로 돌려보냈다.

다음날 그는 사기 현행범이나 다름없는 행각에 용서를 빌기는커녕 자해 소동을 벌이며 경찰을 부르는 등 소란을 피웠다. 나중에 그가 다니던 교회의 사람으로부터 제보가 들어왔다. 그는 차고에 차를 넣지 않는데 그 이유는 그곳에 미용재료 상품이 꽉 차 있기 때문이라고 했다. 짐작컨대 틈틈이 우리 Rosalee에서 훔쳐다 놓은 물건일 것이라 짐작되어 동행해서 밝힐 것을 요구했으나 완강히 거부하였다. 매니저로 일을 맡겨 점포 열쇠도 한 벌 주었으니 휴일에 몰래 나와 실어 날랐을 가능성을 추정할 수 있었다. 양가죽을 쓴 한국인 종업원이었다.

가발 파트에는 주로 여자 종업원을 배치했다. 한번은 Kay라는 한국여자 종업원을 채용했는데 그녀는 한국에서 미군인과 결혼해서 미국에 들어와 살다가 거액의 위자료를 받고 이혼한 여자였다. 그러나 받은 돈을 뉴저지의 도박 도시 애틀랜타에서 모두 날리고 우리 점포까지 오게 된 사연이 있어서 꺼림칙했지만 사람 구하기가 어려워 고용했다.

어느 해 연말 점포에 권총강도가 들어와 눈 깜박할 사이에 몇 푼의 돈을 갈취해 달아난 사소한 사건이 있었다. 사건이 있던 날 가발 파트에 있어 강도와 직접 맞닥뜨리지도 않았는데 권총을 보고 너무 놀라서 일을 할 수 없다며 집에서 요양이 필요하다며 고용자 보험처리를 요구하였다. 이런 케이스가 보험 커버가 되는지도 몰랐는데 주인보다도 더 잘 알고 있었다. 어디서 해본 솜씨였음이 분명했다. 주급을 몇 달간이나 일도 안 하고 보험회사에서 타먹었다. 그러더니 점점 일을 크게 벌여 나갔다. 밤에는 강도의 환청이 보여 불면증에 시달린다며 정신과 의사 진단서를 첨부해서 고용주인 나와 보험회사를 상대로 거액의 배상을 하라는 소송을 제기했다.

최종 목표는 아마 우리 Rosalee를 통째 먹겠다는 의도였을지도 모른다. 여기에는 또 다른 한인 의사도 개입되었다. 멀지않은 곳에서 개업하고 있던 정신과 의사였다. 악하고 추한 한국 여자와 배고픈 의사의 행각은 몇 년이 넘도록 계속되었다. 아마 이혼한 미국인 전 남편도 그렇게 당했지 않았나 싶었다. 다행히 Rosalee가 포괄 산재보험에 들어 있어 다행이있지 자칫 점포를 빼앗기고 피신으로 번질 뻔한 사건이었다. 긴 공방 끝에 결국 보험회사는 합의금 10만 달러를 지급하고 사건을 종결지었다고 했다. 그 후 Kay는 돈을 받자마자 갑자기 멀쩡해져 머지않은 곳에 가발 가게를 차렸다. 그러더니 몇 년 후 그녀가 폐암으로 갑자기 죽었다는 소식이 들려왔다.

한인 미용재료 상인협회

미용재료 업계에 발을 들여 놓고 몇 년이 흘렀을 때 뉴욕, 뉴저지 등 미동부 지역에 미용재료상들이 우후죽순처럼 생겨났다. 특히 내가 포기하였던 뉴왁 다운타운 번화가엔 몇 개의 점포가 더 생겨 기존 점포들과 이권다툼이 벌어지곤 했다. 다행히 Rosalee는 변두리에 위치한 대형 점포들이어서 초보자들이 감히 달려들지를 못해 직접적인 피해는 없었다. 도매상의 추정으로는 뉴저지 북부에만 한인 점포가 50개도 넘는다고 했다. 일부 지역에서는 한인 점포끼리 가격 싸움도 치열해 과당 경쟁에 대한 대책이 절실히 필요했다.

업계 선두주자 몇몇이 회합을 가졌다. 만나서 고등학교 대학교 고향 등 연결고리를 털어놓으면 거의가 지근거리에 있는 사람들이었다. 이구동성 협회를 만들어 친목도 도모하고 무엇보다 오래오래 유지해야 할 한인들의 먹거리 업종을 건전하게 지켜 나가자는 데 의견을 모았다. 최 연장자로 뉴왁 중심가에 점포를 가지고 있는 김동순 사장이 매우 적극적이었다. 한국에서 법대를 나와 신문기자를 하시던 분으로 리더십도 있고 협회결성에 매우 적극적이었다. 우선 뉴왁 다운타운 중심가의 한인 점포들과 우리 Rosalee와 같이 외곽에 산재한 10여 개 점포를 주축으로 협회를 만들었다. 초대회장으로 김동순 사장을, 부회장은 내가 맡기로 하여 나는 우선 협회 정관을 만들 책임을 맡았다.

한 달에 한 번씩 한인식당에 모여 사업 이야기를 나누며 친목을 다지니 참으로 많은 제안도 나왔고 무엇보다도 모임 자체가 즐거웠다. 한인 업소 모두가 참여토록 하기 위해서는 회원들에게 도움이 되는 일부터 시작해야 했다. 의논 끝에 먼저 제품의 공동 구매부터 시도해 보기로 했다. 모두들 도매상을 통해 마진을 주고 구매하는 제품을 협회가 대량으로 제조업체에서 직접 구매해서 배분해 보자고 합의를 보았다.

각 도매상이 주안점을 두는 화장품류는 물량면에서 대적하기도 어려웠고 제조사들의 호응을 받기도 어려운 면이 있었다. 미용 재료상에서 주력품인 화장품과 가발 인모(人毛) 외에 많이 팔리는 품목은 염색약과 헤어드라이어, 컬링 아이언 등을 꼽을 수 있다. 이들 제품은 소형 점포의 경우 대개 도매상을 통해 구입하지만 좀 규모가 큰 가게들은 제조사에서 직접 구입하기도 했다. 그러나 제조사 측에서는 주문량에 따라 가격을 달리해 다량 공동구매시 가격을 흥정하기에 적절한 품목이었다.

첫 시도로 Belson 회사의 헤어드라이어, 컬링 아이언 등 몇 가지 관련 제품을 택했다. 도매상을 거칠 경우 구입단가가 20~30%는 높았다. 협회 창설에 동참한 몇 개 점포들만의 소요량만 취합했는데 수천 개에 육박했다. 회사와 딜을 하니 예상한 대로 30%는 가격이 내려갔다. 그렇지만 제조회사에서는 협회를 상대로 30일 외상을 줄 리가 없었다. 결국 우리 Rosalee 계좌로 전량을 주문하고 이를 배분할 수밖에 없었다. 첫 번 시도부터 대성공이었다. 처음 협회 가입자 10여 개 점포가 나누어 거뜬히 소화해내자 협회 미가입 점포들이 관심을 보이기 시작했다.

일차 공동구매가 성공리에 끝나자 협회 가입자가 몇 배가 늘었다. 이어서 일제 머리 염색약 비겐을 공략했다. 이 제품은 암모니아 성분이 없어 염색 후에 가려운 증세 같은 부작용이 없으면서도 색깔이 오래 유지되어 제일 많이 판매되는 제품이었다. 머리 색깔 별로 갖추려면 제법 종류가 많았다. 일본 제조사 니시모토는 판매량이 증가하자 슬금슬금 가격을 올려 점포마다 판매 가격도 중구난방이었다. 따라서 가게마다 소매가격에 각별히 신경이 쓰이는 민감한 제품이 되었다. 소비자들은 자기가 선호하는 어느 제품이 타 점포에 비해 가격이 싸면 그 가게 모든 물품이 다 저렴하다는 인식을 하게 마련이어서 전략적으로 몇 인기제품은 가게마다 항상 좋은 가격을 유지하려고 하였다. 비겐도 그런 제품 중의 하나였다.

구매 물량을 파악하기 위해 협회 가입 점포는 물론 미가입자들에게도 회사와 흥정하려는데 대략적인 구매량을 알려달라고 했다. 예상외로 주문 물량이 대량 쏟아져 들어왔다. 무려 몇 천 다즌(12개)이 넘었다. 곧바로 회사와 흥정에 착수했다. 회사 측에서도 대량 주문에 놀라 매우 적극적이었다. 도매상 판매가 개당 2불50센트짜리가 1불80센트까지 내려갔다. 제품이 배달되던 날, 우리 Rosalee(II) 뒤 주차장은 자기 몫을 배분해가려고 온 업소 주인들로 하루 종일 북적거렸다. 물론 판매가격에 대한 가이드라인도 함께 전달했다.

1차, 2차 공동구매가 성공리에 끝나자 뉴저지 남부 지역 멀리 산재해 있던 점포들도 협회 가입을 신청해 왔다. 삽시간에 협회 회원이 불어났다. 한인 점포들은 자주 모여 친목을 다지니 자연히 제살 깎아먹기식 가격경쟁도 서로 의논해 가며 해결하는 좋은 모습이 정착돼갔다.

그 후 뉴저지협회는 주 전체로 확대 발전되어 미 전역에서 제일 먼저 주(州)협회가 구성되는 계기가 되었다. 도매상들과 제품 제조사들의 관심이 뉴저지 협회로 쏠리기 시작했다. 협회 가입자가 많아지자 월례 모임 자체도 각 지역을 돌며 열게 되었다. 체제가 잡히자 대규모 야외축제 행사도 공원을 빌려 열었다. 야외축제에 전 협회원의 온 가족과 종업원들까지 수백 명이 모여 하루를 즐기고 각 제조회사와 도매상에서 기증한 상품을 즐거운 게임을 통해 한 아름씩 타가는 기쁜 잔칫날이 되었다.

뉴저지가 효시가 되어 뉴욕협회가 곧이어 출범하게 되더니 얼마 후에는 미국 전역 대도시마다 한인미용재료상인협회가 우후죽순처럼 설립되었다. 이렇게 지역 협회가 설립되고 보니 자연히 한인미용재료상인 전국협회가 결성되었고 그 파워가 예상을 뛰어 넘어 많은 혜택을 보게 되었다.

07

그리운 조국

그리운 조국

성보산업 주식회사

Rosalee 사업이 번창하고 자본 여력이 생기니 안 보이던 분야도 눈에 들어오고 사업에 대한 욕망도 그만큼 커져갔다. 한국에서는 마침 88올림픽을 성공적으로 마치고 경제, 정치 모두 새로운 시대를 열어가고 있었다.

오랜만에 아내와 함께 고국 나들이에 나섰다. 미국에 정착한 지도 10년이 되가니 옛 동료들과 친구들이 매우 그리웠다. 그들 중에는 회사의 임원이 되어 회사차를 타고 비서까지 거느린 친구도 있었다. 옛 직장에 대한 미련이 안개처럼 피어올랐다.

한국은행, 삼성 비서실, 삼성전자 한국의 일류 직장을 거쳐 월급쟁이의 꽃이라 일컬을 수 있는 미국 주재원의 직을 헌신짝 내버리듯 하고 미국에 정착한 내 모습을 비춰 보니 비록 미국 사업을 순조롭게 이끌어 돈은 벌었지만 무언가 아쉬움이 머릿속에 앙금처럼 남아있었다.

떠나기 전 살았던 삼성동 집을 찾아가보니 땅값이 여태껏 미국에서 번 돈 전부를 합쳐도 되살 수 없을 정도로 올라있었다. 미국에서 사표를 내지 않고 돌아왔다면 내 손으로 지은 삼성동 집에서 멋진 정원을 꾸며

놓고 회사에서는 어디쯤인지는 모르나 임원이 되어 대우를 받고 있을지도 모를 텐데.

강남은 불과 10년 전인데 떠날 때의 모습은 도저히 찾을 수 없을 정도로 변해 있었다. 곳곳에 활기차고 역동적인 모습이 앞으로 10년 동안에는 또 어떠한 변화를 가져올까 궁금해지기도 했다. 미국의 우리가 사는 도시엔 지난 10년 동안 새로 지은 집 한 채를 볼 수 없이 마치 도시 전체가 고정된 정물화 같았는데.

미국으로 떠나기 전 우리가 지은 세 번째 집을 산 인연으로 그동안 자주 연락을 취하며 지내던 S 사장이 그 집을 팔고 역삼동 새집으로 이사를 해서 우리를 초대했다. 그동안 살아온 이야기며 한국에 와서 느낀 점과 한국에서도 사업을 해보면 어떨까 하는 생각들을 격의 없이 털어 놓았다. 그런데 며칠 후 다시 만나자는 연락이 왔다. 그러더니 느닷없이 회사 파일 하나를 내놓았다. 부천에 소재한 자동차 배터리 제조회사 '성보산업주식회사'에 대한 회사 개요와 매각 제안서였다. 단순히 휴가 차 나왔을 뿐인데 이렇게 빨리 사업 제안을 접하니 얼떨떨했다. 어쨌건 한번 둘러보기로 했다.

직원들이 동요할지 모르니 처음엔 밖에서만 둘러보고 관심이 있을 때 모든 걸 보여 주기로 해서 첫날은 밖에서 공장을 훑어만 보았다. 부천 도당동 대로변에 위치한 공장은 대지 4백 평에 건물이 꽉 들어차 있었다. 회사 주변에는 반도 스포츠, 아남전기 등 중견 기업이, 그리고 가까이에 구로동과 같은 공구상가 축소판이 들어와 한창 자리를 잡아가고 있었다.

첫눈에 호감이 갔다. 회사 파일을 꼼꼼히 살펴보니 은행 부채를 떠안고 인수하면 투자금은 무리 없이 준비될 것 같았다. 공장 종업원 수가 50명 안팎에서 유동적이었고 생산제품은 전량 수출을 하는 각종 자동차용 배터리와 조달청에 납품하는 산업용 배터리까지 KS인증을 딴 제품 종류만 해도 50여 개가 넘었다. 더구나 국민은행이 선정한 우량중소기업이기도 했다. 매출 규모는 당시 한 달 2억 정도로 연간 20억을 살짝 상회하고 있었다.

예정된 한국 체류기간이 거의 다 지나가고 있어 서둘러 공장 내부를 둘러보고 결론을 내려야 했다. 성보산업은 처음 오토바이용 배터리를 만들어 국내 판매를 하다가 자동차 배터리 제조로 전환한 회사였다. 인문계 출신인 나로서는 모두가 생소한 분야였다. 배터리 주원료가 납과 황산이라는 사실도 처음으로 알았다. 납으로 극판을 얇게 씌워 황산에 담가 포장하는 재래식 배터리 공장 체제로 언젠가는 바꾸어야 할 생산 방식이었으나 관리 쪽만 경험이 있는 나로서는 그러한 것을 알 턱이 없었다. 공장은 생산 시설 외에도 전 직원이 동시에 식사를 할 수 있는 식당과 사무실, 사장실 그리고 공장 입구에 조그만 수위실이 있었다. 납과 황산을 씻어낸 폐수는 공해물질이어서 이를 집수정에 모아 한 달에 두 번 정도 수거해가는 폐수처리 업소와 계약을 맺고 있었다.

만약 성보산업을 인수한다면 미국의 사업은 어떻게 할 것인가. 근본적 대책도 없이 마음만 앞서는 내 태도도 문제였다. 내가 한국에 나와 장기간 체류한다면 Rosalee 사업은 어떻게 할 것인가. 아내와 숙의한 끝에 인수한 회사가 단단히 뿌리를 내리면 영구 귀국을 하거나 양쪽에 사업체를 두고 오가며 살아보자고 했다. 그동안 미국에는 점포마다 매니저를 두고 운영하는 체제가 되어 그리 큰 문제가 없다는 생각이 들었다.

드디어 인수 결심을 하고 여행 경비로 가져온 미화 중 남은 돈을 환전하여 일단 계약금을 치르고 몇 주내에 미국에 다녀와서 정식으로 회사를 인수하기로 했다. 곧바로 미국에 들어가서 자금을 보내려니 은행을 통해 송금하기엔 모아둔 현금이 너무 많았다.

현금 송금의 경우 일정액 이상은 반드시 은행에서 미국 국세청에 신고하도록 되어있었다. 마약자금 등 불법거래 단속이 주목적이었지만 거액 송금의 경우 자금 출처에 대해 미 국세청의 조사가 따라야 하니 자칫 긁어 부스럼을 만드는 짓이 될 수도 있었다. 그동안 공항 출입을 하면서 현금 지참에 한 번도 문제가 되지는 않아 이번에도 별일 없으리라는 생각이 들었다.

만약 신고 없이 반출하다가 발각되면 몰수를 당하고 세무조사를 받을지도 모르지만 인수 날짜를 지키기 위해 모험을 강행하기로 했다. 지금 생각해 보면 정말 무모한 행위였지만 전산 시스템이 깔리기 전이어서 아무 탈 없이 미국 공항을 무사히 통과했다. 백 불짜리로 수십만 달러를 가방에 가득히 넣고 유유히 걸어 나왔으니 간이 컸다고 할까 부었다고 할까. 김포공항에서도 자금출처 조사를 위해 미국에 연락이라도 할까봐 신고 없이 돈가방을 그냥 들고 들어 왔다. 불과 30년 전인데 호랑이 담배 먹던 전설 같은 이야기다. 거액의 현금을 은행에 가서 원화로 환전을 하려고 했으나 수수료 떼고 공식 환율 적용을 받으니 남대문시장 암 달러 시세에 비해 차이가 너무 컸다. 유리한 환전을 마치고 회사 인수를 순조롭게 끝냈다.

회사 인수식은 직원 식당에서 전 직원이 모인 가운데 조촐하게 치렀다.

생산된 자동차 배터리는 아직 국내 시판을 못하고 일본의 중고차 시장과 사우디아라비아 등 중동 지역으로 수출을 하였다. 선적하는 날이면 전 직원이 나와 포장된 배터리를 수송차량에 옮겨 실었다. 애써 만든 제품을 멀리 실어 보내는 행사는 마치 자식을 멀리 보내는 환송식과 같았다. 저녁에는 이를 핑계로 식당에서 삼겹살 소주 파티로 직원들의 사기를 돌아 주고는 했다.

몇 달간은 수지 타산이 어찌되는지 제대로 파악도 안 되었고, 인수자금 외에도 추가 투입된 운영자금으로 납 대금과 직원 급여를 지불해야 회사가 굴러갔다. 어느 날 인수 후 첫 선적한 배터리에 대해서 불량 클레임이 사우디아라비아에서 걸려왔다. 기계가 노후해서 극판 두께가 일정치 못해 일어나는 고질적 문제라고 했다. 클레임 물량이 제품 마진율에 육박하고 보니 그냥 헛장사를 한 것이나 다름이 없었다. 과거 수출에 대한 손익분석을 면밀히 해보니 수출은 그냥 원가 수출이나 다름이 없었다. 회사가 굴러간 것은 조달청에 납품하는 배터리에서 나온 이윤 덕분이었다. 산업용 배터리는 정부기관 시설의 변전소나 엘리베이터 등에, 자동차 배터리는 군용 차량용으로 조달청에 납품이 되었는데 공급 단가가 수출가에 비해 비교적 좋았다.

당시 국내에는 6개의 배터리제조회사가 있어 협회를 만들어 상호 유대를 맺고 있었다. 이중 4개 회사는 세방전지의 로켓, 한국전지의 아트라스, 대우의 델코, 현대의 솔라이트 모두 대기업이었지만 우리 성보산업과 유니온 전지는 중소기업으로 협회의 막내 구성원이었다. 조달청 납품은 협회에서 총량을 받아 회사 연매출 규모에 따라 비율 배분을 받아 그나마 회사 운영에 큰 도움이 되었다. 결과적으로 회사의 손익상황은 겨우 적자를 면하면 다행이었고 자칫 클레임이 크게 걸리거나 조달청 물량이 줄어들면 위기를 맞을 수도 있는 형편이었다.

그 후 선적하는 수출품에도 계속해서 클레임이 걸렸다. 해결책으로는 기계를 일본 제품으로 새로 교체하는 것이 답이었으나 기계 값이 회사 자금 사정으로 보아 도저히 불가능하였다. 당시 수출 장려책으로 책정된 정책자금으로 '기계공업 육성자금'이 있어 이를 활용해보고자 했으나 수

십만 불을 호가하는 일제 기계 값에 턱없이 부족한 규모였다. 할 수 없이 속도가 느리더라도 인력으로 품질을 해결할 도리밖에 없었다. 결국 생산성이 떨어지는 결과였다. 뚜렷한 명분도 없이 회사를 판 이유를 알만 하였다. 필요 경비를 한 푼이라도 줄이기 위해 고문으로 앉혔던 전임사장을 약속한 6개월을 못 채우고 그만 두도록 했다. 회사 차를 몰던 운전기사도 생산직으로 돌리고 당시 중소기업 사장들에게 인기가 있던 대우자동차의 수퍼싸롱 세단 차는 뒤 창문에 초보운전 사인을 붙이고 내가 직접 몰았다. 10년을 넘게 미국에서 운전을 했지만 숙소인 안산에서 부천까지 오는 산업도로 주행은 자동차들의 난폭운전으로 항시 손에 땀이 날 지경이었다.

납을 다루는 공해업소라서 전 종업원의 건강검진은 노동부에서 지정한 병원에서 6개월에 한 번씩 받도록 되어 있었다. 우리는 한남동에 있는 순천향병원에서 납중독 여부를 검사받도록 되어 있었다. 검사결과를 받아보고 깜짝 놀랐다. 종업원 다수의 혈관 속 납보유 수치가 기준치를 훨씬 넘고 일부는 중독 전 단계에 있다며 치료를 요한다는 판정이 나왔다. 공장 시설도 조속 개선하도록 요구해 왔다. 사무실에 주로 체류하며 외출이 잦은 나의 수치까지도 위험수위에까지 올라 있었다.

공장 밖 내로에서는 심심치 않게 빨간 띠를 두른 노조 행렬이 고함을 지르며 지나가고 이웃의 공장 벽에는 시뻘건 페인트로 '악덕 업주 물러가라'는 구호가 흉측하게 써있기도 했다. 다행히 우리 성보산업은 종업원 자녀 학자금까지 지원하는 등 복지혜택으로 아직 노조 움직임이 없었지만 일촉즉발 어느 사유가 발생하면 도화선에 닿을 소지가 너무 많았다. 특히 납중독에 대하여 누군가 회사의 책임이라고 선동을 한다면, 생각만 해도 아찔한 일이었다.

회사 사정이 낱낱이 파악되면서 내린 결론은 미국의 사업을 전부 처분하고 모든 자금을 들여와 공장시설을 전부 교체하든지 또는 자본 여력이 있는 사람에게 다시 매각을 추진하든지 양단간의 결정을 내려야겠다는 생각이 들었다. 이런 불확실한 사업을 위해 번창 일로에 있는 미국 사업을 정리해서 투자한다는 것이 당치도 않을 뿐더러 더욱이 애들이 대학과 고등학교에 다니고 있는데 이제 와서 미국생활을 접는다는 것은 말도 안 되는 일이었다.

그동안 변동된 사항도 있고 새로이 매각 제안 파일을 만들기 위해 공장 토지 가격을 복덕방에 알아보니 일 년이 채 안된 사이에 2배가 올라있었다. 언젠가 모 중소기업 사장과 이야기를 나누는 가운데 운영의 어려움을 토로하니 먼저 공장 토지를 포함해서 인수했느냐고 묻기에 당연히 포함됐다고 했더니 그렇다면 손해 볼 일은 없을 거라며 지금 회사들은 공장을 돌려서 돈을 버는 것이 아니라 공장부지 값이 올라서 커지는 것이라고 한 말이 생각났다. 여태껏 문제기업을 자세히 알아보지도 않고 인수한 데 대한 자책감이 심했는데 그 말을 들으니 많은 위로가 되었다.

그러던 어느 날 아침에 출근을 하니 회사에 도둑이 들어 창고에 보관중인 주물로 된 금형을 대량 훔쳐갔다. 사용 중인 것들은 손도 안 대고 당장 공장 가동에 지장이 없는 것만 골라서 없어졌다. 피해 금액을 헤아려보니 새로 제작해 보충한다면 약 수천만 원 상당에 달했다. 전지회사가 겨우 여섯 개밖에 없는데 배터리 금형을 필요로 하는 자가 있을 수도 없고 고철로 팔기엔 그 값어치가 너무 낮았다. 부천경찰서에 신고하면서 내부 사람과 연결되어서 일어난 일인 것 같으니 조사를 해 달라고 부탁했다. 그러자 담당형사가 하는 말이 수사비를 얼마나 보조할 수 있느냐고 노골적으로 반문했다. 그러면서 이런 도난사건은 이 일대에 수없이 일어나는 일이라 수사 비용을 지원해 주지 않는다면 인력도 예산도 부족해서 전혀 움직일

수 없다고 했다. 공무원이 이렇게 대놓고 금품을 요구할 정도로 부패했단 말인가. 결국 도난 신고는 그냥 신고 자체로 끝이 나버렸다. 이곳이 내가 그리워서 다시 돌아와 뿌리를 내리고 싶은 조국 대한민국이었단 말인가.

그즈음 부천에는 논밭이 중동 단지로 개발된다며 토지가격이 천정부지로 뛰고 있다는 기사가 신문마다 실렸다. 이런 판국에 이런 일을 저지를 사람은 공장을 팔고 토지 값 상승에 가장 배가 아픈 사람이 벌일 수 있는 일이었다. 다시 말하면 회사를 팔아서 가장 손해를 보았다고 생각하는 사람의 소행일 것이라는 생각이 들었다. 이 짐작을 뒷받침할 만한 일이 얼마 후에 다시 벌어졌다.

어느 금요일 오후 서울에 올라와 수출상담을 하고 있는데 회사에서 다급한 연락이 왔다. 환경부 안산 지청에서 나온 폐수 감독관이 다녀갔는데 수위실 건물 밑을 통과하는 폐수관이 있다는 익명의 투서가 들어와 월요일 아침에 장비를 동원해 그 사실여부를 확인하겠다는 이야기였다. 익명이었지만 구체적 위치와 설명까지 곁들인 투서였다는 것이다. 그 당시 어떤 위반사항보다도 공해문제에 대해서는 처벌이 특히 엄중해 최고 책임자가가 구속되는 등 공장 문을 닫아야 할지도 모를 정도로 심하다는 것이 주위의 이야기였다. 그렇지 않아도 전임 사장이 떠난 후 얼마 안 돼 공장장이 설명해서 안 사실이지만 폐수 집수정이 어느 정도 차오르면 넘쳐흐르는 폐수는 눈에 안 띄게 설치된 어딘가의 비밀관을 통해 도시 하수도로 흘러보낸다고 했다.

모두 전임 사장이 직접 설계해서 아무도 그 위치를 모르게 설치를 했다고 알려주었다. 회사 형편은 한 달에 두 번 수거해가는 수거비도 부담스러웠는데 정상 수거토록 한다면 거의 매일 수거해야 할 만큼 폐수량이 많았다. 진퇴양난의 기로였다. 투서가 누구의 소행인지 바로 짐작이 갔다. 내부에 지뢰까지 묻어 놓은 공장을 속여서 팔아먹고 땅값이 오르자 회사를 흔들어 회사를 되찾아 보려는 간악한 속셈이었을 것이다.

일단 현장 조사반이 나오면 모든 것이 드러날 것이고 그러면 공장이 온전할까? 얼굴이 하얗게 질려버릴 상황이었다. 어떻게 해서든지 폐수처리반의 출동을 막아야 하는 것이 급선무였다. 이럴 때 가동되는 것이 지연, 학연 등 연줄을 동원하는 것이 한국사회 아닌가. 대학 동창은 같은 인문 계통으로 지원군을 찾기가 어려웠지만 고등학교 동창들은 전 분야에 걸쳐 진출해 있으니 이쪽으로 찾아보기로 했다. 얼마 전까지 환경청에 근무하다가 대구의 모 대학으로 자리를 옮긴 동창이 연결이 됐다. 다급한 사정을 소상히 설명했다. 그는 너무도 친절하고 격의 없이 대해 주었다. 주말이지만 가능한 빨리 알아보고 연락을 주겠노라고 했다.

몇 시간 후에 전화 연락이 왔다. 같이 일하던 옛 근무자를 수소문해서 알아봤더니 그 사람이 바로 안산지청 우리 사건의 담당자였다며 월요일 아침 일찍 사무실로 찾아가 만나라고 했다. 일반적으로 출근하자마자 현장 조사반은 출근 도장을 찍고 출동하니 그 이전에 만나야 한다고 했다. 하늘에서 내려준 동아줄을 어찌 놓치리오. 행여 교통체증으로 낭패라도 보면 어쩌나 싶어 출근시간 전 한 시간도 넘게 미리 도착하여 서성대다 지청 정문이 열리자마자 들어가 사무실 앞에서 소개해준 공무원을 기다렸다. 얼굴을 알 턱이 없어 출근자들의 눈에 띄게 엉거주춤 서 있는데 한 사람이 다가와 K 국장님 친구 분이냐고 물어왔다. 그렇다고 대답하니 안으로 안내하며 커피까지 내오며 친절하게 사건 전말을 설명해 주었다.

우선 이번 투서가 실명을 숨기고 타이핑을 해서 보낸 것이라 민원처리 규정상 실제 현장탐사 의무는 없다고 하며 옛날 모시던 국장님을 신뢰해서 조사는 않겠지만 위반사항이 있으면 즉시 시정하라고 했다. 지옥불에 떨어지기 직전 구조를 받은 감회가 몇 십 년이 흐른 지금까지 생생히 살아있다. 이렇게 정나미가 떨어지니 되도록 빨리 회사를 처분하고 미국으로 돌아가고 싶어졌다.

그 당시 자동차 제조업체 중 배터리 생산회사가 없는 회사는 쌍용자동차뿐이었다. 마침 한국은행의 동료가 쌍용에 스카우트되어 그룹 기획담당 임원으로 있어 의사 타진을 했더니 회사 개요와 제안서를 가져와 보라고 했다. 물론 회사 규모면에서는 쌍용그룹에 걸맞지는 않았지만 자동차 제조회사로서는 자체 브랜드 배터리 생산이 당연히 고려해야 할 분야라고 생각했다. 성보산업의 회사 현황과 새로이 평가한 재무제표를 작성하여 기획팀에 제출했다. 그들이 한 달이 넘게 검토하여 내린 결과는 '인수 불가'로 결론이 났다. 당시 쌍용그룹의 재무 상태는 무리한 사업확장으로 그리 좋지 않은 형편이어서 소모품의 일종인 배터리는 외주 구입에 머물기로 했다는 이야기였다.

한동안 그렇게 공을 들여 추진한 매각 계획이 무산되자 정말 허탈감에 빠졌다. 다른 방법을 모색하기로 하였다. 마침 대학 졸업동기로 모 회계법인에서 중견 공인회계사로 있는 Y 회계사가 문득 떠올랐다. 졸업 후에도 한국을 떠나기 전에는 가끔 만나 친분이 깊었던 터라 회사 파일을 건네주고 회사 양도 주선을 의뢰했다. 처음 시작이 어려운 분야가 제조업인 만큼 제조업 원매자를 찾으면 쉽게 계약할 수도 있을 것 같다며 알아보겠다고 하였다.

일은 예상 외로 쉽게 연결이 되었는데 당시 최고 권력층의 친조카가 토목사업을 하면서 적당한 제조업에도 진출해 보고 싶어 하던 차였기 때문이었다.

재무상태 파악은 Y 회계사가 맡고 인수 측 회사 사람들이 며칠간 공장현황을 조사하더니 바로 인수 계약을 맺자고 하였다. 모든 조건은 내가 인수 받은 금액 그대로였지만 토지 가격은 당시 부동산 시세로 반영시킨 가격 조건이었다. 당시 불과 몇 주 만에 회사 매각이 결정되어 일 년 만에 성보산업 주식회사의 경영주가 다시 바뀌게 되었다. 참으로 다행스런 일이었다.

새로운 인수자는 재력과 권력을 모두 갖춘 분이니 나처럼 흔들리지 않고 성보산업을 잘 이끌어 나가리라는 확신이 섰다. 성보산업과 종업원 모두에게 경사스러운 일이라고 생각되었다. 회사 인계 인수식은 인수 측에서 기획한 대로 열렸다. 당시 부천에 그랜드볼룸이 있는 대형호텔에서 성보산업 종업원 수보다도 훨씬 많은 하객이 참여한 가운데 성대하게 열렸다. 호텔 밖에는 하객들이 타고 온 검은 세단 자가용들이 도로 양 옆을 메워 주위의 눈길을 끌었다.

이임사를 통해 나는 종업원들에게 회사를 튼튼하게 키우지도 못하고 중도에 떠남을 사과함과 동시에 재력이나 배경 등 모든 면에서 능력 있는 새 경영진에게 잘 협조하여 앞으로 성보산업이 대한민국 전지업계의 선두자리로 올라서도록 해 달라고 부탁했다.

돌아보니 겨우 일 년여 한국에서 새롭게 펼쳐보고 싶었던 야망은 그야말로 '한여름 밤의 꿈'처럼 아쉽고도 애잔하게 막을 내렸다.

치솟은 공장대지 값 덕분에 일 년 만에 투자액의 배나 되는 이득을 보긴 했지만 인간의 간악한 사기성과 부패한 경찰, 한국에서의 어려운 사업 환경 등을 뼈저리게 경험하고 더는 한국에 대하여 미련을 갖지 말자 결심하고 미국으로 돌아갔다.

골드맥스 코리아

전선에 투입됐다가 귀향한 제대 군인처럼 몇 년 간은 잡념 없이 뉴저지 Rosalee 사업에만 몰두했다.

그런데 시간이 흐를수록 다시 새로운 사업에 대한 욕망이 꿈틀대기 시작했다. 편안하게 사무실에 앉아 있으면 상상의 나래를 펴는 버릇이 언젠가부터 다시 생겼다. 전에 몸담았던 '푸른 하늘의 구름을 잡는다'는 기획업무 때문인지 모르겠다. 모텔업이며 한국에 없는 창고업인 셀프 스토레이지(Self Storage), 골프연습장 등 이것저것 그려보다가 다시 한국의 새 사업 진출로 빠져버리고 말았다.

골프연습장 사업 때문에 시애틀에 드나들면서 성보산업을 소개했던 S 사장이 캐나다 밴쿠버에서 주택사업을 하고 있어 다시 만났다. 원래 광산업을 계획했던 그는 몇 번 시도 끝에 금광사업이 도박에 가깝다는 걸 깨닫고 결국 주택건축 사업으로 방향을 돌렸다. 내가 다시 향수병에 도진 것을 알아채고는 이번에는 토목계통 보강토 사업을 소개했다.

불과 20여 년 전이었지만 그때까지도 한국의 옹벽은 모두가 경사면에 거푸집을 만들어 시멘트를 비벼 넣고 군데군데 물 빠질 구멍을 뚫는 공법이 일반적이었다. 이에 비해 미국식은 미관상이나 안전성이 뛰어난 키스톤이라는 35kg이 넘는 무거운 보강토로 담을 쌓아 올리는 방식이었다. 이를 재빨리 한국에 도입한 밴쿠버의 교포회사는 서울에 대리점 5개를 설치하였고 내가 그중 하나를 맡기로 하였다. 상호를 골드맥스 코리아로 법인등록을 하고 임시로 연신내에 있는 친구 사무실을 같이 쓰면서 조심스럽게 출발을 하였다.

우리나라와 같이 산이 많은 나라에선 어느 공사건 간에 필요한 것이 축대였으며 더욱이 도로공사의 경우 산지를 뚫고 공사를 하자면 크고 작은 공사에 보강토 공사가 필수적이었다. 각 건설회사의 아파트나 주택단지에도 고급 공사일수록 미관상 뛰어난 미국식 보강토를 선호하였다. 수요처가 되는 한국도로공사와 주요 건설사 주택사업부를 돌며 새로운 제품을 소개하였다. 고급스러운 디자인에 호감은 보였으나 당시는 옹벽보다 공사단가가 비싸다는 이유로 몇 달이 가도록 공사 수주에는 성공하지 못하고 있었다.

그러던 중 삼성에서 보광 휘닉스라는 이름으로 강원도 평창에 대단지 리조트를 건설한다는 정보와 함께 그 회사에 옛 삼성 비서실 동료가 사장으로 있다는 소식을 들었다. 염치불구 무조건 찾아갔다. 사장의 배려로 수차례에 걸쳐 새로운 보강토에 대해 설명회를 가졌고 그 결과 총공사비 7억6천만 원짜리 공사 수주를 받았다. 첫 공사로서는 결코 작은 규모는 아니었다.

첫 공사를 시작하면 직원 채용과 사무실 이전을 계획하고 있던 참이라 잘 풀려 나간다 싶었다. 그런데 공교롭게도 5개 대리점 중 제일 먼저 시작한 만형 벌되는 D회사가 자기네가 공사를 수주했다고 주장하며 계약을 맺겠다고 나섰다. D회사의 말인즉, 나보다 먼저 하부 실무팀과 접촉하여 자기네가 수주에 성공한 것이라고 우겼다. 할 수 없이 본사에게 중재를 요청했다. 본사에서는 나보다 D사가 먼저 수주 착수보고를 올렸으니 그들의 주장이 옳다고 했다.

사건의 본말은 D사가 삼성 휘닉스란 이름으로 나보다 먼저 수주를 위한 착수작업에 들어간다고 보고를 본사에 올렸고, 나는 간발의 차이로 바른 회사명인 보광 휘닉스로 착수보고를 올렸다. 그런데 본사에서는 이들이 별개의 회사인 줄 알고 교통정리를 하지 않아 결과적으로 수주 전쟁이 위, 아래 양쪽에서 벌어지게 되었다. 어쨌거나 공사명을 제대로 밝힌 우리에게 공사계약을 하도록 하여야 함에도 본사는 공사를 D사의 몫으로 돌려버렸다. 아직 첫 삽도 못 뜬 상태에서 몇 개월 만에 잡은 첫 기회를 이처럼 허망하게 날려버리다니… 더 이상 본사를 신뢰하기도 어려웠다.

사실 몇 개월을 이 업계에 몸담으며 피부로 느낀 바로는 이 사업도 어두운 골짜기를 따라 걷는 느낌이 들어 꼭 내가 이 길로 가야 할 것인가 수없이 망설이던 참이었다. 심한 스트레스로 방 청소를 하면 빠진 머리카락이 항상 수북해서 스스로 놀라곤 했었다. 결국 이를 빌미로 본사에 대리점 계약을 아예 취소해 달라고 했다. 본사에서도 곤란해 하던 처지라 예치했던 계약금을 순순히 내어주며 승낙을 하였다. 토목사업을 통하여 한국에 안착하려던 시도도 또다시 이렇게 초기 단계에서 막을 내려버렸다.

일산 뉴욕 플라자

성보산업과 골드맥스 코리아에서 두 번씩이나 뺏던 칼을 칼집에 다시 꽂아 넣고 미국으로 돌아가자니 창피스럽기도 하고 안타깝기도 했다. 근 반년 동안 임시로 머물던 화정의 조카 내욱이 네 아파트의 짐도 정리하고 곧 미국으로 떠날 채비를 서둘렀다.

파주와 얼마 안 떨어진 일산 신도시에는 문산중학교 동창들이 의외로 많이 살고 있어 자주 모임을 갖고 있었다. 이 모임에서 나는 중학교 동창 윤정현과 이태의와의 재회가 이루어졌고 이들이 하고 있는 일들에 많은 관심이 갔다. 정현이는 그동안 기업은행 지점장을 마지막으로 퇴직하고는 일산신도시 후곡마을에 주차장 겸 상가 부지를 매입하여 건축업을 하고 있던 이태의가 공사를 맡아 준공 단계에 있었다.

정현이는 자금이 부족해서였던지 그의 손아래동서와 공동 명의로 투자를 했다. 건물이 완공되자마자 1층은 대형 갈비집과 약국 등을, 2층은 학원가의 학생들이 선호하는 스카이 락이라는 경양식 체인점이 들어와 투자로서는 매우 성공적이었다. 평생 직장생활을 하고 퇴직 후 이만한 건물을 노후대책으로 소유할 수만 있다면 이에서 더 바랄 게 없을 만큼 좋아 보였다.

은퇴 시기를 앞두고 새로운 기업을 시도하기보다는 적합한 사업은 역시 임대업이라는 생각이 들었다. 일찍이 이런 생각을 했더라면 보강토 사업 같은 어려운 길을 택하지 않았을 것이다. 이런 관점에서 혹시나 해서 내 의사를 이들에게 넌지시 비췄다. 그랬더니 한국을 떠날 예정일 며칠을 남겨놓고 주차부지 매물이 나왔다며 한번 둘러보라는 전갈이 왔다.

대상지는 3호선 마두역 1번 출구 후면 길에 있는 450평의 코너 땅이었다. 매도측은 친인척 6명이 공동으로 입찰 분양을 받아 몇 차례 중도금을 내는 과정에서 자금조달에 엇박자가 발생해 차라리 처분하여 돈을 나누자고 하는 바람에 매물로 나온 부지였다. 그러다 보니 주택공사의 분양원가에 권리금이 5억이나 붙어있었다. 게다가 무등기 전매조건이었다. 가격 절충을 시도했지만 만약 부동산 중개업소에 정식으로 내놓아 경합자가 붙으면 가격이 더 오를 수도 있다는데 불안한 감이 들었다.

부지는 정말 맘에 들었다. 3호선 전철 마두역 1번 출구 앞이고 배후에 호수 아파트 대단지가 있어 준공 후 임대 걱정은 안 해도 될 듯싶었다.

일단 저지르고 보자. 나의 특유의 추진력에 또다시 발동이 걸렸다. 골드맥스 코리아 해약자금으로 일단 계약을 마치고 잔금을 마련하러 미국으로 들어갔다. 돈을 마련해서 다시 들어온 때가 1997년 8월이었다. 불과 IMF가 터지기 3개월 반 전이었다. 미화 120만 불을 들여와서 토지 잔금을 마쳤다.

미래를 전혀 모른 채 바로 건축 설계에 들어갔다. 건축설계 회사는 정현이 건물을 설계한 태원건축을 그대로 쓰기로 했다. 우리 부지는 중심 상업지역으로 10층까지 올릴 수 있는 곳이었지만 건축비와 임대 가능성을 가늠해서 일단 지하 1층 지상 5층으로 설계에 들어갔다. 지하엔 목욕탕 전문 업체에서 자기네 3호점을 내겠다고 도면까지 제시해 주어 5.5m 천정 높이로 설계토록 했다. 가장 어렵다는 지하 임대까지 사전 확보되니 미래가 환히 보이는 듯 했다.

건축은 처음 이태의 사장을 고려했으나 많은 업자들이 그러하듯이 그도 경험으로 건축업을 시작하게 된 사람이었고 나로서는 그보다 건축을 전공한 경험이 풍부한 업자를 선정하고 싶었다. 마침 건축공학을 전공한 고교동창이 종합건설회사인 금원건설(주)을 소유하고 있었다. 그와는 삼성비서실에 근무할 때 재회하여 각별한 사이가 되었던 친구였다. 보광동 버스종점 일대의 지주였던 아버지로부터 유산을 받아 신호장호텔을 소유하고 있어 재력 또한 튼튼했다.

그 친구는 건설회사가 크기 위해서는 대형건물 건축실적이 필요하다며 한 번 기회를 달라고 간곡히 부탁했다. 나로서는 솔직히 미국의 사업을 일부 매각하지 않고는 건축비 조달이 걱정스러웠다. 그는 재력이 있는 만큼 내 사정을 듣고 건축비의 반만을 현금으로 준비할 수 있으면 나머지

반은 완공 후에 임대를 놓든지 은행에서 융자를 받는 조건이라도 좋다고 했다. 누이 좋고 매부 좋고 서로 돕는 건축계약이 체결되자 나는 현장에서 도보거리인 강촌마을 라이프 아파트에 전세를 얻고 착공을 서둘렀다.

드디어 1997년 9월 중순 건물명을 '뉴욕플라자'로 명명하고 현장 첫 삽을 떴다. 공사현장은 터파기부터 난항을 겪었다. 일산은 신도시 조성 전 상당 부분이 한강의 갯벌에 연결된 저지대였다. 1990년 장마철에 약한 한강 둑이 무너져 물바다를 이룬 곳이 일산이다. 그 후 신도시 예정지로 선정되면서 임진각까지 잇는 자유로가 한강 둑 역할을 하게 되었고 일산 신도시는 상당부분이 몇 미터를 산흙으로 복토한 땅이다.

이러한 연유로 지하를 약 5m쯤 파 내려가자 단단히 설치한 막음벽도 아랑곳없이 개벌 흙이 마구 밀려 들어왔다. 주차장을 만들기 위해 지하 몇 개 층 공사를 하는 경우는 특수 장비를 사용해 대형 철판으로 된 막음막을 설치 후 터파기 공사를 해야 했으나 우리는 애초부터 그런 계약이 없었다. 결국 기계실을 지하 이층에 설치하기로 했던 당초의 설계를 1층으로 수정해야만 했다.

금원건설은 현장소장으로 파주에 사는 박모 소장을 앉혀 놓고 사장은 일주일에 한 번 정도 현장을 둘러보고 갔다. 내 눈에는 박 소장이 건축현장 소장답지 않게 너무 멋을 부린다는 생각이 들었다. 어떤 때는 반짝반짝하게 닦은 구두를 갈아 신지도 않은 채 현장을 나다녀서 내 눈살을 찌푸리게 하였다.

당시만 해도 건축 설계대로 자재용량을 그대로 쓰는 건축업자가 없다 할 정도로 현장은 부패해 있었다. 우리 현장도 현장소장이 못 미더워 나는 현장을 떠날 수가 없었다. 도급계약이니만치 일일이 간섭하기 어려웠지만 감시감독을 하기 위해서는 무엇보다도 건축에 관한 지식이 있어야 했다.

책방으로 달려가 건축에 관한 책을 살펴보니 여러 가지가 있었다. 현장 중심으로 엮어진 입문 서적을 사서 세세히 공부를 하니 현장사정이 보이기 시작했다.

한국의 IMF 위기

추위가 닥치기 전에 최대한 골조공사는 끝내 보려고 서둘렀다. 그런데 신문기사로 본 바깥 사정이 불안하였다. 잘 나가던 대기업 몇몇이 이미 부도가 났다는 소식에 이어 정부의 외환 보유고도 바닥이 보인다는 흉흉한 소문이 돌기 시작했다.

달러 대 원화 환율은 연일 치솟아 1달러에 1000원 미만이던 것이 삽시간에 1500원 이어서 1800원이 정점인 줄 알았는데 한때 2000원을 찍기에 이르렀다. 불과 3개월 전 토지 잔금을 치르기 위해 120만 불을 들여올 때 환율이 890원이었는데 니로서는 땅을 칠 노릇이었다. 드디어 11월 21일에는 외환 보유고가 바닥이 나서 IMF에 구제 금융을 신청하기에 이르렀다. 우리 현장은 갯벌 흙으로 인해 지하실 공사가 워낙 오래 걸려 겨우 이층 바닥 슬라브를 마쳤을 때였다. 대한민국의 경제는 전국적으로 혼란기에 빠져들기 시작했다. 전 국민이 금 모으기 운동까지 자발적으로 벌여 세계인들을 놀라게 했던 때였다.

건축 공사대금은 90일짜리 약속어음으로 지불하던 관례가 현금 지불 조건으로 바뀌고 일산 신도시의 거의 모든 대형건물 공사가 중단되었다.

일산 중앙로에는 롯데백화점, 해태빌딩, 대양호텔이 시뻘겋게 녹이 슨 철근 뼈대를 드러낸 채 흉물스럽게 서있었다. 이 판국에 금원건설도 건축비를 현금으로 지급해 주지 않으면 더 이상 공사를 진행할 수 없다고 나왔다. 나는 계약서대로 이행할 것을 강력히 요구했으나 요지부동 자기는 손을 떼겠다고 했다. 자금이 달려서가 아니라 남들이 그러하니 덩달아 쫓는 것 같았다. 사장은 얼굴을 정면으로 쳐다보지도 않고 먼 곳만 바라보면서 못한다는 말만 되풀이했다. 돈 앞에 친구와의 약속과 의리를 이렇듯 저버려도 되는 것인지 어이가 없었다. 미국 속담에 'Money tells everything.'이라는 말이 있듯이 정말 그랬다.

그러더니 공사현장에서 인부를 완전히 철수해 버렸다. 그러면서 그때까지의 공사비 정산을 요구해 왔다. 게다가 10% 마진을 얹어 주어야만 공사해지 절차를 밟아 주겠다고 했다. 그래야만 시공사를 바꾸든 내 직영체재로 건축을 하든 할 수 있음을 알았다. 괘씸했지만 10% 마진을 포함한 정산 절차를 밟을 수밖에 없었다.

정산을 위해 가장 많은 비용이 들어간 철근 자재 점검부터 시작했다. 그런데 사용 후 현장에 남아 있어야 할 철근량이 상당히 모자랐다. 철근 공급회사를 추궁하니 현장소장이 자기 집으로 상당량을 빼돌렸다고 했다. 그는 멀지 않은 통일로 주변에 자기 집을 지으려고 이미 건축 설계까지 마치고 착공 준비를 하고 있었다. 이쯤에서 계약을 파기한 것도 어떤 면에서는 다행이라는 생각이 들었다. 완공까지 갔다면 아마 우리 공사는 그만큼 부실해질 수밖에 없었을 것이다.

사무실의 경비 내역 또한 술집 비용만 그사이 수백 만 원이 올라와 있었다. 그제서야 감이 왔다. 현장소장이 구두를 빤질거리게 닦고 다녔던 이유를. 부정 요소를 전부 발라내고 실비용을 계산해 10% 마진을 얹어

주고 깨끗이 금원건설과의 인연을 끊었다. 아니 친구라는 인연도 그렇게 끝났다.

앞으로 건축비를 어떻게 마련해야 하나. 사실 토지 값을 치르는 데도 미국에서 자금 마련에 상당히 힘이 들었기 때문이었다. 국내에서는 대지를 담보로 한 은행 융자도 전혀 불가능했고 정확하게 얼마나 들어갈지도 모르는 공사대금을 전액 미국에서 준비하는데 자신이 없었다. 그저 막막하기만 했다. 공사를 중단하고 울타리를 친 채 이 IMF 사태가 끝날 때까지 기다리면 어떨까. 아니면 토지를 구입원가에라도 되팔 수 있다면 그러고 싶었다. 공사를 계속 할 엄두는 못 내고 그저 이 난관에서 빠져 나갈 궁리만 하였다.

먼저 설계회사 소장과 공사 중단에 대하여 의논을 하였다.전문가의 의견은 2,3년이고 이 상태에서 현장을 중단 방치한다면 아마도 지금까지 마친 공사까지도 전부 걷어내고 십중팔구 재시공을 해야 할 것이라고 했다. 그렇다면 현재 상태에서 누구든 인수자를 찾아 현장을 넘긴다? 그러나 내 입장에서는 토지를 구입 원가에 되팔더라도 환율을 대입하면 그냥 반값에 넘기는 것이나 다름이 없었다.

아무리 머리를 싸매고 고민해 봐도 이 사태를 피해 갈 방도가 보이질 않았다. 출애굽기에서 모세가 이스라엘 백성을 이끌고 홍해 바다에 이르렀을 때가 바로 이런 상황이었을까.

건축 공사의 재개

진퇴양난, 진로와 퇴로가 모두 막혀 있는 상황에서 어느 쪽을 택해야 할까. 퇴로는 그 결과가 뚜렷이 보이고 앞으로 나아갈 길은 성패가 미지수라면? 똑같이 죽는다 치더라도 퇴로보다는 부딪혀 보고 죽는 게 억울하지 않을 듯싶었다. 국내에서 자금 조달은 전혀 기대할 수 없는 상황이었고 결국 건축비를 100% 미국에서 조달할 수밖에 없었다.

가능한 미국의 Rosalee 사업을 처분하지 않고 건축비를 마련하는 방법을 찾아보자. 상품매입을 최대한 줄이면서 비축된 재고로 매장을 채우면 결국 매출액이 그만큼 현금으로 남을 것 아닌가. 다행히 3개의 Rosalee의 지하 창고에는 여유 재고가 매장보다 훨씬 많아 다달이 매입금을 절반 이하로 낮추더라도 영업에 전혀 지장이 없을 정도였다.

아내는 아내대로 그동안 여기저기 들어놓은 계(契)모임을 통해 어느 정도 자금을 끌어 모을 수 있다고 했다. 매번 여러 몫을 가입해 끝번부터 차례로 타서 득을 보던 우리가 순번을 앞당겨 달라는 부탁에 계원들 모두가 양보하면서 협조를 해주었다. 항상 못마땅하게 여겨왔던 아내의 계모임을 처음으로 인정하는 계기가 됐다.

이제부터는 국내로 들여오는 달러는 토지 매입할 때 손해를 봤던 것이 이번에는 거꾸로 덕을 톡톡히 보게 될 테니 역전의 기회로 삼을 만하지 않은가. 망설일수록 손해라는 생각이 들었다. 다시 시작해 보자. 결심이 서자 곧바로 현장소장 물색에 들어갔다. 현장소장을 구한다니까 뜻하지 않은 IMF 사태로 일자리를 잃은 많은 경력자들의 이력서가 수북하게 쌓였다. 이때 골라낸 사람이 K 소장이었다.

그는 역시 기대했던 대로 현장 경험이 많은 데다 인부들 다루는 솜씨가 능숙했다. 인력 공급회사에서 보내오는 인부들 중 꾀를 부리는 인부를 귀신같이 찍어내 경고를 주는가 하면 다음부터는 절대 받아들이질 않았다. 첫 번으로 마련된 달러를 들여왔을 때 환율은 조금은 떨어졌지만 아직 1700원대를 유지하고 있었다.

또다시 현장에 힘찬 망치소리가 울려퍼졌다. 나는 이 소리를 IMF를 깨부수는 소리라고 했다. 골조 버팀목을 세우는 목수팀이 30여 명, 철근을 엮는 인부팀이 20여 명, 거기에 인력회사에서 보낸 잡부들까지 한 현장에서 뚝딱거리니 조용하던 마두역 일대가 다시 살아난 듯 시끌벅적했다. 한 층 한 층 층고가 올라감에 따라 느끼던 묘한 희열은 건축을 해본 사람만이 느낄 수 있는 귀한 경험이다.

공사는 우선 건축 도급업자들의 마진이 많이 없어진데다 IMF 한파에 일자리를 준다는 자체가 큰 위력이라 모든 인부들이 열심히 일을 해주었다. 건축을 직영하면서 지불된 공사비를 금원건설과 계약했던 공사비와 비교하니 엄청난 차이를 보였다. IMF로 자재비가 올라 단가 수정을 요구하던 금원건설의 요구도 해약을 위한 거짓이었음이 드러났다. 건축비에 이렇게 보상 받고 환율의 덕을 톡톡히 보니 몇 달 전의 진퇴양난이 이렇게 전화위복으로 방향을 틀 줄이야.

드디어 당초 계획했던 5층 골조공사가 무사히 끝났다. 이참에 두 개 층만 더 올릴 수만 있으면 지하 1층에서 3층까지 4개 층 전 면적을 근린생활 면적으로 늘릴 수 있을 텐데 하는 욕심이 들었다. 부동산 소개업자들도 3층까지는 임대가 수월하니 가능하면 3층까지 점포를 늘리는 것이 좋은 생각이라고 했다.

5층까지 골조 공사에서 목수 팀과 철근 팀의 원가 계산을 뽑으니 그들의 공사비와 마진 비율이 명확히 드러났다. 철근, 시멘트 등 자재대금과 인건비를 추정해보니 2개 층은 더 올릴 수 있겠다는 생각이 들었다.

그래서 두 도급 사장을 불러놓고 협상에 들어갔다. 지난 5개월간 5층까지 올리는데 총 도급액이 얼마였고 이중 자재비와 인건비가 얼마며 마진이 얼마였는지 명확한 분석표를 내어놓았다. 사실 앞으로 2개 층을 더 올리고 싶은데 두 사장님들 별도 마진 없이 인건비만 계산해서 공사를 해줄 수 있으면 공사 연장을 고려하겠다. 그러나 못한다면 지금 사정상 여기서 공사를 끝낼 수밖에 없다면서 마치 고스톱에서 양자택일의 쇼당을 거는 것이나 다름없는 제안을 했다. 예측한 대로 집에 가서 쉬느니 인부들 인건비라도 벌게 해 주어야겠다면서 양쪽 모두 약 2개 층의 추가 공사에 합의를 하였다. 정말로 위기는 위험과 기회가 공존 한다는 것을 실감하였다.

우여곡절, 천신만고 고리사채까지 끌어다 쓰면서 건물이 완공되었다. 이제 준공검사를 마치면 은행에서 건물을 담보로 대출을 받든 임대를 놓든 고리(高利) 부채만 갚으면 된다. 그러나 매사가 순조롭지만은 않았다. 임대 사무실을 차려놓고 임대 현수막을 크게 내걸었으나 20여 개의 점포 중 어느 한 점포도 성공하지 못했다. 지하에 목욕탕을 열겠다고 했던 업자마저 연쇄부도를 내고 일산을 떠나고 없었다.

서둘러 준공검사에 필요한 모든 서류를 준비해서 구청에 제출했다. 구청 건축부서에서는 현장검사를 하고 아무 지적사항이 없어서 곧 준공허가가 날 줄 알았다. 그런데 느닷없이 토목 관련 부서에서 발목을 잡고 늘어졌다. 실로 어처구니없는 이유를 내걸었다.

사연인즉 우리 건물의 도로 건너편 유수관이 막혔는데 우리 책임이니 이를 보수하라는 지적이었다. 우리 건물 대각선으로는 현대건설에서 지은 현대 프레젠트 건물이 IMF 이전에 완공되어 이미 입주가 완료되었는데 이 건물의 우수관이 문제의 우수관과 연결이 되어 있었다. 막힌 우수관 내부에서 떼어낸 굳어버린 시멘트도 모두 이 건물 지을 때 나온 시멘트 불순물들이 역류되면서 굳어버린 것이었다. 이 우수관은 우리 건물 쪽과는 연결된 부분이 전혀 없는데도 구청에서는 조례상 인근 우수관은 모두 주변 신규 건축주가 책임을 져야 한다며 우겨댔다. 그렇다면 왜 현대가 준공 검사할 때는 문제를 삼지 않고 엉뚱한 우리만 물고 늘어지는가 공방이 시작되었다.

결국 굳은 그라우트 시멘트 조각까지 떼어가 증거물이 우리 건물에서는 나올 수 없는 것이라며 따지고 들자 담당직원은 이유야 어쨌건 자기가 그 자리에 있는 한 준공허락은 없을 테니 그리 알라며 대화조차를 거부했다. 뉴욕플라자 건물이야말로 그 당시 일산 신도시에서 준공검사를 받는 단 하나의 건물이었는데 하늘이 공노할 일이었다. 그 서슬 퍼랬던 담당자의 얼굴이 지금도 생생하다. 당시 공사 일지에는 그 공무원에 대한 적개심을 몇 페이지에 걸쳐 기술해 놓았는데 지금도 보관하고 있다.

행정소송을 제기하자니 시간이 얼마나 걸릴 것이며 민간인이 관청을 상대로 이길 수 있을 것인가. 어느덧 준공 신청을 한 지도 한 달이 넘었다. 건물공사 중에 만난 IMF 사태보다 더 어려운 것이 대한민국의 역사를 타고 내려온 관존(官尊)사상이 아닌가 싶었다.

이 어려운 때에 기막히게 귀한 사람을 소개 받았다. 공무원 비리를 조사하는 모 정보기관 사람이었다. 그분을 만나서 사건 경위를 상세히 설명하자 긴 말없이 전화해 놓을 테니 내일 다시 찾아가 보라고 했다.

워낙 짧은 시간 간단히 나눈 대화여서 진가민가 하며 다음날 구청의 그 사람을 다시 찾아갔다. 참으로 희한한 일이 벌어졌다. 그동안 나에게 대했던 고압적인 태도는 어디 가고 갑자기 의자를 내오고 커피까지 타와서 마시라며 권했다. 이 만남이 있은 지 이틀 만에 준공필증이 교부되었다.

이 날이 1998년 11월 28일, 바로 '뉴욕플라자'의 생일날인 셈이다.

일산 마두 광천사우나

임대를 유도하기 위해서는 아무래도 건물 이용도가 높은 목욕탕을 개업하는 일이 급선무일 것 같았다. 그러나 시설비 투자가 큰 업종이라 업자 찾기가 쉽지 않았다. 오히려 시설 업자들은 나를 설득하려고 애를 썼다. 이 아까운 장소를 왜 남에게 주려 하는가, 건물주가 시설할 경우 시설비도 덜 들 수 있다고 하고, 어떤 업자는 설비 공사대금 상당 부분을 외상으로 해 주겠다는 제안도 해왔다.

목욕탕이 과연 직접 운영할 만한 업종인지를 살펴보았다. 최신 대형 목욕탕들은 옛날과 같이 화구에 불을 때서 물을 덥히던 시대의 모습이 아니었다. 한국의 목욕문화가 어느 민족보다 앞선 만큼 목욕탕도 시설이 첨단수준으로 발달되어 있었다. 주인은 매표소 관리가 주 업무이고 내부는 모두 각 분야 별로 임대를 주어 그들로 하여금 관리와 영업을 하도록 세분화되어 있었다. 예를 들면 남탕의 경우 탈의실에는 구두닦이, 이발소, 옷장 관리 겸 음료판매 그리고 탕 내에서는 때밀이, 마사지 담당자들로 분업화되어 있었다.

또한 이들로부터 받는 임대 보증금이 고급 시설일수록 높은데다 남탕과 여탕 따로 받기 때문에 전체 시설비에 육박할 정도로 받을 수도 있다는 사실도 알게 되었다. 그렇다면 자금부담은 별로 걱정할 사항이 아니었다. 전문 시설 업체에 도급으로 맡기기보다는 건물과 같은 방법으로 시설 경력이 있는 소장을 고용해 직접 목욕탕을 시설해 볼 수도 있을 것 같았다. 건물도 지었는데 목욕탕쯤이야. 다행히 책임감 있고 오랜 동안 공사 경험이 있는 K 소장을 만났다. 그는 우리 공사를 잘 마무리 짓고 시설업자로 새 출발을 하려는 포부를 가지고 있던 사람이었다.

직접 목욕탕 내부 디자인에 들어갔다. 좀 더 독특하고 편리한 시설을 위해 소문에 시설이 좋다는 목욕탕은 서울 시내는 물론 멀리 대전까지 내려가 둘러보고 우리 시설에 반영토록 하였다. 더운 물은 자작 보일러를 설치하는 대신 일산 전역 아파트에 온수를 공급하는 열병합 발전소로부터 받기로 했다. 모든 계획이 비교적 순조롭게 진행되었다. 드디어 냉탕용 물을 위해 지하수 파기 공사를 시작하였다.

업자와는 지하수가 하루 천 톤 이상 파이프를 통해 뿜어져 나오면 공사를 완료한 것으로 보고 정산하기로 계약을 맺었다. 한강 변에 위치한 일산에서 지하수 수량 걱정은 안 해도 되지만 어떤 수질의 지하수를 만날지 사뭇 궁금하였다. 더운 물은 수돗물을 사용해야 함으로 수질에 선택권이 없지만 찬물은 모두 지하수에 의존해야 하므로 목욕탕마다 수질 차이가 심했다. 목욕탕에 따라서는 더운물이건 찬물이건 물이 센 경우 경도를 낮추기 위해 화학제품을 쓰기도 했다. 지하수에서 좋은 물을 만나는 것은 업주에게 상당한 행운이었다.

공사 이틀째부터 수량이 많아지기 시작하고 깊은 지하 암반을 뚫은지 3일째가 되자 거의 1천 톤에 해당한다는 물이 파이프를 통해 나오기 시작했다. 공사 업자는 이렇게 파이프 관을 꽉 채워서 하루 종일 물이 쏟아져 나오면 약속한 하루 천 톤 양이니 기다려 보자고 했다. 몇 시간이 지났는데도 수량은 줄어들지 않았다. 더 파 들어갈 필요가 없다면 현재의 수질이라도 봐야겠다며 큰 통에 물을 받아놓고 점심을 먹으러 자리를 떴다.

점심을 마치고 공사장에 돌아왔는데도 파이프 물은 계속 줄기차게 뿜어 나왔다. 그런데 이게 웬일인가, 물통에 받아 놓은 물이 벌겋게 변색이 되었고 냄새를 맡아보니 계란 썩는 것 같은 냄새가 났다. 공사업자 말로는 유황 성분이 있어서 그렇다고 하면서 이 물이 예사롭지 않다고 했다. 그러면서 지하수 물은 그 층마다 수질이 달라 더 파 내려가면 다른 물이 나올 것이고 이 물은 다시 만나기 어려울 수도 있다고 했다. 문득 온천수가 그냥 따뜻한 물이 아니고 광물질이 함유된 물 아닌가. 그렇다면 이 물도 온도만 낮을 뿐 온천수와 같지 않을까, 우선 여기서 공사를 중단하고 수질을 검사해 볼 필요가 있다고 생각했다. 물 색깔은 시간이 지남에 따라 좀 더 진한 황토색을 띄우더니 계속 같은 상태를 유지했다. 몇몇 목욕탕 업자에게 물어보니 광천수인 것 같다며 정식 수질검사를 받아보라고 권했다. 그러면서 몇 군데 비슷한 사례를 알려주었다. 가까운 김포의 약암온천, 충청도 앙성의 탄산천, 설악산 오색약수 등이 각각 광물질 포함 비율에 따라 다른 명성을 얻었다며 사실이면 대박이 터진 것이라 했다.

다음 날 즉시 수질검사를 의뢰했다. 하나는 한국공해연구소, 또 하나는 미 8군 수질검사소였다. 얼마 후 검사 결과가 나왔다. 양쪽 똑 같았다. 광물질 함유 비율이 전국 유명한 온천수와 엇비슷했다. 유익한 아연, 나트륨, 망간, 철분, 유황 등이 함유돼 있는가 하면 불소 등 유해 광물질은 하나도 검출되지 않았다. 다만 물 색깔이 붉게 변하는 것은 철분 비율이 높기 때문에 처음 퍼올렸을 때에는 무색이었다가 점차 공기와 산화 작용을 함으로써 점차 변한다고 했다. 역시 보이지 않는 손이 이번에도 인도한다는 느낌을 다시 경험하였다. 광천수가 나오는 것이 확인되면서 목욕탕 이름을 '마두광천사우나'로 정하고 우선 간판부터 내걸었다.

공사가 거의 마무리 단계에 들어가자 시설을 둘러보려고 이발사, 때밀이 등 내부에서 일할 영업자들이 모여들었다. 광천수로 인해 영업권 임대 보증금도 업계 최고 수준까지 받을 수 있었다. '나라시'라 불리던 때밀이 보증금이 가장 높았다.

드디어 1999년 1월 3일이 마두광천사우나를 오픈했다. 개업 몇 주 전부터 신문에 끼워 배달하는 전단지에는 광천수에 대한 수질 분석결과를 알리는 내용으로 무려 10만 장을 인쇄해서 반복해서 돌렸다. 물론 내부에도 벽에 광천수 성분 분석표를 전국 유명 온천장의 광물질 함유수치와 비교해서 크게 내걸었다. 반응이 예상을 훨씬 넘어 뜨거웠다. 첫날부터 수백 명의 손님이 몰려왔다.

건물을 짓고 처음 들어온 수입인지라 어느 돈보다도 귀했다. 새벽기도로 하루를 시작하는 아내는 당연히 이것은 하나님께 드려야 한다며 달러로 환전해 달라고 했다. 한국에서 다니는 교회보다 몇십 년을 다닌 뉴저지의 베다니교회를 통해 봉헌하겠다고 했다. 결국 미국에 들어갈 때 지참하게끔 미화로 환전해 이를 베개 속에 넣고 몇 달을 보관했다.

목욕탕 영업은 계속 입소문을 타고 번져 몇 주일이 지난 주말에는 목욕탕이 비좁아 입욕권을 환불해 주는 사태까지 벌어졌다. 입실 후 옷을 벗고 탕 내에 들어가 보니 앉을 자리가 없다는 이야기였다. 그 후 주말에는 탕 내 사정을 파악해가며 입욕권을 팔아야 했다.

어느 날 나이가 지긋하신 분이 찾아와 사장을 만나보고 싶다고 해서 황급히 나갔다. 혹시 그동안 건축공사로 인해 불편을 겪어 무슨 항의라도 있으면 어쩌나 싶었다. 호수마을 노인회 회장이라고 자기 신분을 밝히신 분으로 나를 꼭 만나보고 싶었다며 오히려 내 손을 꼭 잡아 주셨다. 그동안 노인들이 모여 앉으면 우리 건물 이야기를 나누곤 했는데 내가 미국 교포라는 것은 들어서 알고 있었고 일산에서 유일하게 공사현장이 움직이는 걸 보면서 우리 건물을 '일산의 희망 건물'이라고 명명했었다고 했다. 그러면서 어려운 가운데 이렇게 좋은 건물을 무난히 끝내 주위에 희망을 심어 주었고 게다가 좋은 목욕탕까지 개업해 주어 고맙다는 것이었다. 얼마나 감사하고 힘을 주는 말이었는지 지금까지 그분의 말씀이 생생하다. 구청의 그 공무원이 보았으면 얼마나 좋았을 장면인가.

목욕탕이 성공리에 개업을 하자 드디어 첫 번째 점포 계약이 성사됐다. 해장국 집이었다. 취학 전 어린이 하나가 있는 젊은 부부였다. 어렵사리 준비를 했는지 창고로 쓰는 주차장 램프 쪽방에 살림을 옮기고 영업에 열성을 쏟았다. 목욕탕이 대박이었으니 콤비가 맞는 해장국 영업도 안 될 리가 없었다.

이어서 음식점들이 줄줄이 들어왔다. 1층엔 원조 부대찌개, 본가낙지, 개성 만두집, 소금구이집, 이조설렁탕 전문점, 명동칼국수, 미장원 등이 들어섰다.

청담관과 광우병

뉴욕플라자 건물의 노른자위라 할 수 있는 코너 점포 약 120평은 나로서는 번듯한 점포 한 개가 통째로 들어오기를 기대하고 있었다. 많은 문의가 들어왔지만 업종과 크기에 신중을 기하고 있었는데 어느 날 이 자리와 아직 비어있던 2층 전 면적을 통째로 고깃집을 열겠다는 제안이 들어왔다.

강남에서 유명한 복어전문집을 운영하는 P 사장의 큰아들이 운영할 고깃집을 열겠다고 했다. P사장은 강남에서 '복 전문 음식점'을 운영하고 있었다. 그렇지 않아도 2층도 어떻게 세를 놓아야 하나 궁리가 많은 참인데 일석이조(一石二鳥)다 싶어 흔쾌히 임대계약을 체결하였다.

실내공사가 시작되고 이들은 정말 통 큰 투자를 해댔다. 1,2층 연결 통로도 최고급으로 설치했으며 2층 입구에 벽화도 일류 화가를 초빙해 직접 벽에다 그려 넣고 이층은 모두 독립된 방으로 꾸몄다. 식탁과 의자도 기성 제품을 마다하고 청담관 로고를 새겨 제작하였다. 개업이 가까워지자 극장을 통해 대대적인 선전을 펼쳤다. 이쪽 분야에 문외한인 나로서는 놀라울 따름이었다.

이들은 나에게 또 다른 제안을 했다. 워낙 시설 투자가 많아서 제3자 지분 참여를 받고 싶다며 우리에게 예치한 임대차 보증금을 청담관에 투자하면 30%의 지분을 주겠다고 했다. 물론 운영은 자기네가 할 것이고 매달 영업 실적을 보고할 것이며 임대료 외에 이익금의 30%를 배당금으로 지불하겠다고 해서 투자자로 참여하였다.

청담관이 개업하자 마두역 일대가 혼잡해졌다. 마두 광천탕에 이어 일산의 음식점 명소가 탄생한 것이다. 종업원 수가 최대 65명에 이르도록 성황을 이루었다. 건물주로서는 월 임대료 외에 배당금까지 받게 되니 흡족하기만 했다. 영업이 잘 되자 동업자 간의 밀월도 시작되었다. 우리는 P 사장 부부를 미국에 초대해 여행도 같이 즐겼고 둘째아들의 어학연수 알선과 타고 다닐 차까지 장기간 빌려주는 호의를 베풀었다.

청담관 영업이 몇 년간 호황을 이어가는데 갑자기 괴상한 낭설이 퍼지기 시작했다. MBC 프로의 PD 수첩이 도화선이 됐던 것 같다. 미국에서 소에 광우병이 발병했는데 광우병은 소가 초식만 해야 되는데 육식을 섞어 먹여 걸린 병이라며 이런 소고기를 먹으면 사람 머리에 구멍이 숭숭 뚫려 죽는다고 했다. 마침 미국과 FTA 협상을 벌이던 와중이라 반미주의자들에게 좋은 선동 호재가 되어 촛불 시위로 번졌고 심지어 미국 소고기 수입이 전면 중단되었다. 국내의 고깃집들은 갑자기 된서리를 맞게 되었다. 이때가 촛불 시위의 효시였을 것이다. 시간이 가면서 반미주의자들이 퍼뜨리는 괴담은 온 국민을 공포로 몰아넣었다.

나로서는 더 치명적이었다. 이익 배당은커녕 월 임대료도 밀리고 게다가 적자분을 공제까지 해주어야 하니 문제가 더욱 심각했다. 자연히 P사장과의 갈등도 생겼고 동반 관계 지속이 어려운 지경에 도달했다. 청담관 인수자를 물색했지만 그 난리에 가당치도 않았다. 시간이 갈수록 최대 피해자는 결국 나였다.

아내와 나는 고심 끝에 청담관을 우리가 인수해서 운영해 보자고 했다. 우리로서는 미국생활 30년이 넘을 때였고 누구보다도 미국 소고기를 신뢰했기에 사필귀정 광우병 소동은 곧 바로잡히리라는 확신이 있었고 아내가 음식에 대해 관심이 많은 점도 참작이 되었다. 결국 청담관은 상대방에게 지분을 계산해 주고 우리가 인수하였다. 사업자는 아내 이름으로 시작했다. 그러고 보니 내 생애 관여해본 직업에 음식점까지 보태지니 열 손가락도 모자라게 되었다.

처음 대하는 음식점 운영은 지금까지 겪어온 어느 사업보다도 어려웠다. 미국을 오가며 종업원들에게 맡겨 운영한다는 우리의 안이한 생각은 여지없이 박살나기 시작했다. 주방장의 횡포, 종업원들의 도둑질, 쉽게 끝나리라 생각했던 광우병 사태도 쉽게 끝나지 않았고 뒤늦게 다시 수입이 허용됐을 때에도 국민들의 인식은 전과 같지 않아 적자의 행진이 계속되었다. 내 생애 최대의 실패작이라면 바로 청담관 인수였음을 토로한다.

세월의 흐름에 따라 뉴욕플라자 입주업체도 수없이 교체를 거듭했고 일시적이나마 직영하였던 광천탕은 어린이 수영장으로, 청담관도 2층으로 축소되어 새 운영자를 맞게 되었다.

08 사랑하는 나의 가족

사랑하는 나의 가족

드림하우스 건축

미국에서 처음으로 구입한 뉴저지의 집도 우리가 25년을 넘게 살다 보니 60년이 넘는 고령 주택이 되어 사방에서 수리할 곳들이 아우성을 쳐댔다. 지붕은 지붕대로 교체를 바랬고 내가 그처럼 좋아했던 대문 옆의 목련나무는 거의 아름드리가 되어 집을 가꾸어 주기는커녕 무성한 가지가 창문이며 지붕을 덮어씌우고 있었다.

늦가을 날씨가 점점 추워오자 추녀 끝에서 이상한 냄새가 풍겨 나오고 있었다. 원인을 찾고자 추녀 가림새를 걷어내고 손전등을 비춰보니 먼 안쪽에 여러 개의 눈빛이 번득이고 있었다. 곧 맞을 겨울을 대비해 너구리 가족이 동면 장소로 안락한 잠자리를 만들어 놓고 입구에는 아예 배설물을 쌓아 방어벽까지 쳐놓았다. 또 보온 석면으로 채워진 천정을 어떻게 뚫고 들어갔는지 청설모들이 때때로 난동을 일으켰다.

집을 대대적으로 수리를 할 것인가, 아니면 아예 헐고 새로 지어볼까 많은 궁리를 했다. 그동안 아내가 집터를 너무 좋아해서 새집을 사서 이사한다는 생각은 아예 생각하지도 못했다. 항상 계산기를 두드려야 속이 풀리는 나로서는 각각의 경우를 비교해 보았다. 먼저 다시 한 번 더 개축(改築)을 하든 집을 몽땅 헐어내고 새로 짓든 들어가야 할 돈과 훗날 팔 때의 가격을 비교해 보니 어느 쪽도 본전 뽑기가 힘들 듯 싶었다.

애당초 나는 노후 대책으로 상가투자에 많은 관심을 쏟아 왔었다. 그러나 상가건축은 허가 조건이 워낙 까다로운데다 위치 선정을 잘 못할 경우 공실이 많아져 재산세와 보험료도 감당 못하고 궁지에 몰릴 수 있어 몇 년째 망설이고 있던 참이었다. 그렇다면 방향을 바꿔 고급 주택을 지어 보면 어떨까 하는 생각이 슬며시 들었다. 그 옛날 강남에서의 주택사업 기억 때문이었는지도 모르겠다. 당시 미국에서는 금융위기가 닥치기 전이라 주택 붐이 한창 때였다. 지금까지 미국생활 이십 년이 넘도록 미국의 부자들이 사는 고급 주택에 들어가 본 적이 없는 나로서는 이참에 한번 둘러보고 싶었다. 고급 주택가는 우선 택지 조건부터 달랐다. 주택용지 넓이에 상한이 있는 것이 아니라 하한이 있었다. 뉴저지에서 뉴욕 맨해튼으로 출퇴근이 가능한 곳에 2에이커 존(zone) 즉 약 2,500평 이상의 대지라야 집 한 채를 지을 수 있는 고급지역이 두 군데 있었다. 바로 알파인과 새들리버 타운이었다.

집 구경도 할 겸 부동산 소개업자를 따라 집들을 둘러보고는 우리 부부는 시쳇말로 뿅 가버리고 말았다. 사진으로만 봤던 유럽풍의 건축물들이 이렇게 가까운 곳에도 있었다니…. 그림 같은 정원에 건평이 수백 평으로 주택 가격이 최소 몇 백만 불에서 몇 천만 불을 상회하고 있었다. 대부분의 집들이 숲속 깊숙이 들어가 있어 도로에서는 잘 보이지도 않았다. 처음 보는 저택들이 경이롭기까지 했다. 마치 시골뜨기가 한양에 올라와 처음으로 궁궐을 본 듯 마음이 흔들렸다.

이런 고급 주택은 하나의 투자개념으로 볼 수도 있겠다 싶었다. 지어서 살다가 적정 이문을 남겨 팔면 좋겠고 그냥 살더라도 생의 만족감을 누릴 수 있지 않을까.

이렇게 생각이 바뀌니 직접 내가 지을만한 집터를 찾기 위해 열심히 훑으며 다녔다. 워낙 오래된 타운이라 우리가 보아온 저택들은 모두 낡은 집들을 헐어내고 그 자리에 새로 지은 집들이었다. 크리스마스를 앞두고 부동산 소개소에서 연락이 왔다.

노부부가 살고 있는 주택은 1920년대 초에 지어져 매우 낡았지만 크고 작은 방이 23개나 되고, 실내에 농구대까지 설치한 대 저택으로 대지는 2천여 평, 개인 호수까지 합쳐 총 평수가 4천3백 평이나 되는 집이었다. 도로에서 대문까지만도 200여 미터를 숲속으로 들어가야 나오는 곳에 저택이 자리하고 있었다.

헌 집을 헐어내고 동원 가능한 자금을 들이면 지금까지 둘러본 저택들에 못지않은 작품성 있는 주택이 가능할 듯싶었다. 서둘러 주택구입 계약을 하고는 건축설계사와 토목엔지니어 물색에 나섰다. 설계사는 고급주택 설계 경험이 있는 사람을 골라야 했기에 한국인을 비롯해 여러 명을 접촉했다. 소통이 쉬운 한인 설계사를 우선순위에 두고 찾았으나 결국 새들리버에 설계 경험이 있는 빌 브라운이라는 설계사를 만나 설계를 맡겼다. 3개 층에 7개의 침실과 화장실이 12개, 4대의 실내주차, 엘리베이터까지 넣은 구조였다. 다음에는 건축업자의 선정이었다.

처음 만난 건축업자는 코모라도라는 업자로 그가 지은 집들은 거의가 유럽의 봉건시대 성주의 집을 본 따서 지어 호화롭고 웅장했다. 규모도 모두 몇 천만 불을 넘는 대저택들이었다. 그의 평당 도급 단가는 여타업자에 비해 거의 50%나 비쌌다. 자기는 자기 이름에 걸맞은 주택만을 짓는다며 단가 타협에 응하지 않았다. 그런 건축업자를 고용할 형편이 못되어 결국 이태리계 건축업자 제임스 페라로를 만나게 되었다. 많은 경험은 없는 듯 보였지만 고급주택에 대한 전문성이 있고 짓고 싶은 열정이 넘쳐 보여 계약을 체결하였다. 제임스는 인테리어 디자이너까지 고용해 가며 설계보다 훨씬 높은 수준으로 내부 공사를 진행해 갔다.

집터가 특급이니 집도 거기에 걸맞게 지어야 한다며 점점 주택의 작품성에 비중을 두기 시작했다. 완공 후 들어가 살기보다는 좋은 값에 팔리면 다시 계속해서 자기 일거리도 생길 거란 계산을 하는 듯 했다. 내 입장에서도 바라는 바였지만 공사비가 겁났다. 건축을 시작한 지 3년이 훌쩍 지났는데도 완공 예정일조차 가늠하기 어려웠다. 매 공정 설계변경을 하고 업그레이드를 한 때문이라고 변명은 해댔지만 공사 진척이 너무나 느렸다. 우리 부부가 너무 자주 그리고 오래 한국에 머물며 현장 간섭이 적었던 이유도 있었다.

우리가 한국에 나가 있는 동안에는 큰사위 에드워드로 하여금 현장을 컨트롤하도록 했다. 업자 제임스와는 연령대도 비슷했고 서로 죽이 맞기도 해서 맡겼던 것이다. 그러나 사위는 어느 누구든 상대방과 마찰을 일으키지 않으려는 부드러운 성품인데다 직장 때문에 주말에나 현장점검을 할 수 있어 항상 건축업자 제임스에게 말려 들어가는 모양새였다.

무려 5년을 넘겼는데도 주택 현장은 지지부진했다. 작업 인부도 눈에 띄게 줄었고 제임스는 현장에 나타나지 않는 날이 허다했다. 무언가 잘못 돼가고 있음을 감지했다. 어느 날 인부들로부터 귀띔을 받았다. 제임스가 마약을 하는 것 같다는 이야기였다. 그렇게 당당하게 현장을 휘몰아치던 그가 갑자기 이상해져 뒷조사를 해보니 사실이라는 확신이 섰다. 결국 그에게 건축계약 해약통지를 보내고 현장에 접근하지 못하도록 법적 조치를 취한 후 내가 마무리 작업에 들어갔다. 일산의 건물이 IMF로 직접 끝내기를 했듯이 판박이 경우가 되었다. 수많은 업그레이드로 건축비가 예산을 훨씬 초과해 우리 예산으로 감당하기가 어려웠다. 결국 큰딸 꼬꼬 부부가 집을 팔고 합류함으로써 마침내 주택은 만 6년 만에 무사히 완공할 수 있었다. 그동안 몰아친 금융위기로 고급주택에 대한 수요가 많이 감소하였고, 이를 팔기보다는 이 드림하우스도 우리에게 내려진 하늘의 축복이라 생각하고 아름다운 정원을 가꾸며 살고 있다.

최근에 한 통의 편지가 날아왔다. 미국의 영화 제작사 파라마운트에서 영화 세트장으로 우리 집을 일 년 간 임대했으면 좋겠다는 제안서였다. 종합 촬영을 위해 상당한 임대료를 제시할 것으로 기대됐지만 딸 식구들이 집을 비우고 일 년간 임시 거처를 구해 이사해야 한다는 것이 어려워 고려치 않기로 하였다. 어쨌거나 영화에 나올 수 있는 고급저택으로 물망에 올랐다는 사실 만으로도 가슴 뿌듯한 일이다.

첫째 딸 선영 – 꼬꼬 – Sun

우리가 시카고를 떠나 처음 뉴저지에 정착한 파시패니 타운은 뉴저지주 북서부에 위치한 모리스 카운티의 중심도시였다. 고등학교가 2개 있었는데 하나는 시내 인구 밀집지역에, 또 하나는 우리가 사는 외곽 유대인들이 많이 섞여 사는 곳에 있었다. 당연히 교외에 있는 학교인 파시패니 힐스 하이스쿨이 대학진학 성적이 단연 높았다. 우리 세 아이들 모두가 이 학교를 졸업했다.

처음 이사 와서는 이구동성 하는 말이 시카고 하고는 비교가 안 될 정도로 학생들 수준이 높다고 했다. 지금까지 공부를 그리 열심히 안 하고도 성적이 상위그룹에 속했는데 이 학교는 수준이 훨씬 높다고 했다. 한 학년이 약 300명가량 되었는데 전교 20등 정도면 매년 동부의 아이비리그 수준의 일류대학에 진학을 한다는 말에 안심이 되었다. 이 근처에는 아예 무슨 학원 같은 과외수업 건물도 눈에 안 띄고 성실히 학교 공부만 따라가도 대학 진학 걱정은 안 해도 될 것이라 믿었다.

이 학교는 매년 학기말이면 소강당에서 Honor Students(우등생 그룹)의 우등상장 수여식을 학부모들의 퇴근시간 이후로 잡아 가족들을 초청하여 거행하였다. 생업에 바빠 주간 학교행사에는 일일이 참여하지 못했으나 이 저녁행사에는 꼭 참석하곤 했다. 세 아이의 대견스런 모습을 볼 때마다 우리 부부는 힘을 얻곤 했다. 이 행사를 통해 자연히 학교에 몇 안 되는 한인 학부모들도 만날 수 있었다. 한인학생들의 성적이 상위그룹에 있어 단연 한국인의 우수성을 발휘하고 있었다.

꼬꼬가 고2 때의 일이다. 뉴저지는 각 고등학교에서 대표 한 명씩을 뽑아 삼권분립 모의정부를 구성해서 일주일간 합숙하면서 민주 정치에 대해 교육하는 프로그램이 있었다. 여기에 파견할 학교 대표 한 명을 뽑기 위해 우선 교사들로 구성된 선발위원회에서 후부 20명을 선발하였는데 우리 꼬꼬가 이중에 포함되었다고 했다. 다음 단계는 후보 학생들을 개별 면접을 통하여 10명으로 추리고 그 다음 다시 5명으로 그리고는 최종 한 명을 선발해서 주정부가 대학 캠퍼스를 빌려 구성한 모의정부로 보낸다고 했다. 꼬꼬는 3단계 5명 후보까지 진출하자 내심 자기가 꼭 선발되기를 간절히 고대했다. 물론 그리되면 얼마나 자랑스럽겠냐만 여러 면에서 어려울 거라는 생각이 들면서 혹시 실패하여 꼬꼬가 마음을 다칠까봐 걱정이 되었다. 먼저 극성스런 유대인 마을에서, 그리고 남자도 아니고 여자로서, 게다가 동양계라는 점에서 힘들 수밖에 없다는 제법 논리적인 추론까지 세우면서 너무 기대하지 말라고 일러주었다. 그런데 마지막 심사가 끝나고 최종 대표로 선발된 1명이 우리 꼬꼬였다. 얼마나 대견스러운가. 역시 미국은 정의로운 나라구나. 일주일간 모의정부가 설립된 대학캠퍼스를 방문했을 때 우리는 미국에 주저앉아 새로운 삶을 택한 것이 역시 잘한 일이라는 위안을 받았다.

성적과 리더십에서도 두각을 보이더니 이번엔 어떤 경위에서인지는 몰라도 몇몇 단체에서 미스 뉴저지 선발에 지원하라는 권유서가 날아들었다. 미국에서는 이렇게 자유로운 경로로 미스 후보가 선출되는가보다 생각하니 놀라울 따름이었다. 본인의 의사를 물으니 단호히 노! 라고 했다. 다행이었다. 아빠 입장인 나로서도 원하지 않았고 추천기관도 반응을 안 보이니 이 일은 자연히 소멸될 수밖에 없었다.

드디어 꼬꼬가 고교 졸업을 앞두게 되자 어느 대학에서 제일 먼저 입학허가서가 도착할까가 내게는 초미의 관심이었다. 워낙 잘 나가던 터라 아이비리그 중 한 대학을 기대하고 있었으나 개성이 강한 자신의 선택으로 뉴저지 주립대학인 럿거스대학에 입학하였다.

럿거스 대학에서는 당초 경제학을 전공으로 택했으나 내가 한국에 나와 있는 동안 Rosalee의 회계처리 등으로 엄마를 돕더니 자연스럽게 Business 학과로 방향을 돌렸다. 재학 중에도 등록금 압박을 받아 본 기억이 없다. 거주 주민에게는 등록금이 별로 비싸지 않은 주립대학인데다가 대학에서 지원하는 학업부진 학생을 대상으로 하는 개별 지도 프로그램에 지도학생으로 선발되어 학비지원을 받았기 때문이었다. 졸업이 다가오자 지원했던 미국의 4대 회계법인으로부터 모두 합격통지서가 오더니 집에서 아주 가까운 거리에 있는 딜로이 앤 투쉬(Deloitte & Touche) 회계법인을 택해 미국 공인회계사로서 사회에 첫 출발을 하였다.

그러다가 꼬꼬는 월가의 메릴린치 투자회사에 스카우트되어 15년간을 근무하였다. 메릴린치 건물은 월드트레이드센터 건물과 구름다리로 연결되어 있었는데 난데없이 9.11테러사건이 터졌다. 당시 우리는 서울에 체류 중이었는데 잠자리에 들 무렵 밤 10시가 넘어 긴급 속보뉴스가 터져 나왔다. 바로 메릴린치 회사와 구름다리로 연결된 그 건물이 비행기 자살테러 공격을 받아 화마에 휩싸인 모습이 생생하게 뉴스로 비춰지고 있었다. 그곳은 몇 번을 다녀와서 그 위치를 한눈에 알아봤고 즉시 전화를 걸었으나 전화가 불통이었다. 뉴저지에 있는 둘째 샌디도 전화가 안 된다고 발만 동동 구르고 있었다. 시간이 흐르고 드디어 소식이 왔다. 다행히 사무실 보스가 차를 가지고 출근하여 무사히 그 차로 월가를 빠져나왔다고 했다. 그날 아침, 꼬꼬는 8시 반에 출근하여 책상 정리를 마치고 화장실에서 손을 닦고 있었는데 창가로 어마어마하게 큰 비행 물체가 지나가면서 앞 건물 월드트레이드센터에 박히더란다. 사무실로 치달려 소지품을 챙겨 나오다가 다행히 자기 보스를 만나 같은 차로 대피할 수 있었단다.

그 후 메릴렌치가 Bank of America에 흡수될 때 잠시 시모펀드 회사로 옮겨 갔고 그 회사가 다시 웰즈 파고 은행 계열 투자회사에 인수되자 자동으로 옮겨가 지금은 고위직이 되어 영업담당 본부장(Chief Operation Officer)으로 일하고 있다.

오래 전 메릴린치에 근무할 때 만나 결혼한 남편 에드워드는 유태인계 미국인으로 현재 Citi Bank에서 Director로 근무하고 있다. 큰손녀 시드니가 중학생, 둘째손녀 테일러는 초등학생으로 우리와 드림하우스에서 함께 살고 있다.

둘째딸 선미－Sandi

Sandi는 꼬꼬에 비해 성격도 차분하고 조용한 타입이다. Sandi 역시 파시패니 힐스 하이스쿨을 우등생으로 졸업하고 미술에 소질이 있어 미술대학으로 진학하기를 원했다. 사실 애들 셋이 모두 미술 쪽에 자질이 있어서 내가 통제하지 않았으면 아마 모두 미술 전공의 길로 갔을지도 모른다. 아들 철용이도 전제조건으로 대학진학 때 미술 전공은 안 된다고 못을 박아놓은 상태라 왠지 선미만큼은 자기가 좋아하는 걸 해보도록 허용하고 싶었다. 뉴욕의 파슨스와 로드 아이랜드에 있는 디자인대학 RISD에 지원했는데 두 군데 모두 입학 허가서를 받았다.

파슨스는 한국에도 널리 알려진 명문 미술대학으로 캠퍼스가 맨해튼에 있어 집에서 가까운 장점이 있으나 미국 학생들은 고등학교를 졸업하면 집을 떠나고 싶어 하는 성향이 있는데다 RISD는 디자인 중심의 미술대학으로 순수미술보다는 건축공학 및 산업디자인 분야에서 미국 내 최고 수준에 속하는 대학이었다. 두 대학 캠퍼스를 번갈아 방문 비교하다가 Sandi는 RISD를 선택했다. RISD는 아이비리그의 하나인 브라운대학과 캠퍼스가 붙어있어 학점도 공유제로 하고 있었다.

1학년 신입생들은 모두 기숙사가 배정돼 별 걱정을 안 했으나 2학년부터는 각자 숙소를 해결해야 했기 때문에 학교에서 가까운 도보거리의 집들을 구하느라 분주히 움직였다. 단독으로 방을 구하기보다는 두세 명이 공동으로 입주해 방세를 분담한다고 했다. 그렇게 짜맞추기를 해서 겨우 구한 방이 여학생 둘에 남학생 한 명이 들어가기로 했다며 아무렇지도 않게 알려왔다.

동양식 사고방식으로는 전혀 말도 안 되는 이야기여서 바로 달려갔다. 어떻게 남학생과 같은 집에서 기숙을 한단 말인가. 여학생이 둘이니 괜찮다고 하며 오히려 우리가 이상하다고 하였다. 그러나 우리는 단호히 반대했다. 방을 구할 수 없으면 좀 떨어져서도 단독으로 방을 구해 주겠다고 했다. 고2 때, 운전면허를 받자마자 사준 차를 가져갔기에 그리 어려운 문제가 아니라고 생각했다. 결국 우리 고집에 따랐지만 선택한 학과가 어려운 산업디자인 전공이어서 밤새작업에 숙소가 멀어서 불편한 점이 많았다고 했다. RISD의 학점은 아주 철저해서 졸업을 며칠 앞두고도 과제물 때문에 밤샘을 하는 걸 보고 거의 놀다시피 하던 나의 대학졸업 때가 떠올랐다.

가장 기억에 남는 것은 RISD의 졸업식이었다. 대형 강당에서 열린 졸업식은 일반 대학의 엄숙하고 격식을 갖춘 졸업식과는 판이하게 달랐다. 대강당에는 미리 입장한 학부모, 친구들로 꽉 들어찼고 드디어 비워둔 앞자리에 졸업생들이 입장하기 시작했는데 입장하는 졸업생들이 마치 가면무도회 사람들 같았다. 커다란 부채가 걸어 들어오는데 자세히 보니 부채에 구멍을 뚫어 두 눈만 반짝였다. 이어서 영화에서 본 알렉산더 장군이 걸어 들어오고 기모노 복장에 짙은 화장을 한 일본 기생모습 등등 별의별 모습의 가면쇼를 연출하면서 화기애애한 가운데 입장이 이어졌다.

드디어 엄숙한 졸업식이 시작되었다. 가운을 걸치고 박사모를 쓴 총장이 단상에서 연설을 시작했는데 갑자기 아인슈타인 모습으로 분장한 인사가 단상으로 올라가 총장에게 다가가 악수를 청했다. 당황한 총장은 연설을 하다말고 악수를 받았다. 아인슈타인은 태연히 단상에 있는 총장의 물컵을 들어 마시고는 아무 소리 없이 다시 단상을 내려갔다. 졸업생 중 한 학생이 연출한 쇼였다. 졸업식장은 웃음바다가 되었고 잠시 술렁대다가 다시 정숙한 분위기로 돌아갔다. 이제 장난이 끝났는가 싶었는데 갑자기 팔려가는 당나귀를 연상케 하는 광경이 또 벌어졌다. 두 학생이 굵은 나무에 한 학생의 손과 발을 묶어 매달고는 양쪽에서 짊어지고 단상에 올라왔다. 그리고는 총장 옆 단상에 내버려두고는 단상 반대편으로 잽싸게 내빼버렸다. 졸업식장은 또 다시 웃음바다 공연장으로 변했다.

이 자유로움, 기발한 젊은이들의 아이디어, 아무 거리낌 없는 표현, 이런 것이 개인의 개성을 충분히 살려주는 진정한 산교육이 아닌가. 내가 살아온 틀 속의 세상과는 전혀 다른 세계를 보면서 세상은 바로 이러한 자유로움 속에서 발전된다는 생각이 들었다. 기존 사고방식에 묶여 있을 때 어찌 새로운 변화가 있겠는가.

졸업식이 끝나고 밖으로 나오니 졸업생들과 사진을 찍는 가족, 친구들의 분위기는 한국과 별반 차이가 없었다. 이때 갑자기 한국사람 말소리가 들리는데 아주 귀에 익은 소리였다. 뒤를 돌아보니 세상이 이렇게 좁을 수가, 지금은 조선호텔 회장으로 계시지만 내가 자금과장 시절 상사로 모셨던 정재은 회장이 뒤에 서 있었다. 반가움에 안부를 나누고 생각해보니 언젠가 Sandi가 동급생 중에 삼성 로열패밀리가 있다고 한 말이 생각났다. 바로 정재은 회장, 신세계 이명희 회장의 장녀가 졸업 동기였다.

Sandi는 3학년 시절 나의 주선으로 인턴십을 삼성전자 뉴저지 사무실 디자인 팀에서 했다. 삼성전자가 막 일본을 추월하던 시기였다. 그런 연유로 졸업과 동시 한국의 본사 디자인 팀에서 입사요청을 받았다. 나는 극구 찬성하며 한국에 아파트를 구해 줄 테니 귀국할 것을 강력히 권유했다. 그러나 미국을 떠나 홀로 한국에 들어가지는 않겠다며 버티는 바람에 좋은 기회는 사라져 버렸다.

졸업 동기생들은 대부분이 학교에 남아 취업을 위한 포트폴리오 준비에 들어간다며 Sandi도 학교에 남아 취업준비를 하겠다는 것을 나는 Rosalee 사업을 전적으로 맡겨볼 심산으로 Rosalee(II)의 운영을 맡겨버렸다. 결국 아까운 전공을 놓치는 결과를 안겨주게 되어 지금도 마음이 아플 적이 많다. 동기들 중에는 유명회사의 수석디자인으로 일하고 있는 사람도 많다는데.

그후 Sandi는 Rosalee 전체를 넘겨주겠다고 해도 자기 길을 스스로 찾겠다고 해서 Rosalee는 점포 별로 따로 따로 팔 수밖에 없었다. 지금은 프랑스 화장품 회사 Avene의 미국 본부에서 마케팅 매니저로 근무하고 있다. 첫사위가 미국인인 만큼 둘째사위는 한국 사위를 기대했는데 부모 마음대로 되는 일이 아니었다. 뒤늦게 변호사로 일하고 있는 역시 미국인 신랑 Aram을 만나 결혼식을 멕시코 캔쿤 인근에 있는 리조트에서 올렸다. 둘다 늦은 결혼이라 양가 각 20여 명씩 총 40여 명이 일주일간 바닷가에 접한 스페인식 리조트를 계약해 결혼식과 피로연을 가지며 같이 지내다 보니 아주 특별한 결혼식이 되었다. 둘이는 허니문 베이비인 딸 죠이 하나를 두고 있다.

셋째아들 철용 – Charlie

철용이 학교성적은 초 중 시절에는 누나들보다 다소 떨어지더니 고등학교에 진학해서부터는 계속 상승세를 타 누나들을 능가하는 성적표를 받아왔다.

학교성적으로 보아서는 무난히 아이비리그 입학허가를 받을 것이라 믿었다. 그런데 11학년에 올라가 처음 치른 Pre SAT성적을 받아보고는 깜짝 놀랐다. 아직 정식은 아니지만 아이비를 겨냥하기엔 점수가 많이 미흡했다. 그때까지도 나는 SAT시험 준비를 하는 학원 공부는 미국에 갓 들어와 영어가 서투른 아이들만 다니는 곳으로 알고 있었다. 뒤늦게 눈에 들어온 교포 밀집지역에 산재한 SAT 준비반 학원에 대해 알아보니 한국 아이들은 SAT시험을 위해 몇 년씩 학원 강의를 중복해서 듣고 있다고 했다.

그제서야 철용이를 데리고 처음으로 SAT준비 전문학원을 방문했다. 학원 복도에는 학원장의 경력이 하버드 출신이고, 전년도 명문대학에 합격한 학원생들의 명단이 즐비하게 붙어 있었다. 코스도 그렇게 많은 줄 몰랐다. 어떤 코스는 9학년부터 시작해 몇 년간 지속하는 반도 있었고 주 1회에서 3회 등 다양했다. 한국의 강남 학원가를 방불케 했다.

그러면 그렇지 신문에 한국 학생들의 SAT 만점 기사나 명문대학 입학 기사가 실리면 그저 한국 학생들이 절대적으로 우수하다고만 생각해 왔는데 알고 보니 이런 학원 교육이 뒷받침이 되었다는 것을 뒤늦게 깨달았다.

학원장을 겸하고 있는 하버드 출신 강사를 면담했다. 대학을 졸업한 지 몇 년이 안돼 보이는 새파란 젊은이였다. 학부모와 상담을 하는데도 책상 위에 다리를 삐딱하게 걸쳐 올리고 앉아서 묻는 말에만 답변을 했다. 한마디로 싸가지가 없는 젊은이였다. 아직 학원에서 수강해본 적이 없다는 말에 기분이 상했는지도 몰랐다. 어쨌거나 저런 버르장머리 없는 강사에게 무얼 배우겠나 싶었지만 그래도 이 학원에서 배운 아이들 SAT 성적이 가장 좋다고 평판이 나서 할 수 없이 일주일에 하루 토요일 오전반에 등록을 하였다. 그리고 보니 교외지역에서는 생각지도 못하던 과외

바람이 이곳 한인타운에서는 한국과 별반 다르지 않게 성행되고 있었다.

그렇다고 그런 바람이 결코 나쁘지만은 않다는 생각이 들었다. 어차피 우리 교포 2세들이 주류사회에 당당히 합류하기 위해서는 학벌이라도 미국 사람보다 나아야 되지 않겠나. 다만 꼬꼬 선미에게는 여기까지 신경을 못 써 딸들에게 미안한 마음이 들었다. 비록 일주일에 한 번의 수강이었지만 등록한 지 6개월 후에 치른 첫 SAT성적은 놀라울 정도로 향상됐다.

그후 입학사정 SAT성적은 상위권으로 상승했고 제일 먼저 시카고대학으로부터 입학허가서가 도착했다. 시카고는 우리의 미국 첫 정착지이니 만큼 미국의 고향이나 진배없는 곳이다. 시카고를 떠난 후도 스포츠게임을 볼 때는 으레 시카고팀 팬이 되어 똘똘 뭉쳤다. 특히 야구팀 컵스가 뉴욕의 양키스나 메츠와 맞붙는 날이면 스타디움에 가든 집에서 보든 가족 모두가 컵스를 응원하느라 법석을 떨었다. 이런 판국에 미중부 최고의 명문 시카고대학 입학허가서가 도착하니 철용이는 바로 시카고대학으로 마음을 굳혀버렸다. 이제는 부모 그늘을 벗어나 멀리 가고 싶다는 자립의식도 함께 작용했으리라.

시카고대학 하면 경제학과가 가장 먼저 떠오른다. 오랫동안 노벨경제학상을 휩쓸어 갔기 때문이다. 당시 시카고대학의 노벨상 수상자가 무려 62명에 달한다고 했다. 이왕 시카고대학을 택했으면 경제학과를 선택토록 추천하고 싶었지만 미국 땅에서 먼 장래를 보아서는 전문직으로 자립할 수 있는 의사가 더 좋지 않을까 했더니 우리의 의견을 순순히 따라주었다. 그러나 2학년 1학기까지 보내면서 많은 고민에 부딪친 듯 했다. 의학전공을 염두에 두고 선택한 생물, 화학 등 관련 과목이 도저히 적성에 안 맞는다고 방향을 바꾸어야겠다고 했다. 바꾸려면 일찍 서둘러야 했는데 늦은 감이 있었다. 할 수 없이 여름방학 강좌를 이용해 그동안 마쳐야 했던 과목 학점을 보충하고 경제학으로 전공을 완전히 바꾸었다. 역시 방향 전환은 적중한 듯 했다. 3학년부터는 성적이 전 과목 A를 기록하는 등 제 페이스를 찾았다.

드디어 졸업식에 참여하기 위하여 시카고까지 철용이 짐도 실어올 겸 오랜만에 미니밴으로 장거리여행을 즐겼다. 다음날 졸업식장에 들어가기 전에 졸업 학사모를 쓴 철용이가 보여줄 것이 있다며 우리를 다른 건물로 안내하였다. 복도에 미술작품이 걸려있어 무슨 취미 동호회 전시회인 줄 알았더니 미술대학 졸업 전시회라고 했다. 잠시 가슴이 철렁했는데 철용이가 혹시 엉뚱한 전공을 하고는 경제학을 했다고 거짓말을 한 것은 아닌가 해서였다. 그러나 철용이도 미술에 대한 미련을 못 버려 우리도 모르게 부전공으로 미술을 택하고 오늘 두 개의 학사증을 받게 됐다고 했다. 전시된 작품도 두 점 모두 판매 예약이 되어 있었다. 이어서 경제학과 졸업식은 정말 세계 최고 명문대답게 노벨상 수상 교수들과 보무당당한 졸업생들이 조화를 이루어 참석한 학부모들의 자긍심을 높여 주었다.

철용이는 하고 싶은 분야를 택해서인지 졸업과 동시에 누구나 선망하는 맨해튼 월가의 투자회사 골드만삭스에 입사가 결정되었다. 다시 멀리 날아만 갈 줄만 알았던 아들이 황금색 옷을 입고 다시 우리 곁으로 돌아오는 것이 그렇게 좋을 수가 없었다. 통근거리가 멀기는 했지만 큰딸과 아들이 나란히 월가에 출근한다는 것이 자랑스럽기만 했다.

골드만삭스는 월가에서도 대부 격인 일류기업이었지만 거기에 걸맞게 업무 강도도 심한 듯했다. 거의 자정까지 연장되는 퇴근시간으로 기차 출퇴근이 버겁다고 했다. 몇 달을 버티더니 회사 근처에 방을 얻어야 되겠다고 해서 블루클린에 방을 얻어 나갔다.

약 2년이 지났을까 직장을 옮겨야겠다고 했다. 샌프란시스코, 실리콘 밸리에 있는 인텔(Intel)에 자리가 있다며 옮기겠다고 했다. 기어이 우리 품을 떠나는구나 했지만 그의 장래는 그의 몫이라 바라 볼 수밖에 없었다. 그 후 인텔에서 몇 년을 근무하자 조건 없이 명문 버클리 MBA 학자금 지원을 받았다. 그러나 철용이는 졸업 후 혜택을 준 인텔로 돌아가지 않고 메릴린치로 직장을 옮겼다. 개인이나 회사나 모두 도리가 있는 법인데 내심 돌아가는 것이 옳다고 생각됐으나 간섭할 입장도 못 되어 바라만 봤다.

메릴린치에서 근무한 지 2년이 되었을까, 이번에는 한국의 외환은행을 호시탐탐 인수하려는 영국계 홍콩 상하이 뱅크(HSBC)에서 이사직함을 제의받고 서울로 들어왔다. 아마 철용이의 경력과 이중 언어 능력을 인정받은 결과였지만 서울행 자체는 온 가족이 한국에 있는 며느리 소연이를 위한 배려도 있을 것이란 짐작도 갔다.

며느리는 인천이 고향으로 중학교 졸업반 때 미국에서 대학 교수로 있는 고모부 집에 유학을 와서 뉴욕 파슨스대학을 졸업하자마자 인연이 되어 철용이와 결혼을 하게 되었다. 철용이가 인텔에 근무할 때라 신혼집은 샌프란시스코에 마련했으나 결혼식은 한국에서 올렸다. 이미 돌아가신 분이었지만 며느리의 할아버지 임종득 씨는 6·25전쟁시 황해도 구월산의 유격대장을 거쳐 주월사령부 시절 채명신 장군과 동고동락했던 사이여서 채 장군께서 우리 아들, 며느리 결혼 주례를 맡아 주셨다. 인터콘티넨탈호텔에서 열린 뜻 깊은 결혼식이었다.

어쨌거나 우리가 연중 절반을 보내는 한국에 왔으니 이참에 한 집에 같이 살고 싶어 일산에 짐을 풀도록 했다. 근무지가 남대문 옆이라 출퇴근도 편리했다. 그러나 한국에서의 포부를 펼치기도 전에 HABC는 외환은행 인수에 실패하고 사무실을 폐쇄하는 바람에 철용이는 일시적으로 낭인이 되고 말았다. 이 무렵 며느리는 첫째 아들 민욱(Jake)이를 한국에서 출산했다.

미국으로 황급히 되돌아가려고 했지만 그때가 미국의 최대 불황기, 금융위기 때여서 쉽지가 않았다. 결국 한국에서 직장을 구하는 수밖에 없었다. 먼저 하나금융그룹에서 자리 제안이 있어 여의도로 출근을 몇 주 하더니 아직 투자회사로서의 체계가 안 잡혔다며 바로 그만 두었다. 이어서 SK그룹과 CJ그룹을 저울질하다가 결국 CJ그룹 이미경 부회장실에 상무이사직을 받고 출근을 하였다. 나이 34세에 상무이사직은 철용이가 최초였다고 했다. 그러나 바로 철용이 병역문제가 제기되었다. 만 35세까지는 미국 시민권자라도 한국에서 태어났으면 병역 의무가 있다는 것이다. 결국 한국국적 포기를 하고 외국인 신분으로 CJ임원이 되었다.

아무튼 나로서는 모든 것이 자랑스럽고 대견하기만 하였다. 그러나 철용이는 뜻하지 않은 한국 직장의 나이 관념과 충돌하게 되었다. 40대까지도 과장직을 못 떼는 사람이 있는데 서른네 살 임원을 살갑게 대해 줄 리가 없었다. 업무보다도 직장 분위기에 엄청 힘들어했다. 옆에서 지켜보는 나도 한국의 직장 풍토를 아는지라 3년만 참고 버텨보라고 할 수밖에 없었다. 3년이면 능력으로 인정받고 회사 풍토도 익힐 것만 같았다.

그러나 그렇게 마음 고생하더니 2년 반을 겨우 채우고 싱가포르에 있는 미국회사 CISCO의 동남아 재무담당으로 자리를 옮겼다. 그곳에서 둘째아들 찬욱(Ryon)을 낳고 아이들이 한국어와 중국어까지 익히면 미국으로 돌아가겠다고 하더니 몇 년 후 자기 집이 있는 실리콘 밸리에 대형 반도체 회사로부터 Executive Director직을 받고 미국으로 돌아왔다.

우리 가족의 신앙생활

시카고에서 주재원 생활을 할 때 이웃에 한국 교포 몇 가구가 살고 있었다. 마침 교회생활에 관심을 가지고 있던 우리 가족은 이웃교포 가족의 인도로 시카고 교외에 위치한 시온장로교회에 나가게 되었다. 처음으로 나가는 교회였지만 대학 때 채플에 참여했던 경험이 있어 교회 분위기가 그리 낯설지는 않았다.

처음에는 하나님 말씀보다는 한국 사람을 만나는 재미에 교회에 나가곤 했다. 대부분이 유학이나 가족 초청으로 미국에 이주한 사람들로 처음으로 대하는 상사 주재원이 색다르게 보였던지 모두들 부러워하면서 우리가 교회생활에 익숙해지도록 도와주었다. 나로서도 교회에 봉사할 일을 찾아 2세 아이들 한글반 교사로 한동안 일했다. 그러던 중 당시 인천제일교회에서 목회를 하셨던 곽선희 목사님이 부흥회 강사로 오셨다. 새벽과 저녁 시간에 열리는 부흥집회에 열심히 참석하여 생전 느껴보지 못한 진한 감동을 체험하였다. 곽선희 목사님은 그 후 소망교회를 개척하여 대한민국 최고의 목회자가 되셨듯이 당시 초신자인 우리를 움직이는데 그 힘이 부족할 리가 없었다. 이듬해 부활절에 우리 가족은 모두 세례를 받았다.

비록 성경말씀보다도 교인들과의 교제에 빠져 교회를 들락거렸지만 돌이켜보면 이 또한 하나님께서 내려주신 은사였음을 새삼 깨닫는다. 첫 번째 은혜의 체험은 바로 영주권 신청부터 우리에게 임했음을 고백한다. 그 어려운 영주권을 다섯 식구가 몇 주 만에 한꺼번에 해결이 된 것도 무엇보다 우리의 간절한 기도 응답이 아니었나 싶다. 그 후 교포생활의

굽이굽이에서 우리는 하나님의 온전한 인도를 체험하였고 항상 큰 축복으로 생활을 채워 주셨음을 도저히 부인할 수가 없다.

우리 가정의 신앙생활은 역시 아내의 새벽기도가 주춧돌이 되었다. 고단한 교포 생활 중에도 새벽기도를 드리기 위해 먼 거리의 교회에 빠짐없이 참석하여 맨 앞자리에 방석을 깔고 앉아 방언을 섞어가며 간절히 기도하는 아내의 모습을 하나님께서 외면하지 않았음을 확신한다. 생활의 지혜를 하나님 말씀으로 실천하는 아내의 성실함을 칭찬하지 않을 수 없다. 최근에 마련한 미국 최남단 플로리다의 제2 거처를 정할 때는 아예 교회와의 거리가 1순위 고려 대상이 되었다. 아내가 새벽에 먼 거리를 운전하는 것이 걱정되기 때문이었다.

나는 내 나름대로 몇 년 전부터 성경 필사(筆寫)를 시작하였다. 아내가 새벽기도에 가기 위해 일어나는 시간이면 함께 일어나 성경을 노트에 써내려가고 있다. 영어공부와 성경말씀, 일석이조의 효과를 생각해 영문성경을 쓰고 있는데 지금까지 66권 성경 중 거의 절반 가까이 써 가고 있다. 처음에는 구약 창세기부터 순서대로 써가다가 지루해서 지금은 구약과 신약성경을 적당히 교대해가면서 대학 노트를 채워가고 있다. 조급해 할 필요도 없다. 생을 다하는 그날까지 그저 하나님 말씀을 매일 매일 접하며 살아가는 것이 중요하니까.

어둠 속에서 시작한 나의 일생이 이렇게 활짝 핀 것은 오로지 하나님의 임재가 우리 가정에 항상 있었기 때문이라고 다시 한 번 고백한다. 세 아이들도 물론 각자 교회에 적을 두고 신앙생활을 함은 물론이다.

사진으로 보는 권응구의 라이프스토리

계간 <에세이21> 수필 등단식(2015. 9.)

아내 김점례의 수채화 작품(2018.)

心田種德客滿堂
福地安居賓如雲
歲己亥夏節 成軒 權應求

한국서화작가협회 공모전 특선작품(2019.)

선영, 선미, 철용과 사촌형제들(1977. 10.)

미국에 부임하기 전 구정 기념 가족사진(1979. 2.)

미국 뉴저지의 드림하우스의 전경과 내부

일산의 뉴욕플라자와 하늘정원

고국 방문 때 경주 불국사 여행 중(1993. 8.)

고국 방문 <내 나라 일주여행>에 참가하여(2019. 8.)

고국 방문 〈내 나라 일주여행〉에 참가하여(2019. 8.)

손녀 시드니에게 한글을 가르치는 저자

장녀 선영의 가족(사위 에드워드, 손녀 시드니와 테일러)

철용의 두 아들(제이크-민욱, 라이언-찬욱)

차녀 선미와 사위 아람, 손녀 죠이

선미(샌디)의 결혼식(멕시코 캔쿤 2010. 1.)

아들 철용 가족과 사돈 부부

아들 철용과 며느리 소연, 손자 제이크

미국 대륙 횡단 자동차 부부여행(샌프란시스코에서 뉴저지까지 2016. 5. 1~14)